GESTIÓN
DE RECURSOS HUMANOS
POR COMPETENCIAS

ASESORES:

José Luis Prieto Arroyo
Profesor titular de Psicología (UNED)

M.ª Pilar Sanchez López
Catedrática de Psicología (U.C.M.)

SANTIAGO PEREDA MARÍN
Profesor titular de Gestión de Recursos Humanos (U.C.M.)
FRANCISCA BERROCAL BERROCAL
Profesora asociada de Gestión de Recursos Humanos (U.C.M.)

GESTIÓN DE RECURSOS HUMANOS POR COMPETENCIAS

COLECCIÓN DE PSICOLOGÍA

EDITORIAL CENTRO DE ESTUDIOS RAMÓN ARECES, S.A.

Tomás Bretón, 21 - 28045 Madrid.

ISBN: 84-8004-396-2
Depósito legal: M. 33.772-1999

Compuesto e impreso por Fernández Ciudad, S. L.
Catalina Suárez, 19 - 28007 Madrid

Impreso en España / *Printed in Spain*

ÍNDICE

INTRODUCCIÓN

Cuando hablamos de gestión de recursos humanos nos estamos refiriendo a la gestión de las personas que conforman una organización; y estamos, en este caso, hablando de la gestión del principal recurso del que disponen las organizaciones para mantener y mejorar su competitividad.

Esta frase, seguramente escuchada en muchos foros y leída en numerosos libros y artículos, tiene su lógica y su explicación. Nos encontramos en un ambientes en el que las tecnologías, los mercados, los productos... cambian muy rápidamente; en un ambiente en el que la innovación y la actividad centrada en el cliente son dos de las principales armas estratégicas de que disponen las empresas.

En este ambiente, las personas que conforman la organización son importantes porque son ellas quienes van a innovar; y porque son ellas las que van a conseguir que los clientes estén o no satisfechos. Por tanto, ya no es que sea importante, sino que es verdaderamente vital para una empresa gestionar eficaz y eficientemente sus recursos humanos.

Este libro se centra en la gestión de recursos humanos por competencias. ¿Por qué? El enfoque de competencias, adoptado ya por muchas, tal vez por la mayoría, de las empresas competitivas, se centra en lo que cada persona sabe hacer, por lo que se pueden hacer predicciones más precisas sobre su rendimiento en un puesto de trabajo; se pueden diseñar planes de formación más eficaces y eficientes; se pueden elaborar planes salariales más equitativos y motivadores; en definitiva, el enfoque de competencias permite llevar a cabo una gestión de recursos humanos más eficaz y más valiosa para la empresa.

A partir de estas premisas, el objetivo que hemos pretendido conseguir con este libro es situar al lector en el marco de lo que supone la gestión de recursos humanos por competencias, sin entrar en el análisis y explicación de las distintas técnicas que puede utilizar, en su trabajo diario, el profesional de recursos humanos.

Hemos preferido dejar la explicación de las técnicas para un trabajo posterior que, esperamos, pueda publicarse en breve. La razón es que estamos convencidos de que, antes de conocer y aplicar las técnicas, el profesional de recursos humanos debe conocer y asumir qué significa trabajar con un enfoque de recursos humanos; debe conocer, comprender y asumir que lo que la empresa le exige no es que sea un mero «aplicador de técnicas», tal y como ocurría con el enfoque de personal; muy al contrario, el profesional de recursos humanos deberá aportar valor a la organización a través de los proyectos que desarrolla para sus clientes: el resto de la organización.

Por ello, es necesario conocer primero qué es lo que la empresa va a exigir del profesional de recursos humanos, antes de entrar en el estudio de las técnicas que le permitirán desarrollar sus proyectos con éxito.

Este libro se empezó a gestar hace ya algunos años, y hemos ido modificando (y esperamos que mejorando) los temas tratados y el contenido de los mismos, en función de las sugerencias de nuestros alumnos de la Facultad de Psicología de la Universidad Complutense de Madrid y de Cepade (Universidad Politécnica de Madrid), así como a partir de nuestras propias experiencias en organizaciones, tanto privadas como públicas.

El resultado final pretendemos que haya sido una obra útil tanto para el estudiante como para los profesionales de recursos humanos, tratando de situarnos en la realidad de lo que hoy se está haciendo en numerosas empresas españolas, ya que pensamos que eso es lo que puede ser realmente útil, tanto al profesional de recursos humanos, como al estudiante que pretende serlo en un futuro cercano.

De la misma forma, al seleccionar la bibliografía de cada tema y la general, hemos recurrido, fundamentalmente, a obras en castellano y de fácil acceso para el lector que desee ampliar sus conocimientos sobre un tema determinado. Por otro lado, la experiencia nos demuestra día a día que las obras publicadas en nuestro país suelen tener, al menos, la misma calidad que las foráneas, presentando una ventaja añadida, como es la de referirse a nuestro entorno sociolaboral, económico y cultural. Asimismo, hemos incluido las traducciones de las más importantes obras referidas a los distintos temas que tratamos, así como obras no traducidas y que pensamos que pueden aportar ideas interesantes a los lectores.

El esquema del libro trata de responder, como hemos dicho, a la necesidad de explicar el ámbito de la gestión de recursos humanos por competencias. Así, en el primer capítulo comenzamos explicando las características de las organizaciones actuales, ya que es en ellas donde se va a llevar a cabo la gestión de recursos humanos.

En el segundo capítulo, abordamos las diferencias entre el enfoque de personal y el de recursos humanos, explicando qué significado tiene hablar de gestión integrada de recursos humanos.

En el tercer capítulo, explicamos el concepto de competencia, sus aportaciones a la gestión de recursos humanos y las diferencias entre el enfoque del rasgo y el de competencias.

En el cuarto capítulo, analizamos el concepto de gestión del conocimiento, como uno de los planteamientos más actuales en la gestión de recursos humanos, así como la noción de capital intelectual.

El quinto capítulo, lo dedicamos a la planificación de recursos humanos, el primer paso en el proceso de gestión de recursos humanos.

El capítulo sexto está dedicado a la evaluación del rendimiento y del potencial, áreas que han ganado en importancia con la introducción del enfoque de competencias en la gestión de recursos humanos.

El séptimo capítulo incluye la explicación del proceso de adquisición de competencias; esto es, de los temas referidos al reclutamiento y a la selección de personal.

En el capítulo octavo abordamos el tema de la formación, área actualmente de importancia vital para todas las empresas que deseen mantener y mejorar su competitividad.

El último capítulo lo dedicamos al tema de los planes salariales, aspecto importante por su valor para atraer, retener y motivar a los empleados que necesite la empresa.

Esperamos que la lectura de este libro sea para el lector tan útil como hemos pretendido que sea al escribirlo.

Capítulo 1

ESTRUCTURA ORGANIZACIONAL Y GESTIÓN DE RECURSOS HUMANOS

OBJETIVOS

La gestión de los recursos humanos* de una organización* está influida e influye en la estructura organizacional* de ésta. Así, por ejemplo, una de las características de las empresas que hoy son competitivas es adoptar políticas que favorecen la autonomía de los trabajadores de todos los niveles, y esto sólo se puede conseguir cuando la organización adopta una estructura flexible*. Por ello, los objetivos de este capítulo, se sitúan en que el lector conozca:

1. Los niveles en que se subdivide una organización.
2. Las características de las estructuras organizacionales clásicas.
3. Las características del mundo laboral actual y sus diferencias con el existente hace algunos años.
4. Las características de las empresas que adoptan estructuras flexibles.
5. Las características de la gestión de recursos humanos en cada tipo de estructura organizacional.

INTRODUCCIÓN

¿Por qué comenzar un libro sobre Gestión de Recursos Humanos con el tema de la Estructura Organizacional? En primer lugar, porque dicha gestión se va a llevar a cabo siempre (y permítasenos la aparente perogrullada) dentro de una organización; y, en segundo lugar, porque la estructura que adopta la organización responde, por lo general, a la filosofía de actuación que subyace en la empresa y, como consecuencia, va a ser indicativa del enfoque que se vaya a dar a la política de personal o de recursos humanos.

Así, podemos considerar que una organización está formada por *un conjunto de personas que, utilizando medios y recursos de muy distinto tipo, van a realizar una serie de actividades dirigidas a conseguir un objetivo común* (ver figura 1.1).

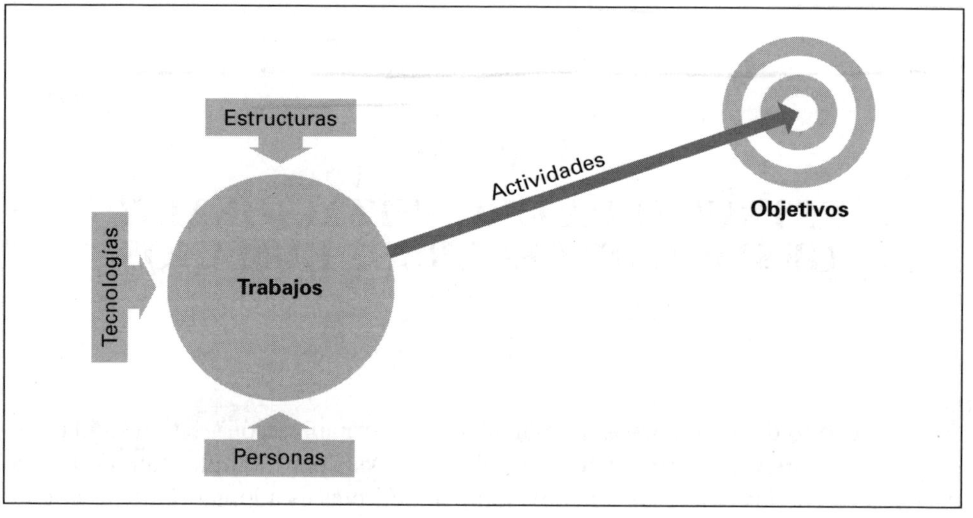

FIGURA 1.1. *La Organización*

Para que la organización pueda alcanzar sus objetivos, es preciso que, en ella, se lleven a cabo una serie de actividades, que son las que conforman los trabajos de la organización, que se sitúan en un determinado nivel dentro de la estructura y que llevan a utilizar unas u otras tecnologías y son, en definitiva, el nexo de unión entre la organización y las personas.

Por tanto, *la gestión de recursos humanos será la gestión de las personas que conforman la organización.* Ahora bien, la estructura concreta adoptada por una organización va a reflejar la cultura* existente en la misma; por ejemplo, no se encuentra la misma cultura en una organización que mantenga una estructura burocrática*, que en otra que funcione con una estructura flexible; y esta cultura va a determinar el valor que se da a las personas dentro de la organización.

En concreto, y como explicaremos posteriormente, la cultura de la organización va a determinar que las personas y, por tanto, la dirección de personal, se contemplen como un *gasto* dentro de la empresa; o que, por el contrario, se consideren un *recurso* y, como consecuencia, la dirección de recursos humanos se incluya como una de las áreas que pueden aportar valor añadido a la organización.

1.1. NIVELES ORGANIZACIONALES

Hemos explicado que en una, organización, se llevan a cabo distintas actividades para conseguir un objetivo común. Es preciso dividir la realización de estas actividades entre los distintos puestos de la organización y coordinarlas entre sí, para poder conseguir alcanzar los objetivos empresariales previstos en el plazo fijado.

Por ello, una organización se va a estructurar en niveles, que tendrán asignadas distintas áreas de actuación, funciones y responsabilidades, y que, también, serán diferentes según el tipo de estructura organizacional existente. Así, es preciso que, en primer lugar, analicemos los niveles organizacionales* que, por lo general, se encuentran en la mayoría de las organizaciones (figura 1.2):

1) *Nivel estratégico**. Es el que, habitualmente, se conoce como Dirección Estratégica, y en el que se decidirán la misión de la organización, los objetivos estratégicos* de la misma y los planes para alcanzarlos.

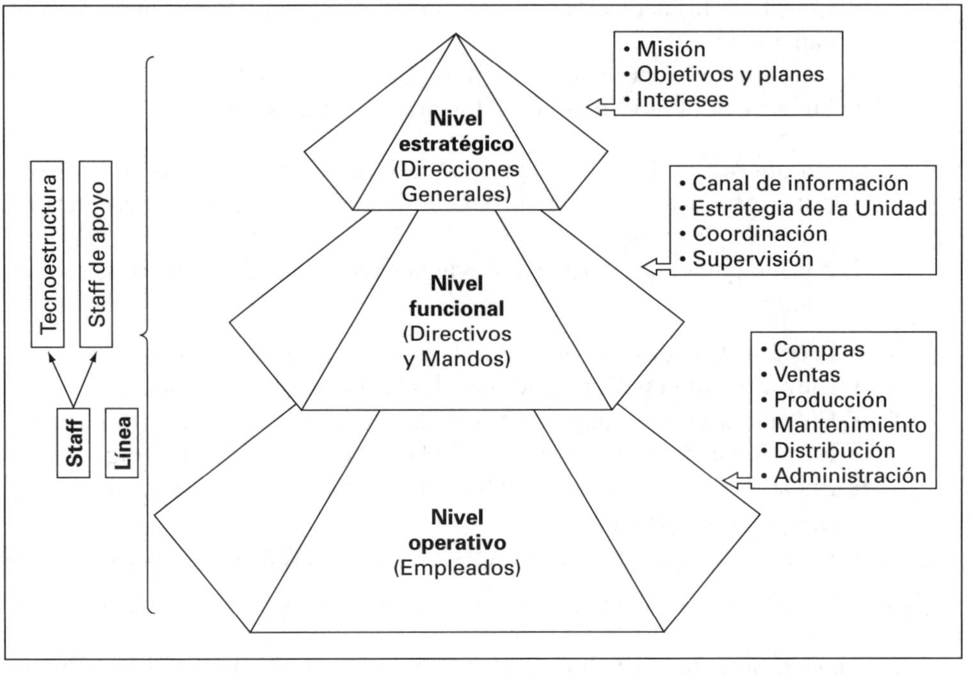

FIGURA 1.2. *Niveles organizacionales*

Por ello, los directivos que conforman este nivel, serán los responsables de conseguir que la organización cumpla con su misión y se satisfagan los intereses de las personas o grupos a quienes pertenece la misma.

2. *Nivel funcional**. Está formado por el conjunto de directivos y mandos que relacionan el nivel estratégico con el operativo*. Dentro de este colectivo se incluyen desde los directores funcionales, hasta los capataces y jefes de taller. Los componentes de este nivel, ejercen una supervisión directa sobre distintos grupos de personas, que pueden formar parte de este mismo nivel funcional y/o del operativo. Son los responsables de operativizar los planes, elaborados en el nivel estratégico, en planes y acciones cada vez más concretos, específicos e inmediatos, a medida que se desciende en el organigrama empresarial.
Más en concreto, las principales funciones de los componentes de este nivel son:

   - Actuar como canal de información, tanto ascendente como descendente u horizontal.
   - Formular los objetivos y planes de su unidad, de forma que estén integrados con los de las restantes unidades y con los generales de la organización.
   - Coordinar las actuaciones de su unidad con las de las restantes de la organización.
   - Coordinar el funcionamiento interno de su unidad.
   - Supervisar el rendimiento de los miembros de su unidad.

3. *Nivel operativo*. Es el formado por los empleados situados en la base y son los responsables de llevar a cabo las tareas básicas que aseguran la producción de bienes y/o servicios.
Las principales funciones que llevan a cabo, los componentes de este nivel, son:

   - Efectuar las compras de materias primas, materiales, etc.
   - Llevar a cabo las ventas de bienes y/o servicios a los clientes.
   - Efectuar las tareas necesarias para la producción de bienes y/o servicios.
   - Encargarse del mantenimiento de las máquinas, edificios, etc.
   - Encargarse del reparto, distribución y almacenaje de materiales, materias primas y productos.
   - Llevar a cabo las tareas administrativas necesarias en la organización.

Estos tres niveles, a su vez, pueden estar formados por órganos de dos tipos:

1. *Línea**. Son unidades directamente implicadas en la producción de bienes y/o servicios y, como consecuencia, al ser las que aportan valor añadido

a la organización, son las que tienen «poder decisorio» con respecto a la estrategia de la organización.

2. *Staff**. Son unidades asesoras y de apoyo, que no suelen tener poder formal para tomar decisiones referidas a la estrategia de la organización. Estas unidades pueden ser de dos tipos:

   - *La tecnoestructura**. Está formada por los técnicos encargados de la normalización del trabajo de las restantes personas que conforman la organización (planificación y control, métodos y tiempos, etc.).
   - *El staff de apoyo**. Son las unidades responsables de apoyar, de forma indirecta, el funcionamiento del resto de la organización (I+D, cafetería, Recursos Humanos, etc.).

   Es preciso señalar que una unidad puede estar situada en la línea en una organización y, sin embargo, ser un órgano staff en otra.

Los niveles expuestos cambian de importancia, papel y funciones, en base al tipo de estructura que adopta la organización. Asimismo, su poder, tanto formal como informal, ha sufrido importantes cambios a medida que han ido evolucionando las estructuras organizacionales. En los apartados siguientes, explicaremos estos aspectos más detenidamente.

1.2. ESTRUCTURAS ORGANIZACIONALES CLÁSICAS

Cuando se analizan las estructuras que, tradicionalmente, han adoptado las organizaciones, tanto públicas como privadas, nos encontramos con dos aspectos importantes en su evolución:

a) Mientras las estructuras clásicas tendían a ser muy rígidas, actualmente, las organizaciones competitivas prefieren adoptar estructuras flexibles.
b) En las estructuras clásicas, la autoridad, la responsabilidad y el control estaban muy centralizados; sin embargo, actualmente las estructuras organizacionales se adaptan para descentralizar al máximo la responsabilidad y el control.

Si, al hablar de las estructuras organizacionales clásicas, relacionamos estas dos características con lo que hemos explicado sobre los niveles organizacionales, pensamos en una pirámide organizacional con la forma que se presenta en la figura 1.3.

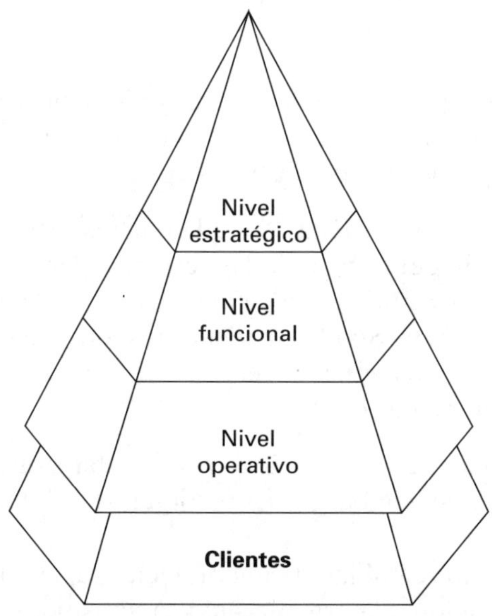

FIGURA 1.3. *Pirámide organizacional clásica*

En estas estructuras, en principio, no hay nada equivocado. El problema surge cuando se piensa y razona como una pirámide, ya que, en ese caso, se parte del supuesto de que cada nivel de la organización trabaja para el superior, con lo que se acaba perdiendo de vista al cliente, que es para quien, en definitiva, debería trabajar toda la organización.

Esta situación no es tan rara como podría parecer en principio. Si es el mando quien dice lo que hay que hacer, cuándo y cómo hay que hacerlo, y es él quien va a controlar lo que se hace y va a evaluar la actuación del subordinado, parece lógico que éste centre todos sus esfuerzos y comportamientos en satisfacer las expectativas de su mando.

Partiendo de esta idea, no es raro que la estructura que más habitualmente se ha encontrado en las organizaciones haya sido la burocrática. En los apartados siguientes precisamos un poco más las estructuras organizacionales clásicas.

1.2.1. La burocracia

La organización burocrática se apoya en tres pilares fundamentales:

a) Los trabajos de Taylor, que dan lugar a la Organización Científica del Trabajo*.

b) Los trabajos de Fayol, sobre la estructuración de las organizaciones en unidades funcionales.
c) Los trabajos teóricos de Weber, que describió dicha forma racional de organización (acuñando el término «burocracia») y que analizó la legitimidad de la autoridad.

Estos aspectos se desarrollan más ampliamente, tanto en Mintzberg (1984), como en Peiró (1986).

La estructura burocrática puede adoptar, siguiendo la terminología de Mintzberg (1984), dos formas, según el tipo de organización de que se trate:

*La burocracia maquinal**

Estructura propia de empresas de producción, y que se apoya en los siguientes principios:

a) *División y simplificación* al máximo del trabajo individual.
b) *Estandarización de la forma* de realización de las tareas, lo que hace que la tecnoestructura tenga un gran poder informal.

   Estos dos principios se aplican a partir de la utilización de las técnicas de análisis de métodos* y estudios de tiempos*, que permiten definir:

   - La forma «correcta» de realizar el trabajo, entendiendo el término «correcta» como la definición de los movimientos que debe llevar a cabo el operario para realizar las tareas, la forma de distribuir las herramientas y el lugar de trabajo, etc., de manera que se emplee el menor tiempo posible en cada tarea.
   - El tiempo que debe emplear un operario para realizar una tarea.

   Este planteamiento y esta forma de actuar, dan lugar a las conocidas cadenas de montaje, en las que los trabajadores realizan tareas muy simples y repetitivas, siempre ejecutadas siguiendo los mismos métodos de trabajo, realizando constantemente los mismos movimientos.

c) El derecho a tomar decisiones, resolver los conflictos, reasignar los trabajos y aplicar sanciones se apoya en el principio de autoridad, por lo que la jerarquía será muy clara, dependiendo cada persona sólo de un superior (*principio de unidad de mando**).
d) La autoridad va acompañada del concepto de *responsabilidad;* por ello, nadie podrá ser responsable de una tarea a menos que tenga, también, la autoridad para comprobar que se ha hecho, o para hacerla.

e) Los principios anteriores hacen que se multipliquen los niveles jerárquicos y es preciso introducir el concepto de *ámbito de control** (span de control); esto es, el número máximo de subordinados que puede controlar directamente una persona y que se fija entre siete y nueve.
Podemos apreciar como, de estos principios, que tratan de asegurar las líneas jerárquicas de autoridad y el control, lo más lógico es que se derive una gran rigidez, tanto en la toma de decisiones como en las actuaciones de los componentes de la organización.
f) Dado que el mando, en ocasiones, no tendrá todos los conocimientos necesarios para hacer el trabajo y tomar decisiones, necesitará disponer de expertos que le asesoren, por lo que el *staff* adquiere gran importancia.
g) La creación de estrictos *sistemas de control*, para comprobar que todo se hace según las normas definidas, existiendo fuertes sanciones para el que no las respete.

Por tanto, en una burocracia maquinal:

a) El *poder formal* se sitúa en los miembros del nivel estratégico, ya que es donde se formulan los objetivos (generalmente sólo de tipo económico) y se elaboran los planes estratégicos* de la organización, que, posteriormente, aplicarán los niveles funcional y operativo.
b) *Existe un potente nivel funcional*, formado por gran cantidad de directivos y mandos intermedios, que resuelven las anomalías que surgen en el nivel que depende de ellos; actúan como enlace con la tecnoestructura (responsable de definir y estandarizar los métodos de trabajo y las normas organizacionales); asignan los recursos de su unidad; y actúan de canal de transmisión de informaciones y órdenes.
c) En el nivel operativo se realizan *tareas rutinarias y altamente especializadas,* por lo que se exigen unas competencias mínimas y básicas para llevarlas a cabo.
d) La tecnoestructura, a pesar de su carácter staff, tiene un gran *poder informal,* al ser sus componentes los encargados de normalizar el trabajo del resto de los miembros de la organización.

2. *La burocracia profesional**

Es una estructura que surge cuando el trabajo que se realiza en el nivel operativo no permite la estandarización de las tareas, pero sí se desean normalizar las formas de comportamiento (universidades y hospitales, por ejemplo).

En estas organizaciones, el nivel operativo está formado por profesionales que, debidamente preparados y adoctrinados, realizan y controlan su propio trabajo, manteniendo, por otro lado, un estrecho contacto con los clientes.

Es preciso separar la línea (profesionales) del staff de apoyo, que les permite realizar su trabajo (área administrativa, por ejemplo). Este staff se suele organizar en forma de burocracia maquinal, por lo que las explicaciones siguientes se referirán únicamente a la línea.

La normalización (que en la burocracia maquinal se conseguía estandarizando los trabajos), se logra a través de un largo periodo de preparación y adoctrinamiento que deben seguir los profesionales, antes de poder disfrutar de autonomía en su trabajo. Este periodo se suele dividir en:

a) Preparación inicial, en una universidad o institución especializada.
b) Preparación práctica, bajo la supervisión de profesionales expertos.
c) Trabajo autónomo como profesional, que comprende tres actividades básicas:

- Analizar las necesidades de los clientes.
- Decidir el programa de actuación más adecuado.
- Aplicar el programa elegido.

En este proceso de preparación y adoctrinamiento, es donde se aprecia la estructura burocrática, ya que se da gran importancia a la interiorización de las normas que rigen el trabajo profesional (código deontológico*).

Pensemos, por ejemplo, en una universidad. Las personas que desean formar parte del claustro de profesores, previamente deben llevar a cabo su preparación inicial realizando estudios universitarios. Cuando finalizan estos estudios, pueden ingresar como ayudantes en un departamento determinado, donde reciben la preparación práctica necesaria bajo la supervisión de profesores titulares o catedráticos.

Cuando el profesional llega, a su vez, a ser profesor titular, trabaja, dentro del departamento al que pertenece, con gran autonomía para, en función de las necesidades de sus clientes (alumnos y sociedad) definir el contenido que debe tener su asignatura, tanto en teoría como en prácticas. Posteriormente, llevará a la práctica, con sus alumnos, el programa y las actividades que ha diseñado.

Asimismo, el profesional disfruta de gran autonomía para desarrollar sus propias líneas de investigación.

La autoridad, en este tipo de estructura, no se basa en la posición jerárquica, sino en la *competencia profesional* de la persona.

Este aspecto, y la autonomía con que realizan su trabajo los profesionales, hace que *el poder* lo tenga el nivel operativo. Así, los componentes del mismo, eligen democráticamente comités que controlan la estructura directiva y que, por lo general, tienden a mantener el «statu quo».

Los directivos suelen ser profesionales elegidos por sus compañeros y dedican parte o todo su tiempo a las actividades de dirección, gestionando las anomalías y conflictos que surgen en el nivel operativo, a través de negociaciones y actuando como mediadores entre las partes implicadas, así como manteniendo las relaciones que se precisan con el entorno.

Siguiendo con el ejemplo de la universidad, el rector, los decanos y los directores de departamento son elegidos por la comunidad universitaria, la facultad o los consejos de departamento. Asimismo, existen comisiones que estudian y analizan los distintos temas que les afectan (docencia, investigación, presupuestos, etc.).

Es difícil, en estas organizaciones, encontrar una estrategia general para toda ella, siendo más correcto hablar de estrategias personales para cada profesional, estrategias que no tienen por qué estar relacionadas entre sí.

A veces, se pueden llegar a encontrar programas muy diferentes para los distintos profesores de una misma asignatura, lo que es un claro ejemplo de una falta de objetivo y estrategia común.

Los principales problemas con que se encuentran este tipo de organizaciones son:

a) La dificultad para hacer frente a profesionales incompetentes y/o inconscientes, ya que al ser diferentes los procedimientos utilizados por cada uno, es difícil llegar a decidir quién es un profesional preparado y quién no. En el ejemplo que estamos poniendo, ¿cuál es el profesor que tiene razón con su programa?, o, ¿quién puede tomar la decisión de unificarlos?
b) La dificultad para innovar, ya que los problemas que se presentan se siguen incluyendo en las categorías tradicionalmente utilizadas y resolviendo de la misma forma que se ha hecho, habitualmente, en el pasado.

1.2.2. La forma divisional*

Este tipo de estructura organizacional está formada por una serie de entidades semiautónomas *(divisiones),* coordinadas y dirigidas por una estructura directiva común *(sede central).*

El nivel estratégico se sitúa en la sede central, siendo el responsable de fijar los objetivos de las divisiones, distribuir entre ellas los recursos, diseñar los sistemas de control del rendimiento y nombrar a los directivos de las divisiones.

Asimismo, la sede central proporciona servicios de apoyo comunes a las divisiones (finanzas, recursos humanos, secretaría y asesoría jurídica, investigación y desarrollo, relaciones públicas, etc.), en forma de tecnoestructura y staff de apoyo.

La división se suele hacer siguiendo el criterio de mercado. Los directivos divisionales son, al mismo tiempo, los ocupantes del nivel funcional de la organización y del estratégico de su división.

Las divisiones suelen adoptar, internamente, la forma de burocracia maquinal, para poder responder a las exigencias de la sede central, que se suelen fijar, únicamente a nivel de rendimiento.

La forma divisional es una estructura organizacional que tiene una serie de *ventajas,* como son el permitir una asignación más eficiente del capital, ayudar a preparar futuros directores generales, dispersar los riesgos, y permitir reaccionar estratégicamente de manera más fácil.

Sin embargo, en esta estructura se encuentran, también, una serie de *debilidades,* tales como el tender a olvidar los objetivos sociales al centrarse sólo en los económicos; el que su éxito dependa mucho de la capacidad de los directivos divisionales; y que es una estructura altamente inestable, ya que un paso más adelante la llevaría a la desintegración en empresas separadas, mientras que si se retrocede, buscando la estabilidad, es muy fácil volver a la burocracia maquinal.

La evolución que, más habitualmente, sigue una organización, según Mintzberg (1984) hasta llegar a la forma divisional (figura 1.4.), pasa por cuatro etapas:

1. *Forma integrada.* Es la que corresponde a las organizaciones que tienen todas sus actividades estructuradas en forma de cadena integrada e ininterrumpida, ofreciendo a los clientes sólo el producto final. Supongamos, por ejemplo, una consultora de recursos humanos que se dedica al campo de la selección de personal*; todos los esfuerzos y recursos se centrarán en dar el mejor servicio de selección a sus clientes.

2. *Forma de subproductos.* La organización busca nuevos mercados; y, para ello, puede optar por dos alternativas:

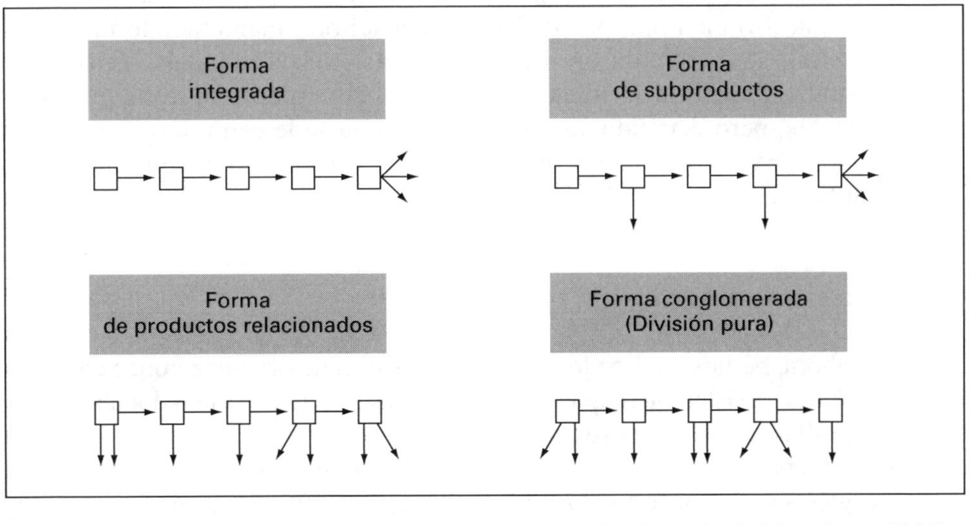

FIGURA 1.4. *La evolución hacia la forma divisional (adaptado de Mintzberg, 1984)*

- Diversificar las líneas de productos finales, para lo que debería adoptar la forma divisional; o, lo que es más habitual,
- Comenzar a comercializar productos intermedios. En este caso, cada eslabón de la cadena recibe una cierta autonomía para comercializar sus productos, aunque la mayoría de sus outputs seguirán pasando al eslabón siguiente de la cadena.

En la consultora del ejemplo, en un momento determinado, algunos clientes piden su apoyo, por ejemplo, para llevar a cabo un proceso de análisis de puestos* o un curso de formación, servicios que les presta la consultora; sin embargo, su principal negocio sigue siendo la selección de personal, aunque ésta es cada vez menos importante en el total del negocio.

3. *Forma de productos relacionados.* Se continua la diversificación, anteriormente iniciada, de los mercados de subproductos, descomponiéndose la cadena del proceso hasta el punto de lo que venden los pasos intermedios llega a ser más importante que lo que se suministran entre sí. Los clientes de la consultora de nuestro ejemplo, cada vez piden más servicios diferentes de la selección de personal (formación, planes salariales, asesoría laboral, etc.). Llega un momento en que estas actividades son más importantes que la propia selección de personal.
4. *Forma conglomerada o divisional pura.* Cada división atiende sus propios mercados y ofrece líneas de productos que no están relacionados con los de las restantes divisiones, entre las que no existen interdependencias importantes, a excepción de los recursos, que gestiona la sede central, que es, también, quien determina los sistemas de control del rendimiento.
   En nuestro ejemplo, por último, la consultora, manteniendo una sede central, se estructura en diferentes divisiones (formación, selección, estudios, asesoría jurídica, etc.) que actúan como empresas independientes, pero dependiendo todas ellas de la sede central, que es quien determina los objetivos y presupuestos de cada división, controla los resultados, etc.

1.2.3. La estructura simple*

Hasta ahora, hemos explicado estructuras propias de organizaciones complejas; sin embargo, existen otras que son mucho más sencillas y que adoptan la que Mintzberg (1984) denomina estructura simple.

Pensemos, por ejemplo, en un pequeño taller o en un comercio. En ellos, el nivel estratégico suele estar formado por una sola persona (por lo general, el dueño), que es quien ostenta todo el poder y a quien corresponde la toma de decisiones en todos los temas (compras, precios de venta, contratación de personal, salarios, etc.).

Asimismo, la estrategia de la empresa la decide el mismo dueño, aunque, en este tipo de organizaciones, en la mayoría de los casos, más que de una verdadera estrategia, sería más correcto hablar de aprovechamiento agresivo de las oportunidades que ofrece el mercado.

El nivel funcional no existe o es muy reducido, al igual que la tecnoestructura y el staff de apoyo; por ello, la comunicación entre los niveles estratégico y operativo es informal y la coordinación la lleva a cabo, directamente, el nivel estratégico. En la mayoría de los casos, el nivel funcional se reduce a una persona, que sustituye al dueño cuando éste no está presente.

El trabajo es flexible, entendiéndose este término en el sentido de que no suele haber puestos de trabajo bien definidos, y todos los trabajadores hacen de todo. Así, por ejemplo, los dependientes y dependientas de una tienda, hacen de cajeros/as, escaparatistas, etc.

1.3. LAS ESTRUCTURAS FLEXIBLES

1.3.1. El entorno actual del trabajo

El mundo empresarial en que nos movemos actualmente, es completamente diferente al que existía hace relativamente poco tiempo. Así, sin necesidad de remontarnos muchos años atrás, podemos recordar que, entre otras situaciones:

- Los mercados a los que se dirigían la mayoría de las empresas eran *locales,* o a lo sumo, nacionales, no existiendo, o siendo muy escasa, la competencia internacional,
- Una persona podía comenzar su vida profesional en un determinado puesto de trabajo*, realizando unas tareas y funciones concretas; al jubilarse, cuarenta o cincuenta años después, seguía utilizando las mismas herramientas, para realizar las mismas funciones y tareas; esto es, los *puestos de trabajo* apenas sufrían cambios durante largos periodos de tiempo.
- Los mercados presentaban las mismas necesidades, y estaban segmentados de la misma forma, durante años. Por consiguiente, los mercados estaban marcados, también, por una alta estabilidad.
- *La tecnología* evolucionaba, también, de forma muy lenta. Pensemos, por ejemplo, en los años transcurridos desde la aparición de la máquina de escribir mecánica hasta su sustitución por la eléctrica.

En una situación tan estable, era lógico que el trabajo se organizase según unas determinadas pautas:

1. *Producción en grandes lotes,* lo que, lógicamente, tenía una serie de consecuencias:

   - *Cadenas de producción,* con puestos de trabajo en los que las funciones, las tareas y los métodos de trabajo estaban perfectamente definidos y estandarizados.
   - *Estructuras burocráticas piramidales,* con niveles de autoridad y responsabilidad claramente definidos. En los niveles más altos, se situaban la capacidad de toma de decisiones y solución de conflictos y anomalías.
   - *La tecnología,* sólo estaba a disposición de unos pocos privilegiados (los técnicos) que eran quienes tenían los conocimientos precisos para utilizarla. Recordemos, al respecto, los primeros años en que se comenzaban a utilizar los ordenadores, durante los cuales la informática formaba un área aparte a la que difícilmente podíamos acceder los profanos.

2. El *cambio* era una amenaza para el «orden establecido» y, como consecuencia, se vivía como un peligro, como una situación conflictiva. Recordemos la gran cantidad de bibliografía existente sobre el tema de cómo enfrentar el cambio, bibliografía que aún hoy día sigue aumentando.

Obviamente, esta situación tenía unas consecuencias importantes para la gestión de las personas que componían la organización:

- Dada la estabilidad de los puestos de trabajo y la estandarización de la forma de realizar las tareas, que acabamos de comentar, los procesos de *selección de personal* eran, por lo general, sencillos, ya que bastaba con encontrar personas con unas características básicas, por lo que los clásicos perfiles psicofísicos* podían tener buenos resultados a la hora de tomar decisiones sobre las personas.
- Asimismo, la *formación**, en la mayoría de las ocasiones, se reducía a un simple entrenamiento*.
- Las *promociones* se llevaban a cabo en base, fundamentalmente, a la antigüedad, y, en algunos casos, al rendimiento en el puesto de trabajo actual.
- Las personas podían *intercambiarse* entre los distintos puestos, realizando indistintamente las tareas asignadas a los mismos; excepto cuando éstos eran tan especializados que exigían conocimientos específicos que, en muchas ocasiones, únicamente se podían adquirir a través de la experiencia. Obviamente esta situación no tenía nada que ver con los sistemas de rotación que se emplean, hoy día, para mejorar las competencias de los trabajadores.

Sin embargo, hoy día la situación es completamente diferente:

- La apertura de las *fronteras internacionales,* así como el desarrollo de los medios de transporte y de comunicación, han aumentado la competencia entre las empresas, que, ahora, se deben centrar no sólo en mercados locales, ni siquiera nacionales, sino internacionales.
- Los *puestos de trabajo* ya no presentan la misma estabilidad que hace algunos años; al contrario, cambian de contenido de manera bastante rápida, por lo que una persona puede verse obligada a cambiar de actividad en múltiples ocasiones a lo largo de su vida activa.
- Los *mercados* también evolucionan muy rápidamente y están muy segmentados, ya que los clientes son cada vez más exigentes con la *calidad* de los productos y servicios que compran. Sin embargo, el concepto de «calidad» no es un concepto universal, sino que cada persona o grupo de personas exigimos unos aspectos particulares, respecto al producto o servicio, para considerarlo de calidad, por lo que habrá que atender a todos ellos, si se quiere mantener una cartera de clientes satisfechos.

  Pensemos, por ejemplo, en el caso de los coches. Unos clientes los desean con aire acondicionado; otros con radio; otros de un color determinado; etc. La fabricación de los coches debe atender todas las necesidades que tengan sus clientes, ya que en función de cómo las satisfaga el automóvil, van a considerarlo o no de calidad. Y todo ello, se tiene que conseguir manteniendo unos precios competitivos en el mercado.
- La *tecnología* evoluciona, también, rapidísimamente, por lo que los tiempos de amortización de la misma se han reducido drásticamente con respecto a los que existían hace pocos años y, además, llega y es utilizada por todos los niveles de la organización (así, por ejemplo, los operarios manejan máquinas de control digital, los servicios de atención al público están informatizados, etc.).

Es claro que, en esta situación, la organización del trabajo es completamente diferente a la que existía anteriormente:

1. *Producción en series cortas*, para poder responder a las exigencias y necesidades de los distintos clientes es preciso estructurar los sistemas de producción de forma que, sin aumentar los costes, se puedan hacer series más cortas de productos. Esto, lógicamente, tiene una serie de consecuencias:

   - Dado que si la empresa no proporciona al cliente lo que éste desea o necesita, seguramente la competencia sí lo hará, es preciso que, en toda la empresa, esté claro que el cliente es el centro de todas las decisiones y acciones que se lleven a cabo.

Para poder funcionar de esta forma, las personas que están en contacto directo con los clientes (habitualmente las que ocupan los niveles más bajos del organigrama, el nivel operativo) deben estar preparadas, dispuestas y autorizadas a *tomar decisiones y asumir responsabilidades*.

- En esta situación, no tiene sentido una estructura burocrática clásica, en la que los problemas suben por el organigrama, hasta llegar al nivel en el que se puede tomar la decisión (habitualmente uno de los más altos) y después vuelven a recorrer el mismo, u otro, camino (en sentido descendente), hasta llegar al lugar donde se aplica la solución. Esta lentitud en solucionar los problemas, llevaría aparejada, lógicamente, la pérdida de clientes.

Pongamos un ejemplo, tomado de Peters (1995, págs. 30-31).

> En el año 1986, un inspector de vías de Union Pacific descubre un problema en un apartadero propiedad de un cliente. ¿Qué hace? Transmite la noticia a su jefe, el capataz de parque, quien la transmite al subencargado de trenes, quien la pasa a su superior, el encargado de trenes, quien la cursa al superintendente de transporte de la división, quien la hace seguir al superintendente de la división. Éste pasa la patata caliente al superintendente regional de transporte, quien la hace subir un peldaño más hasta el director general adjunto, el cual le atiza la patada final para hacerla llegar a manos del director general. El problema del apartadero ha llegado finalmente a la cúspide de la descomunal jerarquía de explotación de Union Pacific.
>
> Luego, por encima del gran abismo, pasa a ventas y marketing, donde probablemente irá a parar a la mesa del vicepresidente adjunto de ventas. Éste la pasa al director regional de ventas, quien, haciéndola bajar un poco más, la pone en manos del jefe de ventas de distrito, el cual informa del problema al vendedor. Y si el cliente todavía se mantiene vivo —actuarialmente hablando—, acabará por enterarse del problema del apartadero (ver figura 1.5).
>
> Esta compañía de ferrocarriles nombró un nuevo agente, Mike Walsh, y en 1987 emprendió una reorganización meteórica. Hoy en día, si un inspector de vías descubre algún problema en un apartadero propiedad de un cliente, informa directamente al cliente. Si el cliente no está de acuerdo con el inspector (lo que rara vez sucede), el cliente puede llamar al jefe del inspector de vías, el superintendente de servicios de transporte. Pero éste dirá: «Mire, yo no entiendo nada de vías. No soy más que un jefe. Siga hablando con el inspector de vías».

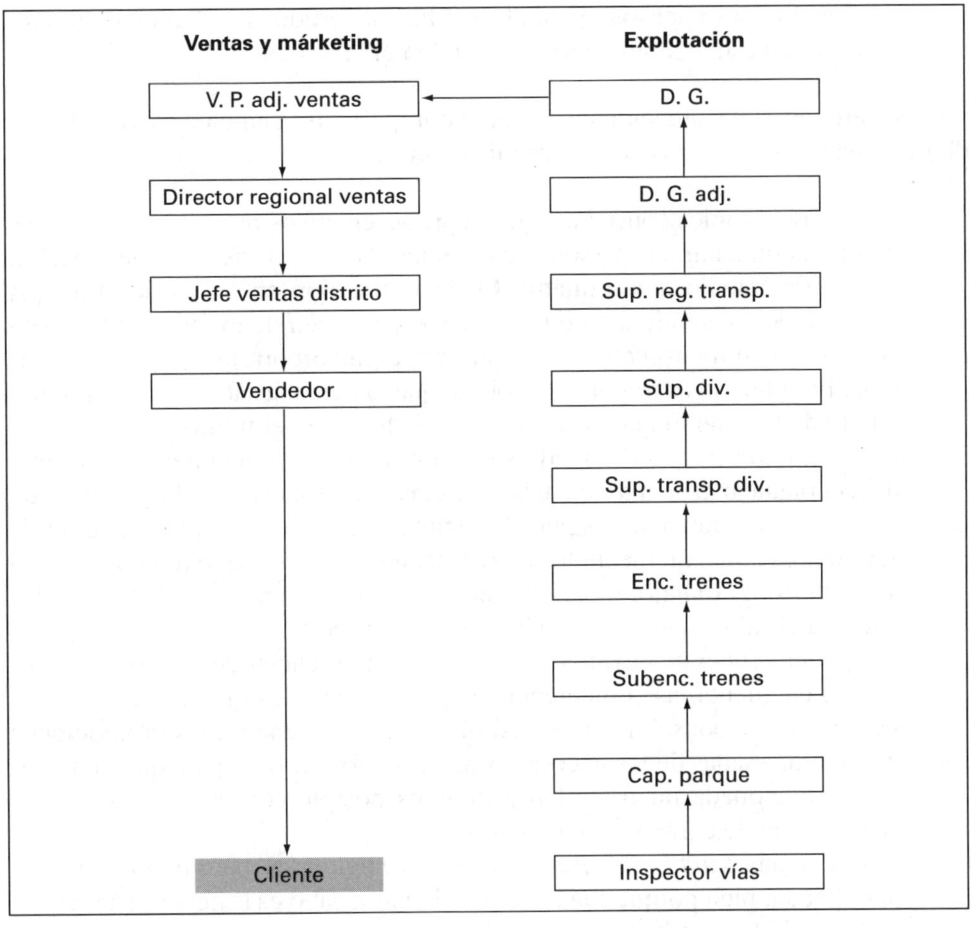

FIGURA 1.5. *Ejemplo de proceso de toma de decisiones en una estructura burocrática clásica (Tomado de Peters, 1995, pág. 30)*

Obviamente, la segunda forma de actuar es la que permite dar una respuesta rápida y eficaz al cliente que se sentirá bien atendido por la empresa.

- La *tecnología,* hoy día está a disposición de todas las personas de la empresa y es fácilmente utilizable, por lo que, como explicaremos más adelante, actualmente lo que se plantea es disponer de redes (Intranet)* que permitan disponer a todos los empleados de la información que necesitan en todo momento.

2. El *cambio* se ha convertido en algo normal en la vida de las empresas; es más, los cambios de todo tipo no son sólo cada vez más rápidos, sino

también, más intensos. El cambio se ha convertido en lo habitual, las empresas se están habituando a «vivir con el cambio».

Es claro, que esta situación ha producido importantes cambios sobre la forma de gestionar a las personas en las organizaciones:

- Dados los cambios constantes que se producen en los puestos de trabajo, ya no basta con contratar personas que reúnan las características que exige un puesto de trabajo determinado. En una situación en la que los trabajos cambian de contenido tan rápidamente, el *potencial* de los empleados se ha convertido en un aspecto clave a la hora de incorporarlos a una organización. Por ello, no es importante sólo lo que la persona sabe hacer en un momento dado, sino lo que va a ser capaz de hacer en el futuro.
- La *formación* no puede quedarse en un simple entrenamiento, sino que deberá plantearse de manera más profunda, a corto, medio y largo plazo, de forma que los trabajadores puedan reciclarse rápidamente para poder utilizar eficaz y eficientemente las nuevas tecnologías que se van incorporando a su puesto de trabajo; o para poder llevar a cabo funciones distintas a las que han estado haciendo hasta hace poco tiempo.
- Las *promociones* se llevan a cabo en base al potencial de las personas, teniendo en cuenta las competencias* que poseen y las que les van a exigir sus nuevas responsabilidades. Asimismo, por lo general, las promociones van acompañadas de las necesarias acciones formativas, para que la persona promocionada pueda trabajar lo antes posible con la eficacia* y eficiencia* que le exige su nuevo puesto.
- Las personas *cambian de funciones y de actividades,* pero de una manera planificada, bien porque sea necesario llevar a cabo esas nuevas funciones, en lugar de las que han venido realizando anteriormente, o para ocupar un nuevo trabajo. Todos estos cambios se introducen, siempre, con el objetivo de mejorar la eficacia y eficiencia de la empresa y el rendimiento, la satisfacción y la seguridad de los trabajadores. En definitiva, estamos resaltando la importancia que, hoy día, tiene la polivalencia* de los trabajadores de cualquier empresa. Como consecuencia de esta necesidad de polivalencia, la formación es cada vez más importante para que la empresa mantenga y mejore su competitividad*.

Toda esta situación, tiene como consecuencia la *inversión de la pirámide organizacional clásica* (ver figura 1.6), de forma que cambie la «mentalidad piramidal» de la que hemos hablado anteriormente. Así, el nivel inferior del organigrama no hará el trabajo que le ordena su superior, cuando se lo ordena y cómo se le indica, sino que, al ser el que está en contacto directo con los clientes, tendrá autonomía y responsabilidad para tomar decisiones, siendo el papel del

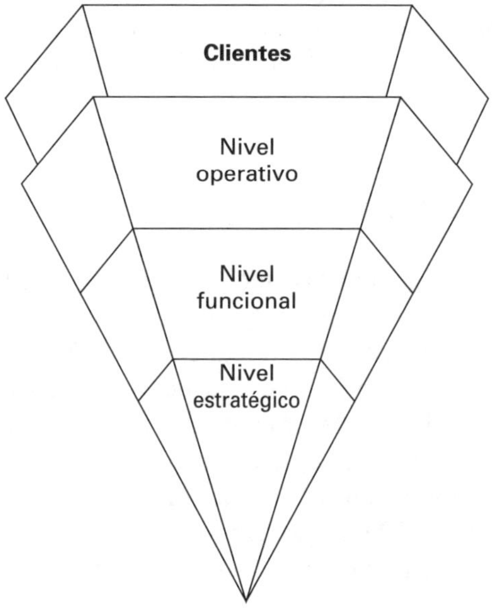

FIGURA 1.6. *La pirámide organizacional invertida*

mando facilitar y apoyar el trabajo del subordinado. De esta forma, toda la organización estará centrada en atender las necesidades de sus clientes.

Ahora bien, esto tiene otra consecuencia sobre las estructuras organizacionales: las empresas competitivas tienden a ser mucho más planas, con menos niveles jerárquicos en el nivel funcional (recuérdese el ejemplo que hemos puesto antes de Union Pacific).

En este marco que acabamos de describir, obviamente la tecnología es importante para ser competitivo; sin embargo, todas las empresas pueden disponer de la que necesitan con la correspondiente inversión.

También son importantes, como es lógico, los mercados; ahora bien, el mercado y los clientes son los mismos para todas las empresas competidoras que se dirigen a un mismo segmento.

Los productos, por su parte, son muy similares de unas empresas a otras y, difícilmente, permiten mantener, durante un tiempo suficientemente largo (salvo excepciones), una importante ventaja competitiva.

Entonces, ¿dónde podemos encontrar la diferencia entre las empresas competitivas, y las que no lo son? Obviamente, la diferencia está en *las personas*.

Pensemos un momento en el tema y nos daremos cuenta de que quien maneja la tecnología son las personas, quienes deciden las inversiones son las personas, quienes están en contacto con los clientes son las personas, y quienes innovan o mejoran los productos o los servicios son las personas. Esta es la razón por la que, en las empresas competitivas, se considera a las personas como su *principal recurso* y sus principales esfuerzos estén dirigidos a gestionarlas de la manera más eficaz posible.

1.3.2. Estructuras flexibles

Las estructuras flexibles son las que se están imponiendo en las empresas competitivas. La razón, como hemos explicado, es que se han producido una serie de cambios (nuevas tecnologías, globalización de los mercados, etc.) que han obligado a las empresas a modificar sus estructuras organizacionales para mantener su competitividad, haciéndolas mucho más flexibles para poderse adaptar rápidamente a las características de un entorno que, no sólo cambia cada vez más rápidamente, sino que, además los cambios son, también, cada vez más amplios.

En general, como hemos dicho, se ha ido evolucionando hacia estructuras flexibles, cuya concepción se apoya en una serie de principios:

a) *Visión única de negocio.* Todas las actividades de la empresa se integran con la única misión de apoyar al negocio común. Obviamente, esto nos lleva a la necesidad, primero, de que exista la visión de lo que quiere ser la empresa; segundo, que esa visión la conozcan todos los integrantes de la misma; tercero, que los hechos demuestren que realmente se quiere conseguir la visión; y cuarto, que todas las personas de la empresa la compartan; esto es, que todos comprueben que pueden satisfacer sus necesidades cuando se esfuerzan para conseguir que la organización alcance su meta.
b) *El cliente y el mercado* son el centro de todas las actividades, revisándose y reestructurándose la organización en función de la evolución y necesidades del mercado. Por tanto, el objetivo de la empresa es servir al cliente, por lo que se va a dar gran importancia a la gestión de las personas, de forma que éstas se estructuren de manera que ofrezcan los mejores servicios al cliente, y orientando dicha gestión a perfeccionarlos, tanto en lo que se refiere a la eficiencia, como a la eficacia, con el objetivo final de aumentar el valor que aportan a la empresa.
c) *Organigrama más plano.* De forma que entre los niveles estratégico y operativo existan el menor número posible de escalones, sustituyendo el «ámbito de control» por el «ámbito de comunicación - capacidad de decisión*», acercando el nivel estratégico al mercado, eliminando costes de coordinación, agilizando la toma de decisiones, y evitando la aparición de unidades y posiciones no aportadoras de valor a la organización.

Ya hemos comentado antes la forma en que las empresas competitivas han eliminado muchos niveles intermedios. La razón es responder a la necesidad de tomar las decisiones lo más cerca posible del cliente; como consecuencia, cuando, en una estructura burocrática, un mando podía supervisar directamente a 6 ó 7 personas (ámbito de control) como máximo, en una estructura de este tipo, un mando puede supervisar el trabajo de 60 ó 70 personas (ámbito de comunicación-capacidad de decisión) que trabajan conociendo la visión de la empresa y con la necesaria autonomía y responsabilidad.

Asimismo, para que la organización pueda funcionar eficaz y eficientemente, serán de gran importancia los sistemas que permitan coordinar horizontalmente todas las actividades empresariales hacia el objetivo común.

d) Adquieren gran importancia los sistemas de *trabajo en equipo,* tanto dentro de cada unidad funcional, como por la necesidad, cada vez mayor y más frecuente, de colaboración entre distintas unidades y entre profesionales de distintas áreas.

e) Para poder trabajar con autonomía, las personas necesitan disponer de *la información* necesaria y en el momento oportuno. Como consecuencia, se produce un importante cambio de cultura organizacional, dejando, la información, de ser «propiedad de unos pocos», para pasar a un enfoque en el que dicha información *«está a disposición de quien la necesita, en cada momento y lugar».*

   Este cambio de filosofía y cultura ha dado lugar a nuevas formas de gestión, tanto de la empresa en general, como de las personas que la componen, de sus recursos humanos, en particular.

f) Para situar la información en los lugares y momentos oportunos, se utiliza la *tecnología de la información,* siendo las redes informáticas el soporte más utilizado.

g) Dado que las personas se convierten en el principal recurso competitivo de las organizaciones, y que estas personas deben tomar decisiones y actuar con autonomía, *el aprendizaje se introduce como sistema.*

   De esta forma, se pone el énfasis en el desarrollo de las personas, tanto en el sentido de incluir sus objetivos y programas formativos en sus objetivos de rendimiento, como en la implantación de una cultura empresarial que favorezca el aprendizaje continuo de todos los empleados, a partir de los éxitos y fracasos de cada una de las personas que conforman la organización.

En definitiva, en las empresas competitivas, que han adoptado estructuras flexibles, nos encontramos con:

- Una *centralización de la estrategia;* esto es, la definición de la visión, de los objetivos, de la empresa, y de los planes estratégicos (entendidos como líneas de actuación generales y flexibles), deberá estar centralizada.
  Ahora bien, así como este proceso, en las organizaciones burocráticas, era sólo descendente, del nivel estratégico hacia abajo; por el contrario, en las organizaciones con estructuras flexibles, es un proceso de doble dirección: primero ascendente, de los niveles inferiores hacia arriba, y, posteriormente, descendente, del nivel estratégico hacia abajo.
  De esta forma, se pasa de la visión reactiva y a corto plazo a trabajar en base a programas estratégicos, proactivos y a corto, medio y largo plazo.
- Una *descentralización de la gestión.* Cuando toda la empresa conoce a dónde quiere ir ésta y cuáles son las reglas que hay que respetar, se puede descentralizar la gestión. De esta forma, es como se introduce la autonomía y la responsabilidad a todos los niveles, para que, en el momento de la acción, se pueda optimizar la producción, de forma que, a partir de productos y servicios básicos, se puedan elaborar otros diferentes, adaptados a las necesidades y deseos de los clientes, con los menores costes posibles de diseño y transformación.

Los principios en los que se apoyan las estructuras flexibles, han llevado a que se produzcan importantes cambios en los papeles que juegan cada uno de los niveles que conforman la organización:

a) *Nivel estratégico.* Su evolución ha llevado a que sus objetivos y funciones dentro de la empresa se sitúen en mantener la visión única de la organización, establecer las líneas estratégicas que mantengan la competitividad de la empresa y conseguir integrar a los mandos y a todos los componentes de la organización dentro de la visión definida y de la estrategia elaborada.
b) *Nivel funcional.* Si bien su tamaño ha disminuido, no lo ha hecho su importancia, aunque sus funciones y responsabilidades no son ya las de supervisión directa propias de las estructuras burocráticas, sino que se centran en la coordinación horizontal de las unidades funcionales y en la facilitación del trabajo de los equipos. Los componentes de este nivel, por tanto, en este tipo de estructuras actuarán, fundamentalmente, como facilitadores y formadores de sus colaboradores, aunque sin perder la responsabilidad de que sus unidades consigan los objetivos que les correspondan en función de la visión y la estrategia de la empresa.
c) *Nivel operativo.* Es otro de los niveles en los que se han producido importantes cambios. Tiende a estructurarse horizontalmente, en función del proceso productivo y, generalmente, se trabaja en forma de equipos multidisciplinares y favoreciendo la polivalencia, la autonomía y la asunción de responsabilidades de sus componentes.

Los órganos staff también han sufrido cambios:

d) *La tecnoestructura*. Ha pasado de ser una unidad de asesoramiento y control interno, encargada de la normalización del trabajo, a otra de apoyo al desarrollo de la organización.
e) *El satff de apoyo*. En general, sus actividades tienden a contratarse del exterior, quedando sus componentes internos encargados de la gestión de las mismas.

Como comentario final, es importante resaltar que la evolución de las estructuras clásicas a las flexibles, causada por los cambios producidos en el mundo del trabajo, ha tenido, también importantes consecuencias en cuanto al valor que se atribuye a las personas que conforman la organización. En concreto, esta evolución de las estructuras organizacionales es una de las variables más relevantes en el cambio producido al pasar de la gestión de personal clásica a la actual gestión de recursos humanos, tema que abordamos en el siguiente capítulo.

CONCLUSIONES

La estructura organizacional de las empresas ha ido evolucionando, a medida que las características del mundo del trabajo han cambiado, con el objetivo de mantener y mejorar su competitividad en un ambiente y un mercado cada vez más agresivos.

Los cambios en la estructura organizacional han tenido importantes consecuencias al ir encaminadas a facilitar una mayor autonomía a los trabajadores, a partir de la constatación de que la rapidez en la toma de decisiones y la flexibilidad son aspectos básicos a la hora de responder a las necesidades de los clientes, que se han convertido en el centro de toda la actividad de la empresa.

A causa de estos cambios, también se ha modificado la gestión de las personas que conforman la organización, que se han convertido en el principal recurso competitivo de la misma.

El paso de las estructuras burocráticas y piramidales a las flexibles, ha producido, también, importantes cambios en la composición y funciones de los niveles estratégico, funcional y operativo de las empresas.

De esta forma, ganan importancia los sistemas de trabajo en equipo, la información pasa a ser propiedad de todos los empleados de la organización, utilizándose la tecnología en todos los niveles de la empresa. Los trabajadores deben ser polivalentes y, como consecuencia, el aprendizaje se introduce como sistema, convirtiéndose la formación en la función más importante dentro del área de gestión de recursos humanos.

BIBLIOGRAFÍA BÁSICA

Abascal, F. (1996). *Cómo se hace un plan estratégico*. Madrid: ESIC.
Fitz-Enz, J. (1992). *El valor añadido por la dirección de recursos humanos. Una nueva estrategia para los 90*. Bilbao: Deusto.
Gibson, J. L., Ivancevich, J. M. y Donnelly Jr., J. H. (1994). *Las organizaciones. Comportamiento, estructura, procesos*. Buenos Aires: Addison-Wesley Iberoamericana.
Mintzberg, H. (1984). *La estructuración de las organizaciones*. Barcelona: Ariel.
Peiró, J. M. (1991). *Psicología de la organización*. Madrid: UNED.
Pérez-Fernández, J. A. (1996). *Gestión por procesos. Reingeniería y mejora de los procesos de empresa*. Madrid: ESIC.
Peters, T. (1995). *Nuevas organizaciones en tiempos de caos*. Bilbao: Deusto.
Senge, P. M. (1995). *La quinta disciplina*. Buenos Aires: Granica.
Thurbin, P. J. (1994). *La empresa capaz de aprender*. Barcelona: Folio.

PARA SABER MÁS

Banner, D. K. y Gagné, T. E. (1995). *Designing effective organizations. Traditional & transformational views*. Thousand Oaks: Sage Publications.
Cross, M. (1990). *Changing job structures. Techniques for the design of new jobs and organizations*. Oxford: Heinemann Newnes.
Faulkner, D. y Johnson, G. (1992). *The Challenge of strategic management*. Londres: Cranfield.
Gattiker, U. E. y Larwood, L. (Eds.) (1998). *Managing technological development. Strategic and human resources issues*. Berlin: Walter de Gruyter.
Katz, R. (Ed.) (1997). *The human side of managing technological innovation*. New York: Oxford University Press.
Morris, D. y Brandon, J. (1995). *Reingeniería. Cómo aplicarla con éxito en los negocios*. Madrid: McGraw-Hill.
Pasmore, W.A. (1988). *Designing effective organizations. The sociotechnical systems perspective*. New York: John Wiley & Sons.
Roberts, K.H. (1993). *New challenges to understanding organizations*. New York: MacMillan.
Robey, D. (1986). *Designing organizations*. Homewood: Irwin.

Capítulo 2

LA GESTIÓN DE RECURSOS HUMANOS

OBJETIVOS

En este capítulo explicamos las diferencias entre el enfoque clásico de personal y el de recursos humanos. Así, al finalizar su lectura, se conocerá el planteamiento que se sigue al trabajar desde el enfoque de recursos humanos* en una empresa y, como consecuencia, se podrán entender mejor una serie de aspectos:

1. Por qué en el enfoque de personal* las personas se consideran un coste, mientras que en el de recursos humanos pasan a ser consideradas como el recurso más valioso para la organización.
2. Las ventajas de cambiar del enfoque reactivo* que sigue el enfoque de personal al enfoque proactivo* con el que se trabaja en recursos humanos.
3. El significado e implantaciones del sistema integrado de gestión de recursos humanos, frente al enfoque de personal, en el que se trabaja en base a funciones aisladas.
4. Las causas del cambio de trabajar con el concepto de rasgo*, como se hace en el enfoque de personal, al concepto de competencia, utilizado en el de recursos humanos.
5. Los campos o áreas de actuación de la dirección de recursos humanos.

INTRODUCCIÓN

Podemos considerar que es en la segunda mitad de los años ochenta, cuando se empiezan a cambiar los títulos de las obras que, hasta ese momento, se habían denominado *dirección de personal* al nuevo término de *dirección de recursos humanos* y, como consecuencia, también se modifican las «etiquetas» en las organizaciones, comenzándose a hablar de directores de recursos humanos, en lugar de directores de personal o jefes de personal.

Es en los años noventa cuando se produce el gran «boom» y, a partir de ese momento, cada vez es más difícil encontrar empresas en las que exista una dirección denominada *de personal.* Ahora bien, la pregunta que podemos plantearnos es: «¿En qué ha cambiado la situación en las empresas cuando la dirección de personal ha dejado paso a la de recursos humanos?». Tristemente, la respuesta a esta pregunta, en muchas ocasiones, es: «En nada o casi nada».

Y, sin embargo, el hecho de adoptar un *enfoque de recursos humanos*, conllevaría un cambio de *filosofía*, un cambio *conceptual* y un cambio de *actuación*, con respecto al que denominamos *enfoque de personal*. Por tanto, el cambio implica mucho más que un simple cambio de nombre, ya que, en general, se puede hablar de dos enfoques contrapuestos (figura 2.1):

a) En el planteamiento de personal, que se ha denominado, habitualmente, *tradicional* y que está en completa vigencia hasta la década 1980, se considera que los dos «bandos» denominados, por lo general, *capital* y *trabajo* son incompatibles y el personal es un *coste y, como tal, es preciso reducirlo todo lo que sea posible*. Las consecuencias de este planteamiento son unas relaciones de «enfrentamiento», de *conflicto*, que se suelen reflejar en la gran cantidad de energía organizacional desperdiciada en todo tipo de discusiones, negociaciones y enfrentamientos, a causa de la desconfianza mutua entre los dos bloques. La pregunta que nos podemos plantear es: «*Una organización donde se defienden estas posturas, ¿puede ser competitiva?*».
b) En el planteamiento de recursos humanos, se defiende una verdadera *sinergia entre lo social y lo económico*, dado que las personas son consideradas como *el principal recurso competitivo de la empresa que, por tanto, es preciso optimizar*. En este caso, las relaciones dejan de ser de «enfrentamiento», para pasar a ser de «colaboración». La organización no está dividida y «es del capital»; por el contrario, la empresa está formada por un personal integrado. Es claro que *sólo podrán ser competitivas las organizaciones que adopten esta postura*.

En este capítulo, vamos a desarrollar las diferencias entre el enfoque propio de la dirección de personal y el de la dirección de recursos humanos.

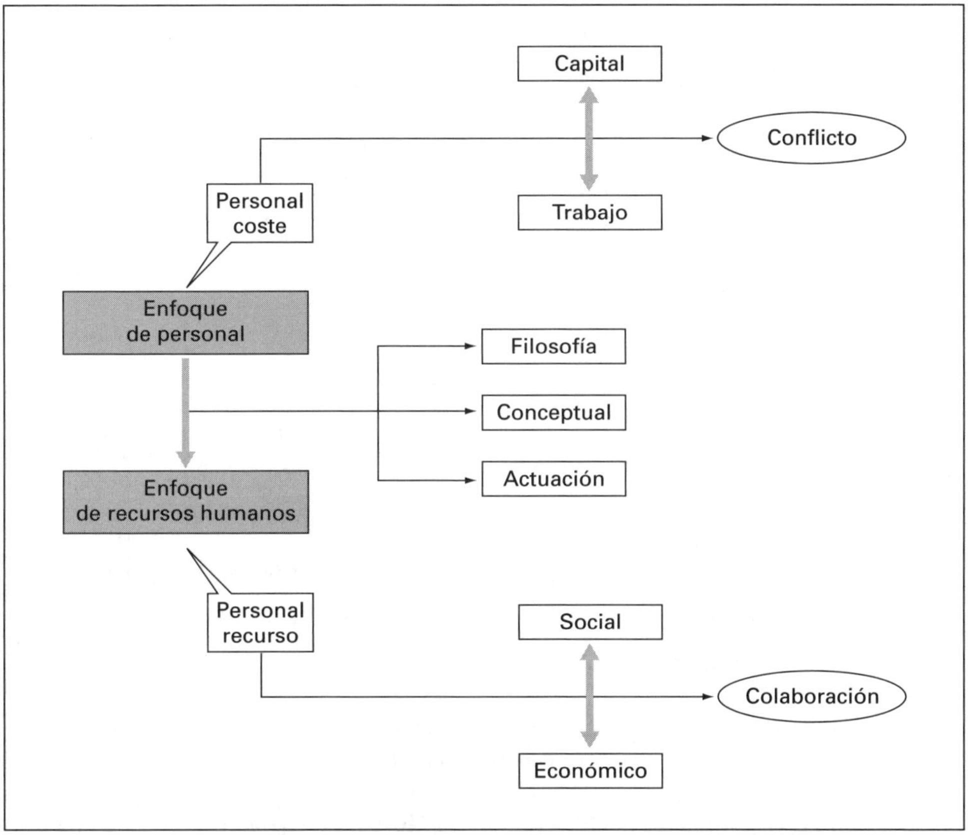

FIGURA 2.1. *Dirección de personal versus dirección de recursos humanos*

2.1. DIRECCIÓN DE PERSONAL VERSUS DIRECCIÓN DE RECURSOS HUMANOS

Los tres cambios que hemos explicado antes: filosófico, conceptual y de actuación, se concretan en una serie de diferencias entre la dirección de personal y la de recursos humanos (figura 2.2):

1. De enfoque reactivo a enfoque proactivo.
2. De funciones aisladas a gestión integrada.
3. De nivel funcional a nivel estratégico.
4. De enfoque del rasgo a enfoque de competencias.

La diferencia básica, y de la que se derivan las restantes, es que en el enfoque de recursos humanos, las personas dejan de ser consideradas *un coste*, para con-

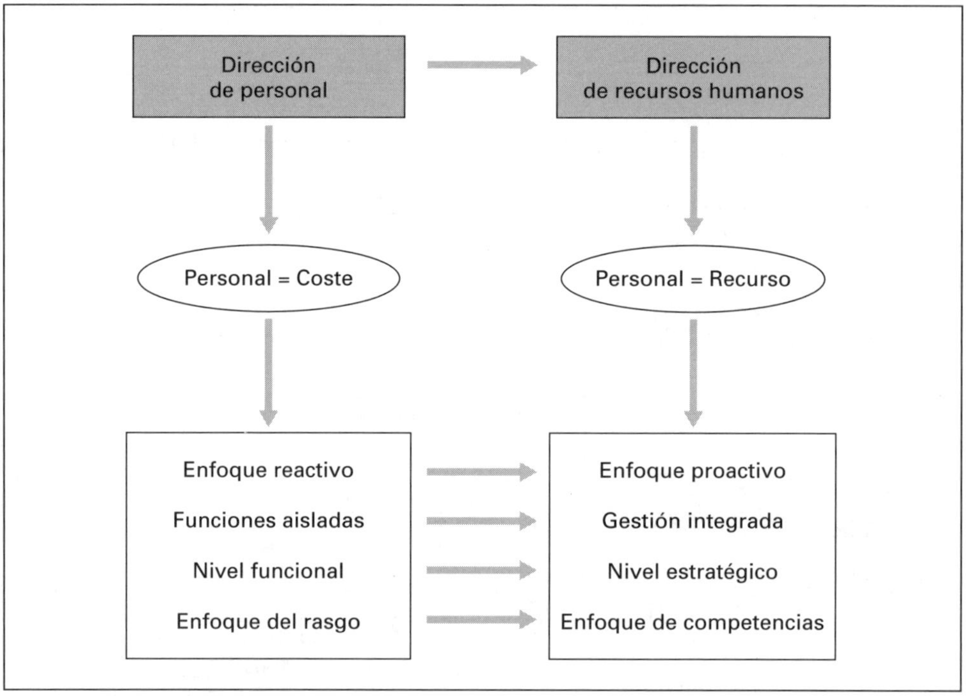

FIGURA 2.2. *Diferencias entre la dirección de personal y la dirección de recursos humanos*

vertirse, en las organizaciones que llevan a cabo una gestión eficaz, en el principal *recurso competitivo* de las mismas, por lo que es preciso darles la oportunidad y libertad necesarias para poder aportar todo su potencial al desarrollo de la empresa.

Esto es fácilmente explicable a través de un ejemplo. Todas las empresas tienen, en principio, la misma oportunidad de acceder a los recursos financieros, tecnológicos, de equipo, etc.; asimismo, todas las empresas tienen ante sí el mismo mercado potencial. Ahora bien, las decisiones referidas a la adquisición y uso de los recursos, la introducción en un nuevo mercado, etc., son tomadas por los directivos (parte de los recursos humanos de la empresa); asimismo, la calidad del producto final, la atención a los clientes, etc., son aspectos que, por su parte, dependen de los trabajadores de la línea de producción, del equipo comercial, de los operarios del servicio de posventa, etc.; en suma, *de los recursos humanos de la organización.*

Si, siguiendo con el ejemplo, descendemos a un terreno mucho más concreto, podemos recordar un caso relativamente reciente en nuestro país. Cuando comenzó la bajada de los tipos de interés en los prestamos hipotecarios, por parte de los bancos españoles, bastaba con seguir la publicidad de televisión para comprobar que el producto que ofrecía una entidad era rápidamente igualado o superado por el producto de otra/s. La realidad es que se llegó a una situación en la que las diferencias entre las ofertas de distintos bancos apenas eran significativas. ¿Con cuál de ellos trabajar?

La respuesta a esta pregunta venía dada, en la mayoría de las ocasiones, por otras variables de las que, seguramente, la más importante era la atención al cliente. Ahora bien, es claro que la atención al cliente depende de factores tales como el sistema informático del banco; sin embargo, los distintos sistemas tienen pocas diferencias entre sí. Por ello, lo que marcaba la distinción entre la atención al cliente en uno u otro banco, era la calidad y cualificación de las personas que debían atender a los actuales o futuros clientes. La consecuencia fue un aumento de la preocupación, en todas las entidades bancarias, por la formación de su personal en el área clave: orientación al cliente.

El mismo ejemplo de la banca, se podría poner en otros muchos sectores; por ejemplo, en el sector comercial se considera que el esfuerzo que hay que hacer para conseguir un nuevo cliente es similar al que conlleva mantener diez antiguos (y los clientes se mantienen por los productos y por los servicios; pero, sobre todo, por las personas).

En palabras de Fitz-Enz (1992), los empleados de recursos humanos deberían ser parte del principal caudal de toma de decisiones de la organización. No hay ninguna razón para que la función que aconseja a la dirección sobre la aplicación de los servicios humanos críticos no tenga que ser un miembro de la dirección respetado e igual que los demás. En este caso, el equipo de recursos humanos formará parte del equipo de valor*. Por el contrario, si se forma parte del equipo de gasto*, las tareas serán de naturaleza fundamentalmente táctica, prestando los servicios que necesitan las restantes áreas de la organización.

Obviamente, en el enfoque de personal se trabajaría dentro del equipo de gasto, por lo que los departamentos de personal siempre han sido tratados como gastos que se han de controlar todo lo posible; mientras que en el de recursos humanos se formaría parte del equipo de valor, puesto que se considera que sus actuaciones generarán valor añadido a la organización, al esforzarse por alcanzar un equilibrio entre las necesidades del personal y las de la empresa, diseñando políticas y programas que mejoren la seguridad y el desarrollo de los empleados, mientras que, al mismo tiempo, contribuyen a que la organización alcance sus objetivos.

2.1.1. De enfoque reactivo a enfoque proactivo

El cambio, la evolución, desde el enfoque propio de la dirección de personal al de la de recursos humanos, ha tenido una implicación clara en cuanto al momento en que se llevan a cabo las acciones. Así, desde el punto de vista de la dirección de personal, las acciones son, por lo general, de tipo *reactivo*; esto es, se tratan de solucionar los problemas que ya se han planteado.

Por el contrario, el planteamiento que preside las acciones dentro de lo que es la dirección de recursos humanos, es el *proactivo*; esto es, intentar anticiparse a los problemas y dificultades que se prevé pueden surgir en un futuro y planificar las acciones precisas para evitarlos o minimizarlos. Obviamente, este planteamiento no elimina las acciones de tipo reactivo, ya que por muy exacta y precisa que haya sido la planificación, siempre surgirán problemas imprevistos que será preciso solucionar de la forma más eficaz y eficiente posible.

De nuevo, un ejemplo puede servir para clarificar lo que acabamos de exponer.

En este caso, el ejemplo se refiere a una empresa del sector de las telecomunicaciones. En dicha empresa, un puesto importante era el de soldador; sin embargo, con la introducción de nuevas tecnologías, el mismo había perdido relevancia, por lo que «sobraban» muchos soldadores.

Ahora bien, al mismo tiempo habían surgido otra serie de empleos, de similar categoría, que era difícil cubrir, porque no existían en el mercado de trabajo operarios cualificados para ellos. La empresa estaba en el dilema de, por un lado, tener que despedir a los «soldadores sobrantes»; mientras, por otra parte, no se encontraban candidatos válidos para los nuevos puestos.

Esta situación sólo se puede llegar a producir cuando se aplica un enfoque reactivo, por lo que *el problema se aborda cuando ya está presente* y, en muchas ocasiones, acaba «explotando entre las manos».

Desde un punto de vista proactivo, *se habría trabajado desde mucho antes.* Así, dado que la introducción de las nuevas tecnologías no es algo que se decida «de un día para otro», los responsables de la selección de personal, habrían comenzado a seleccionar, desde mucho antes, soldadores que, independientemente de que dispusiesen o no de los conocimientos y competencias que iban a exigir los nuevos puestos, si tuviesen el potencial adecuado para poder desarrollar las competencias exigidas por ellos. Paralelamente, en los plazos adecuados, se habrían desarrollado programas de formación para las personas así seleccionadas, con lo que la transición de un sistema de producción a otro se habría llevado a cabo sin traumas (o con muchos menos).

Este ejemplo, en el que sólo se presenta una de las posibles soluciones al problema, ayuda a clarificar las ventajas que, a medio y largo plazo sobre todo, tiene el enfoque de recursos humanos sobre el clásico de personal. Asimismo, el ejemplo nos sirve para clarificar lo que hemos comentado antes sobre los equipos de gasto y de valor.

El equipo de gasto se limita a aplicar las técnicas necesarias (de reducción de plantilla, de selección o de formación) y soluciona el problema de la forma más eficaz y eficiente posible. Por el contrario, el equipo de valor habría trabajando diseñando, conjuntamente con producción, un programa, que, posteriormente, habría exigido, por supuesto, también la aplicación de determinadas técnicas.

2.1.2. De funciones aisladas a gestión integrada

En segundo lugar, se podría hablar de una diferencia global en el planteamiento de las direcciones de personal y recursos humanos.

Así, cuando se trabaja desde el primero de dichos enfoques, es habitual hablar de *funciones de personal**, citando, principalmente, dentro de las mismas, las de *selección, formación, administración, relaciones laborales y retribución.* Estas funciones, suelen corresponderse con departamentos independientes y que, históricamente, han ido surgiendo a medida que la evolución lógica de la empresa, hacía aparecer problemas que los demandaban. Por ejemplo, cuando una empresa crecía de tamaño y era preciso un departamento que controlase las nóminas, altas y bajas de personal, las ausencias, etc., se creaba el de administración de personal; lo mismo ocurría con los de relaciones laborales, ante el aumento de la legislación laboral y la importancia de los sindicatos, etc.

De nuevo nos encontramos con que la función principal de la dirección de personal es aplicar las técnicas más adecuadas para solucionar los problemas que se les plantean a las restantes áreas de la empresa, pero sin tener una visión de conjunto de toda la gestión del área.

Por el contrario, la dirección de recursos humanos parte del principio de que la gestión dentro del área debe ser *integrada.* Este término tiene, en este caso, tres acepciones, derivadas directamente de la necesidad de implantar programas de actuación estratégicos que participen en la consecución de los objetivos empresariales:

a) Los objetivos y la planificación de recursos humanos se elaboran dentro del marco definido por los *objetivos y los planes estratégicos de la empresa.*
   De esta forma, es cuando se puede adoptar un enfoque proactivo y diseñar programas estratégicos de recursos humanos, para lo que será preciso tener en cuenta el presente, pero mirando hacia el futuro a corto, medio y largo plazo. Así, nos encontramos con que (ver figura 2.3):

   1. Una vez definidos los *objetivos estratégicos de la empresa*, se elaboran los planes que se prevé permitirán alcanzarlos; esto es, se elabora la *planificación estratégica* de la organización.*
   2. Estos planes estratégicos se transformarán en los objetivos de las distintas unidades de la empresa; en nuestro caso, se convertirán en los *objetivos de recursos humanos**.
   3. La dirección de recursos humanos, por su parte, elaborará la *planificación estratégica de recursos humanos**; esto es, se definirán los programas y los planes que se prevé permitirán alcanzar los objetivos fijados en los plazos establecidos.

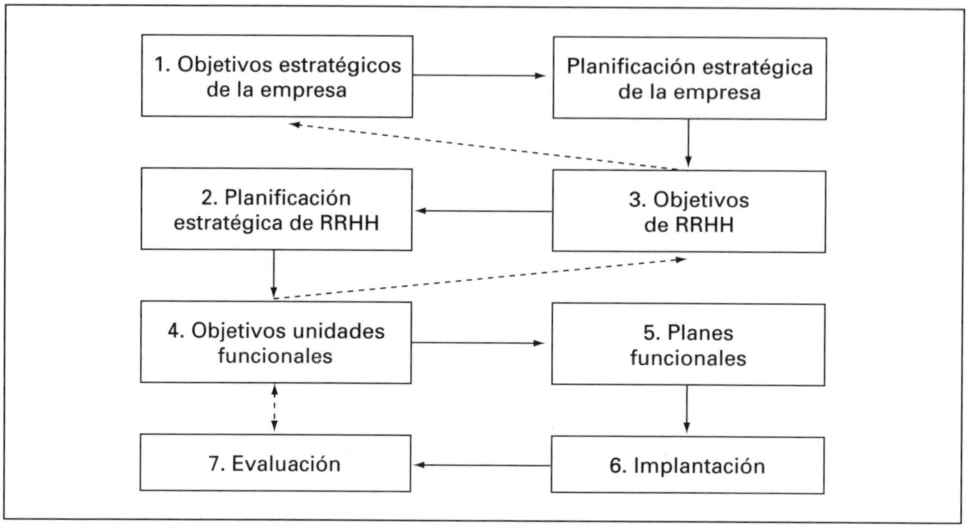

FIGURA 2.3. *La gestión de recursos humanos y la estrategia empresarial*

4. La planificación estratégica de recursos humanos será la base en que se apoyará la definición de los *objetivos de cada una de las unidades* de la dirección: empleo, formación, salud laboral, etc.
5. Cada unidad elaborará, a su vez, los *planes* que prevé le permitirán alcanzar sus objetivos (a este nivel, tanto los objetivos como los planes son mucho más concretos y operativos).
6. Se *llevan a la práctica* las acciones definidas en los planes elaborados.
7. Se *evalúan* los resultados de los procesos y las acciones llevados a cabo, para comprobar hasta qué punto se corresponden con los esperados y, en caso necesario, adoptar las oportunas medidas correctoras.

b) La gestión de recursos humanos estará formada, siempre, por *tres fases* íntimamente relacionadas entre sí: planificación, implantación y evaluación.

Explicaremos, con un ejemplo, muy simple, lo que acabamos de exponer.

Supongamos, que uno de los objetivos estratégicos de la empresa «A» es aumentar las ventas en un 10 % en un plazo de tres años. Para conseguirlo, uno de los planes estratégicos que se han elaborado es iniciar la comercialización de sus productos en Andalucía dentro de dos años.

Para iniciar la comercialización se necesitará una plantilla de 1 jefe de zona,

2 jefes de equipo y 10 vendedores. Obviamente, el objetivo de la dirección de recursos humanos será disponer de esas personas, con las competencias adecuadas, en el plazo fijado.

La dirección de recursos humanos elaborará la correspondiente planificación, que le permitirá, dentro de dos años, disponer de 13 personas para ocupar los puestos y que tengan las competencias incluidas en los perfiles de exigencias* de los mismos. Uno de los posibles planes que se podrían diseñar sería:

1. El puesto de jefe de zona lo ocupará un jefe de equipo de la empresa. En este caso, se está ya definiendo el objetivo de la dirección de selección: «Decidir cuál es el jefe de equipo más adecuado para la promoción». Asimismo, se ha definido ya el objetivo de la dirección de formación: «Conseguir que el jefe de equipo seleccionado disponga de las competencias que exige el puesto de jefe de zona, dentro de dos años».
2. Los puestos de jefes de equipo los ocuparán dos vendedores actuales de la empresa. Al igual que en el caso anterior, ya se están definiendo objetivos para las direcciones de selección y formación.
3. Los 10 vendedores se contratarán de fuera de la empresa. En este caso, se está, de nuevo, definiendo un objetivo para la dirección de selección: «Disponer, dentro de dos años, de 10 nuevos vendedores con las competencias precisas».

En estos momentos, las direcciones de selección y formación iniciarán la elaboración de sus correspondientes planes funcionales; esto es, de los planes que les permitirán alcanzar sus objetivos en el plazo fijado.

Si, a lo largo de este proceso, por alguna razón, alguno/s de los objetivos fijados se considerase inalcanzable, se deberá volver atrás y redefinirlo e, incluso, se puede llegar a tener que redefinir los anteriores.

Por el contrario, si los objetivos parecen alcanzables, se llevarán a la práctica los planes elaborados. Una vez iniciadas las acciones necesarias, se irán aplicando medidas de control para comprobar que los resultados que se van obteniendo se corresponden con los esperados. En caso de que no fuese así, sería preciso introducir las oportunas medidas correctoras y/o redefinir, en caso necesario, los objetivos fijados y/o los plazos en que se deberían conseguir.

Obviamente, al acabar todo el proceso se llevarían a cabo las correspondientes evaluaciones para confirmar, por un lado que la dirección de recursos humanos ha conseguido sus objetivos; y, por otro que lo ha hecho dentro de los presupuestos económicos, temporales y de recursos fijados. En definitiva, se evaluarían la eficacia y la eficiencia de la dirección de recursos humanos.

c) Todas las *acciones y decisiones* del área están íntimamente relacionadas entre sí, mediante la definición de unos objetivos y la elaboración de un plan.

Cuando el trabajo de la dirección de recursos humanos se lleva a cabo como acabamos de explicar, es claro que todas las actividades que se llevan a cabo en el área están íntimamente relacionadas con la estrategia de la organización y entre sí. De esta forma (ver figura 2.4):

a) La *estrategia organizacional*, tal y como hemos explicado, es el punto de partida y el marco dentro del que se llevan a cabo, todas las actividades del área de recursos humanos. Así, serán los objetivos y planes empresariales los que, definirán el marco dentro del cual se van a gestionar los recursos humanos de la organización. A partir de aquí, esta gestión se va a apoyar en dos pilares básicos: *los puestos de trabajo* y *las personas*.
b) Los *puestos de trabajo* de la organización estarán definidos por los objetivos, funciones, tareas y responsabilidades particulares asignadas a cada uno de ellos, y que permitirán, todos juntos, que la empresa consiga sus objetivos en los plazos fijados.

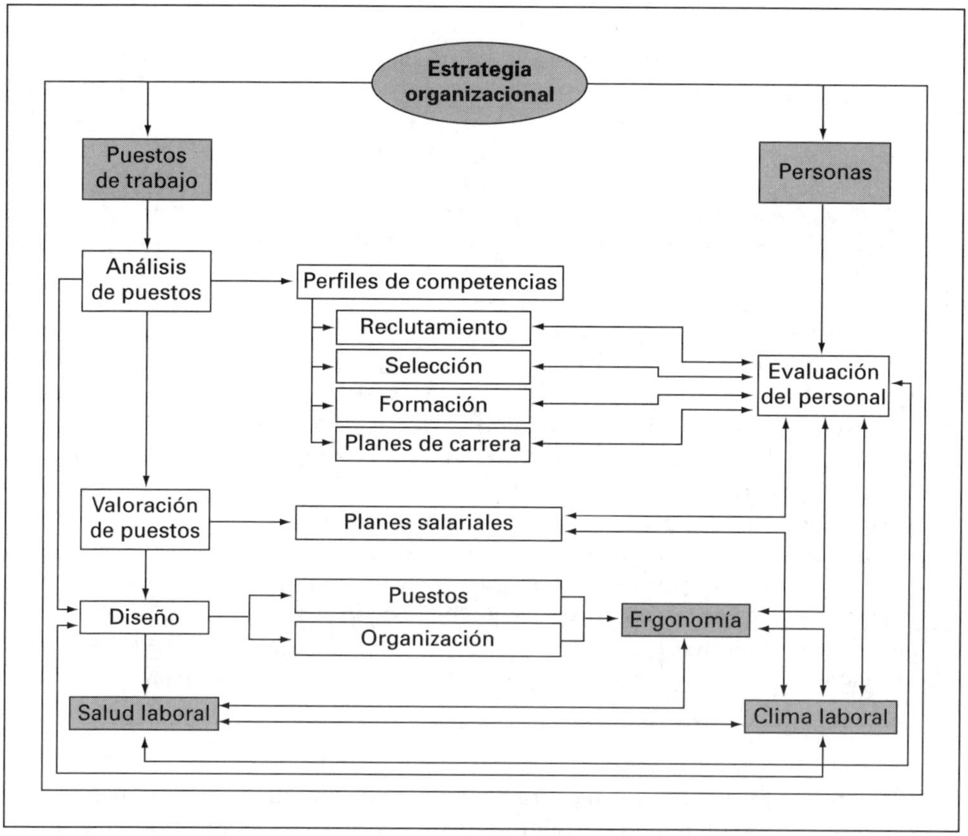

FIGURA 2.4. *La gestión integrada de recursos humanos*

Tal vez sea éste el momento de hacer una aclaración terminológica. Tradicionalmente, en las empresas, se ha utilizado el concepto de *puesto de trabajo*, para referirse al conjunto de funciones, tareas y responsabilidades que debe asumir una persona dentro de la organización.

Con la introducción del concepto de competencia, y a la vista de los nuevos sistemas de organización y de gestión de las empresas, se transforma el concepto de puesto de trabajo por el de *ocupación**, en algunos casos, y, más generalmente, por el de *rol**, definido, éste último, como la agrupación de funciones y actividades necesarias para conseguir los objetivos fijados.

Con respecto al término *ocupación*, es el que, tradicionalmente, se ha empleado en la bibliografía de lengua inglesa, para referirse a un conjunto de puestos que son muy similares en cuanto a su contenido y exigencias. Así, se crea, por ejemplo, la Clasificación Nacional de Ocupaciones, adecuada para describir los puestos cuando éstos son similares en todos los sectores y empresas, pero que no parece tan idónea cuando el contenido de éstos puede ser completamente diferente, incluso entre las empresas de un mismo sector. De alguna manera, en este caso, se tratarían de homogeneizar aspectos que son completamente diferentes.

La razón esgrimida para este cambio de terminología suele ser que las descripciones tradicionales de los puestos de trabajo son demasiado exhaustivas y rígidas como para permitir la flexibilidad y polivalencia necesarias para responder, en el mundo laboral actual, a la constante necesidad de prever los cambios y adaptarse a los mismos, que exigen las empresas competitivas.

Ante este argumento surge una pregunta: «Cuando una técnica, instrumento o herramienta quedan obsoletos, o dejan de ser útiles, ¿se cambia la técnica, el instrumento o la herramienta, o es preciso, también, cambiar el concepto?».

Desde nuestro punto de vista, la respuesta a esta pregunta es obvia, ya que, efectivamente, será preciso cambiar el contenido de las descripciones de puestos*, pero no pensamos que sea necesario cambiar el concepto.

Por otro lado, aunque es cierto que cada vez son menos numerosos, todavía existen en muchas empresas, puestos de trabajo que siguen teniendo un contenido muy repetitivo y a los que aún no ha llegado la flexibilidad defendida, como ha sucedido, entre otros, para los puestos directivos, mandos, técnicos, comerciales y, en menor medida, administrativos y operarios.

Asimismo, es claro que la flexibilidad y la polivalencia, es preciso entenderlas dentro de ciertos límites. Así, por ejemplo, aunque un equipo de salud laboral sea multidisciplinar, es difícil que un psicólogo pueda tomar decisiones en las áreas de medicina e ingeniería, aunque tenga una buena formación en las mismas. Por ello, pensamos que la polivalencia y la flexibilidad hay que entenderlas como que la persona llevará a cabo distintas actividades y realizará sus funciones de diferentes maneras, dentro de su área de actividad, aunque, en muchas ocasiones, esté obligada a tener conocimientos, más o menos básicos, sobre otras áreas que estén relacionadas con su trabajo, para poder colaborar con los profesionales de las mismas.

- El a*nálisis de puestos*, permitirá conocer el contenido de los existentes en la organización; es decir, qué se hace en ellos, por qué se hace, cómo se hace, etc.
- A partir de los resultados obtenidos con el análisis de puestos, será posible elaborar el *perfil de exigencias** de los mismos; esto es, definir las competencias que deberán reunir las personas que los ocupen para poder responder adecuadamente a las actividades y responsabilidades incluidas en los mismos.

Estos perfiles, serán el punto de partida de:

1. Los programas y acciones de *reclutamiento* y selección*, ya que, a partir del contenido de los mismos, se podrán decidir las fuentes más adecuadas de reclutamiento, en cada caso; y elegir el proceso, las técnicas y los instrumentos de selección más válidos y fiables.
2. Dado que los perfiles de exigencias de los puestos definirán las exigencias de formación de los mismos, se podrán elaborar *programas de formación* verdaderamente adecuados a las necesidades existentes en la organización.
3. *Planes de carrera** lógicos, coherentes y verdaderamente eficaces, al diseñar «*trayectorias profesionales*» que se correspondan con los perfiles de exigencias de los puestos.

- Asimismo, los resultados del análisis de puestos serán la base para determinar la importancia que cada uno tiene para la organización; esto es, para *valorar los puestos*.
  Dado que la valoración de puestos* permite determinar el valor relativo de cada uno de ellos, los resultados de la misma, será el punto de partida para la elaboración de *planes salariales** equitativos, ya que, a partir de ellos, es posible determinar los salarios* correspondientes a cada puesto de trabajo, en base a su contribución a la consecución de los objetivos empresariales.
- El análisis y la valoración de los puestos de trabajo facilitarán información sobre los puestos que actualmente (y por la propia evolución de la empresa) han quedado vacíos de contenido, las nuevas funciones y tareas que será preciso llevar a cabo y que, actualmente, no están asignadas a ninguno, así como aquellas situaciones en las que se estén produciendo solapamientos de funciones y/o responsabilidades. Todo ello, servirá de base para llevar a cabo *el diseño y rediseño de los puestos de trabajo* y, cuando es necesario, *de la organización.*

c) Las *personas* que conforman la organización, cada una de ellas con sus competencias, intereses y motivaciones particulares y que será preciso utilizar, desarrollar y activar adecuadamente.

- La *evaluación del personal**, permite conocer el *perfil de competencias** de las personas que conforman la organización, tanto a través de las *evaluaciones del rendimiento** que informan de la eficacia y eficiencia con que los empleados están realizando su trabajo actual, así como de las carencias formativas que presentan para poder hacerlo; como a través de las *evaluaciones del potencial**; esto es, la evaluación de las posibilidades de desarrollo que tiene el empleado, tanto en su trabajo actual como en otros distintos que podría ocupar en la organización. Esta evaluación del personal, servirá para distintos objetivos:

   a) Al comparar el perfil de exigencias con el perfil de competencias de la persona, se pueden detectar posibles *necesidades de formación**, que presenta el empleado para poder desempeñar su trabajo actual con eficacia, eficiencia y/o seguridad.
   b) Detectar las *necesidades de formación* existentes para que un empleado, que posee el potencial adecuado, esté en disposición de *promocionar* a otro puesto en el momento oportuno, o de cambiar de funciones aunque mantenga el mismo nivel jerárquico.
   c) Complementar los datos obtenidos con la valoración de los puestos cara a la elaboración de los *planes salariales* de la empresa, de forma que los empleados, además de tener una remuneración en función del puesto que ocupen, también reciban una compensación, igual o distinta, en base a la eficacia y eficiencia con que realizan su trabajo.
   d) Servir de *criterio de evaluación* de la eficacia de las acciones de reclutamiento, selección, formación y promoción que se lleven a cabo en la empresa.

En definitiva, se puede apreciar que es difícil, si no imposible hablar de la gestión de recursos humanos refiriéndose a áreas o funciones aisladas e independientes, de la forma que se hacía al referirse a las funciones de personal.

Asimismo, se puede apreciar que no se han incluido los aspectos clásicos de la función de personal referidos a las *relaciones laborales*. Lo que podría haber sido un olvido, no lo es. Lo que ocurre es que, según algunos autores, las perspectivas futuras son que la dirección de recursos humanos se vaya desligando de dichos temas, potencialmente conflictivos (ver, por ejemplo, Puchol, 1993) para evitar las posibles situaciones de pérdida de credibilidad ante las personas que pudiesen derivarse de las actuaciones en dicho campo, al tener que implicarse en aspectos referidos a la negociación de convenios colectivos, por ejemplo.

Desde nuestro punto de vista, estas actividades, aunque seguirán dependiendo de la dirección de recursos humanos, serán, cada vez más, responsabilidad de un departamento especializado. Por otro lado, la diferente mentalidad que implica el enfoque de recursos humanos (cooperación, en lugar de competición), hará que dichos temas vayan cambiando su planteamiento y forma de actuación, con respecto los que tienen actualmente.

Otro aspecto que, en las clásicas direcciones de personal, recibía poca o ninguna atención y que, sin embargo, adquiere una importancia muy significativa en las de recursos humanos es el tema de la *salud laboral.*

Mientras que en el enfoque de personal, las empresas suelen reaccionar, mayoritariamente, sólo ante la aparición de problemas, por ejemplo, de accidentabilidad (enfoque reactivo) y, en la mayoría de las ocasiones, se limitan a aplicar aquellos aspectos protectores señalados por la ley; en el enfoque de recursos humanos, al valorarse a las personas en su justa medida, se utiliza el criterio de seguridad como uno de los aspectos prioritarios al definir los objetivos del área, por lo que se tratan de prever los problemas antes de que aparezcan (enfoque proactivo) y, en las medidas que se toman, se suele ir más allá de lo que, simplemente, marca la ley.

Es cierto que la salud laboral es un tema que depende directamente de la política general de la empresa; sin embargo, no es menos cierto que la salud se protege con un diseño adecuado de los puestos, de los métodos, de las herramientas y de los ambientes de trabajo, a través del cual se tratarán de eliminar del mismo todos aquellos posibles aspectos que pueden perjudicar la salud o seguridad de los trabajadores; así como empleando los oportunos programas de prevención, protegiendo, informando y avisando al trabajador de los posibles riesgos, al tiempo que se le forma en el desarrollo de conductas seguras.

Todo esto, hace entrar en relación a la dirección de recursos humanos con la disciplina de *Ergonomía**, lo cual no es extraño, ya que las dos tratan de colaborar en la consecución de los objetivos de la empresa, al tiempo que intentan optimizar la satisfacción, seguridad y comodidad de los trabajadores.

Aspectos importantes que deberán abordar conjuntamente ambas disciplinas son todos aquellos referidos al *diseño de los puestos de trabajo*, no sólo desde el punto de vista ambiental, sino, también, en los aspectos referidos a las cargas de trabajo, a los turnos, a las máquinas, etc. Asimismo, la ergonomía y la gestión de recursos humanos colaborarán en las tareas referidas al *diseño y rediseño organizacional*, en aspectos tales como evitar la duplicación de funciones, lagunas en la asignación de responsabilidades, canales de comunicación, etc.

Otro aspecto que, en las direcciones de recursos humanos, adquiere mucha más importancia que la que recibía en las de personal, es el referido al *clima laboral** existente en la organización, llevando a cabo estudios periódicos para conocer la situación con respecto a temas como estilo de dirección, comunicación, relaciones interpersonales, etc.

Podemos utilizar un ejemplo para ilustrar lo que acabamos de explicar.

Supongamos una empresa «A» en la que se mantiene un enfoque tradicional de la dirección de personal. En un momento determinado, la dirección financiera solicita al departamento de selección que busque un economista recién licenciado.

Los técnicos responsables de la selección, buscarán una persona con las características adecuadas a las exigencias del puesto de trabajo que se desea cubrir. El candidato elegido se incorpora a su empleo y, supongamos, que demuestra que es un trabajador eficaz y eficiente.

Pasado un cierto tiempo, se produce la vacante de jefe del departamento en el que trabaja nuestro sujeto. En ese momento, se pueden producir dos situaciones:

a) Que se desee promocionar a alguien de dentro de la empresa. Seguramente, en este caso, se revisarán los curricula de los posibles aspirantes a la promoción y, tal y como ocurre en muchas empresas, se acabará promocionando al candidato más antiguo, independientemente de las competencias de cada aspirante.
En otras ocasiones, dado que los sistemas de evaluación del rendimiento y del potencial (cuando existen) se centran fundamentalmente en el corto plazo, y se diseñan sin tener en cuenta su utilidad para estos y otros casos, puesto que su aplicación se reduce, casi exclusivamente, a incluir los resultados en la elaboración de los salarios, se elige a la persona más «dócil» (porque va a plantear pocos problemas), o a la más «dedicada» (porque pasa más horas en su trabajo), también independientemente de sus competencias con respecto a las exigidas por el puesto de trabajo.
Ahora bien, dado que no suelen existir, en este tipo de empresas, planes de carrera previamente elaborados, ni se lleva a cabo una verdadera planificación de recursos humanos (en el mejor de los casos, existirá un sistema de planificación de plantillas*), en muchas ocasiones surgirá el problema de que la persona elegida para promocionar, no tiene todas las competencias que exigirá su nuevo puesto, o no las posee en el nivel exigido, al no existir, tampoco, planes de formación y desarrollo diseñados para preparar a los trabajadores, que tengan el potencial adecuado, cara a sus promociones futuras.
Las consecuencias son claras. La persona promocionada tardará más tiempo del habitual en adaptarse al nuevo puesto de trabajo (si lo consigue), lo que conllevará que durante un tiempo (en ocasiones bastante largo) se produzca un importante vacío en las decisiones que se deben tomar y en las responsabilidades que se deben asumir. Asimismo, es posible que el nuevo jefe de departamento cometa errores más o menos graves, que, aunque sean normales, influirán en la imagen que se formarán de él sus subordinados y, consecuentemente, en sus relaciones y eficacia futuras. En suma, en muchas ocasiones, este tipo de promociones es «entregarle la cuerda al reo, para que se ahorque sólo».

> En muchas empresas que siguen este sistema de dirección de personal, los salarios no están fijados en base a estudios objetivos de valoración de los puestos de trabajo. Como consecuencia, muchos empleados se niegan a promocionar argumentando que «la diferencia de salario no compensa las nuevas responsabilidades».
>
> Por otro lado, las personas no promocionadas y que, sin embargo, consideran que sus competencias son superiores a las de la persona promocionada (por otra serie de criterios, muchas veces irrelevantes), se sentirán insatisfechas, desmoralizadas y con la sensación de que tienen cerrada su carrera profesional, lo que podrá dar como resultado un empeoramiento significativo del clima laboral y/o un aumento significativo de la rotación, por ejemplo.
>
> Ante todos estos problemas que parece plantear la promoción interna, muchas de las empresas que mantienen el enfoque de personal, ante la necesidad de cubrir el puesto de jefe de departamento, que estábamos utilizando como ejemplo, adoptarán una solución diferente a la promoción.
>
> b) Se buscará a una persona de fuera de la empresa, en muchas ocasiones pagando un sueldo más elevado, incorporando a una persona que, independientemente de su valía, desconoce la organización, su política y su cultura, por lo que deberá pasar un período más o menos largo de adaptación.
>
> Asimismo, se producirán, en muchas ocasiones, situaciones de descontento e insatisfacción, entre aquellos trabajadores que se consideran competentes para ocupar el puesto («porque los buenos puestos siempre se dan a gente de fuera»), con las posibles consecuencias de desmotivación, aumento de la rotación y posible descenso del rendimiento. En general, cuando se da prioridad al reclutamiento y a la selección externos sobre la promoción interna, es conveniente plantearse la consabida, pregunta: «¿Cuánto nos cuesta traer un mando de fuera por no haber previsto la situación y no disponer de nadie suficientemente formado dentro de la empresa?».

Este ejemplo, centrado en el campo de la promoción, se podría poner en otras áreas; lo importante es comprobar cómo las acciones que se llevan a cabo desde un enfoque de personal no suelen responder a una planificación previa, ni a una gestión integrada.

Veamos, ahora, cómo sería la situación en una empresa en la que se lleva a cabo una verdadera gestión de recursos humanos. De nuevo, empezamos por la situación que planteábamos antes de la necesidad de contratar a un economista recién licenciado.

En este caso, lo primero que se tendría en cuenta sería el posible plan de carrera que a medio y largo plazo se puede prever para la persona que se contrate. En base a ello, se contratará a una persona que:

a) Presente un perfil de competencias adecuado al puesto actual; esto es, que sea un buen técnico, si no se prevén oportunidades de promoción para él; o,
b) Presente un perfil de competencias adecuado al puesto y con un buen potencial, cuando se prevé que la persona podrá desarrollar una carrera profesional dentro de la organización.

Los planes de carrera existentes en la empresa serían conocidos por todos, por lo que los trabajadores tendrían información, en todo momento, de sus posibilidades de promoción profesional.

Al mismo tiempo, las evaluaciones del personal, estarían diseñadas para conocer tanto el rendimiento como el potencial de los empleados, por lo que las informaciones recogidas con ellas, servirían, entre otras aplicaciones, para detectar posibles lagunas formativas, lo que permitiría diseñar planes y acciones de formación que responderían tanto a las deficiencias existentes en el desempeño del puesto actual, como al desarrollo del potencial de los trabajadores.

Los planes salariales, por su parte, tendrían en cuenta el valor de los puestos para la organización, por lo que, desde el punto de vista retributivo, las promociones serían atractivas para los trabajadores. Asimismo, tendrían en cuenta el rendimiento y el potencial de los empleados; esto es, su «verdadero valor» para la empresa.

Como consecuencia, las promociones, decididas de forma objetiva, se convertirán, en este caso, en una importante fuente de motivación y satisfacción para los trabajadores, al tiempo que la organización puede utilizar al máximo todo el potencial de sus empleados.

En definitiva, en cualquier momento, las decisiones que se tomen dentro de la gestión de recursos humanos, responderán a un plan previamente establecido y a unos criterios objetivos y conocidos por todos. El aumento, tanto de la eficacia como de la eficiencia empresarial, cuando se trabaja de esta forma, en comparación con lo que ocurre con las clásicas direcciones de personal, es claramente significativo. Además, al actuar de esta forma, la dirección de recursos humanos está convirtiéndose, a través de la atención directa a sus clientes (el resto de las unidades funcionales de la organización) en una unidad que aporta un claro valor a la empresa.

Es importante comprobar que esta situación se produce porque, al contrario de lo que ocurre en el enfoque de personal, en el de recursos humanos, se piensa de forma proactiva y se comienza por el diseño de los programas generales de actuación, antes de aplicar las técnicas concretas que exige cada situación particular.

2.1.3. De nivel funcional a nivel estratégico

Cuando se observa la posición que normalmente ocupa la dirección de personal en el organigrama empresarial, se comprueba que ocupa el escalón correspondiente a las *direcciones funcionales*, por lo que no participa en la elaboración de los objetivos y planes estratégicos empresariales (ver figura 2.5). Esta posición podía estar justificada hace algunos años, ya que se consideraba que sus principales funciones eran las de administrar al personal y mediar ante los posibles conflictos que pudieran surgir entre la organización y los trabajadores.

Dado que el único objetivo de la empresa con respecto a los temas de personal era el de reducir al mínimo posible los costes, las funciones de la dirección de personal tenían como único objetivo responder a las peticiones que les hacían las restantes áreas de la empresa, para solucionar los problemas que se les planteaban, aplicando, en cada caso, las técnicas, de selección, formación, etc., más adecuadas. De esta forma, las actuaciones de la dirección de personal no generaban nin-

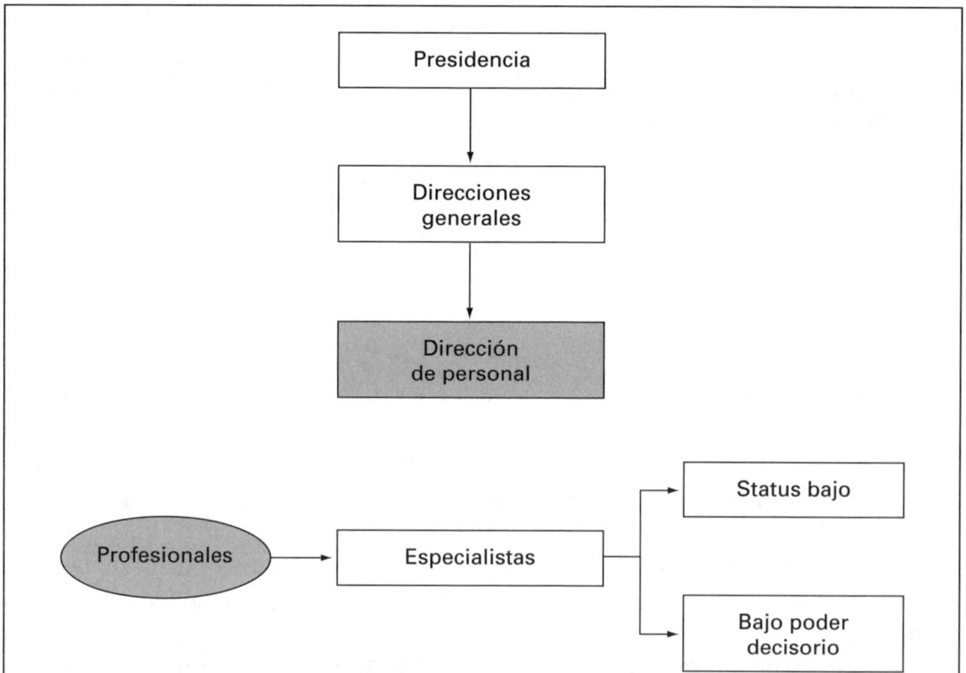

FIGURA 2.5. *La dirección de personal en el organigrama empresarial*

gún valor a la empresa, estando situada, en muchas ocasiones, bajo la dependencia de la dirección financiera de la organización.

La consecuencia de esta situación de la dirección de personal, en el organigrama empresarial, es que ésta sólo debía responder a las peticiones de las áreas que se consideraban «verdaderamente estratégicas»; por lo que no existía una política a medio y largo plazo en el campo de personal, con actuaciones únicamente a corto plazo y que buscaban resultados rápidamente tangibles. Esto conllevaba que, habitualmente, la plantilla de la dirección de personal estuviera constituida, por *especialistas* que tenían, un *status bajo* en la organización y, como consecuencia, *escaso poder decisorio.*

Sin embargo, para llevar a cabo una verdadera gestión estratégica, es preciso que la dirección de recursos humanos cambie su posición en el organigrama empresarial, con respecto al que tenía la de personal; así, como que el director de recursos humanos pase a formar parte del nivel directivo más alto, con voz y voto a la hora de diseñar los planes estratégicos de la empresa (ver figura 2.6).

El papel de la dirección de recursos humanos es desarrollar e implantar programas que apoyen el funcionamiento de la empresa, siempre con el objetivo de generar valor para la organización. Para ello, tal y como hemos comentado antes, no se comienza con la aplicación de las técnicas, sino con la planificación, implantación y evaluación de un programa de actuación.

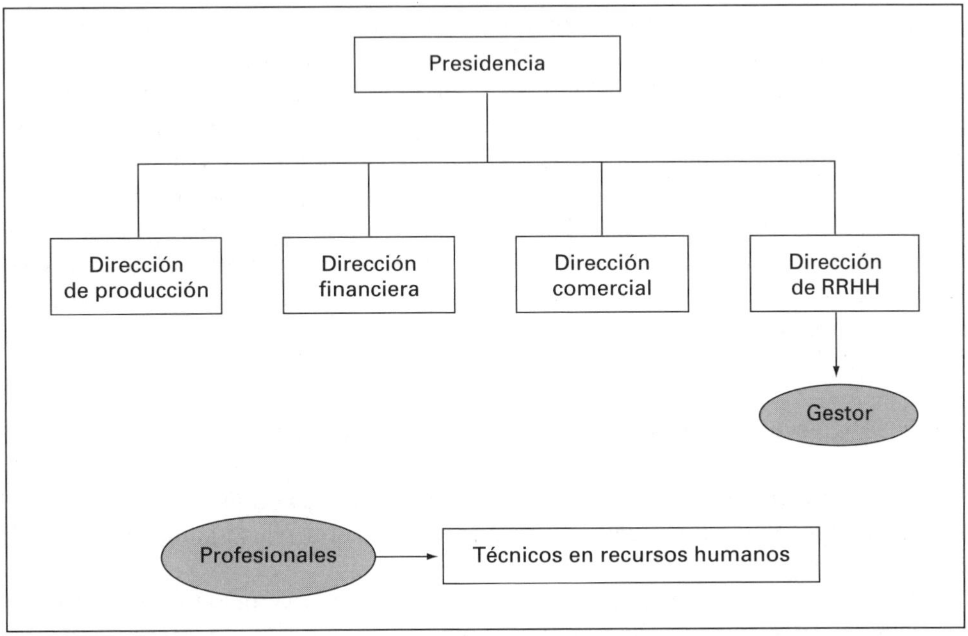

FIGURA 2.6. *La dirección de recursos humanos en el organigrama empresarial*

Pongamos un ejemplo.

> En el enfoque de personal, en el caso de la empresa «A» que hemos utilizado antes como ejemplo, cuando se decide comercializar sus productos en Andalucía, la dirección comercial habría decidido que necesitaba, tal y como hemos explicado antes, 1 jefe de zona, 2 jefes de equipo y 10 vendedores. Habría sido la propia dirección comercial la que habría decidido, por ejemplo, que se promocionaría a un jefe de equipo a jefe de zona y, después se habría pedido a la dirección de personal que seleccionase a los 2 jefes de equipo y a los 10 vendedores del exterior. Los técnicos de la dirección de personal habrían llevado a cabo dichas selecciones.
>
> Se puede comparar esta forma de actuación, con la que hemos explicado anteriormente y que sería la que se seguiría al trabajar dentro de un enfoque de recursos humanos, implantando un programa de reclutamiento, selección y promoción interno que, obviamente, influiría en la satisfacción de los empleados y en su integración, al comprobar que se les tenía en cuenta para ocupar puestos de mayor importancia. La consecuencia sería, seguramente, un aumento de la productividad y una disminución de los costes, al haberse estudiado, previamente, todas las posibles alternativas, para encontrar la más eficaz y eficiente.

En cuanto a las características del personal por el que está formada la dirección de recursos humanos, también será necesario que cambien, así, el director no podrá seguir siendo un técnico, como ocurría con el de personal. Será necesario que el puesto lo *ocupe un gestor;* en definitiva, *un directivo.*

De la misma forma, los técnicos especialistas (en selección o en formación, por ejemplo) propios de la dirección de personal, no tienen sentido en la de recursos humanos, donde se necesitan verdaderos técnicos en recursos humanos, capaces de responder, en cada caso, a las exigencias que se les planteen y conocer las repercusiones que, cualquier actuación en un área tiene sobre las restantes. En García Echevarría y Del Val (1996), se pueden encontrar las descripciones de los perfiles más habituales entre los técnicos y directores de recursos humanos.

2.1.4. Del enfoque de rasgo al enfoque de competencias

Para explicar esta diferencia, pensemos un momento en las actividades que, habitualmente, llevamos a cabo cuando trabajamos en una organización, en el campo de la gestión de recursos humanos.

Así, cuando trabajamos en temas habituales en el área, tales como selección de personal, planificación de recursos humanos, formación, etc., por lo general, estamos llevando a cabo predicciones de futuro. Sin pretender ser adivinos, y apoyándonos en el uso de técnicas e instrumentos más o menos científicos y más o menos válidos y fiables, clásicamente hemos trabajado de la forma siguiente:

a) Tras definir el contenido de los puestos de trabajo de la organización, se elabora el perfil de exigencias, en los que se definen las características que deberán reunir las personas que los ocupen para que puedan desempeñar eficaz y eficientemente las funciones y tareas incluidas en los mismos, trabajando de una forma segura y estando satisfechos.
Obviamente, esta es una primera predicción, ya que no existe ninguna técnica que permita definir de una manera objetiva cuáles son los rasgos que debe reunir la persona que ocupe un determinado puesto de trabajo.
El perfil de exigencias indicará los rasgos psicométricos que deberá reunir el ocupante del mismo, para poder responder con éxito a sus demandas. Un problema importante, en este enfoque, es que una misma conducta puede clasificarse en rasgos distintos, cuando es observada por distintas personas; como, por ejemplo, Enérgico / Agresivo; Cooperador / Sumiso; Con iniciativa / Oportunista; Con capacidad de decisión / Autocrático; Perseverante / Terco; Sensible / Emocionalmente inmaduro; etc.
b) Posteriormente, se entrevista y examina a los candidatos que desean ocupar un determinado puesto de trabajo con el objetivo de determinar hasta qué punto poseen las características exigidas por el perfil de exigencias; se diseña e imparte un curso de formación; se decide una promoción, en base a una evaluación previa del potencial de la persona; etc.
No vamos a entrar en la discusión de hasta qué punto es conveniente (o preferible) utilizar entrevistas o pruebas psicológicas en la determinación de las características de las personas. Ambos tipos de pruebas, obviamente, pueden ser igualmente útiles o inútiles, en función de quién las emplee y cómo lo haga. Simplemente, insistir en que, de nuevo, se está haciendo una predicción, en función de datos que no son completamente exactos.
Hay trabajos, como el de Mc Clelland (1973), que concluyen que los tradicionales tests de aptitudes o de conocimientos, así como los títulos y méritos académicos, no sirven para predecir la actuación en el trabajo o el éxito en la vida. Otros autores, como Ghiselli (1966) y Schmitt, Gooding, Noe y Kirsch (1984), encuentran que los rasgos de personalidad, evaluados a través de los clásicos tests, rara vez muestran correlaciones superiores a 0.33 con el rendimiento laboral.
Otros trabajos, encuentran que la mayoría de los tests están sesgados en contra de minorías, tales como las mujeres, los niveles socioculturales más bajos, o determinados grupos étnicos.

Por tanto, si la mayoría de las actuaciones dentro de la gestión de recursos humanos, tienen como objetivo predecir qué personas tendrán un rendimiento más eficaz, eficiente y seguro en sus puestos de trabajo, o qué actuaciones permitirán mejorar estos criterios, será preciso disponer de un sistema que permita hacerlo de forma más segura. Esta es una de las razones fundamentales que ha llevado a adoptar el concepto de *competencia*.

Hemos dicho conscientemente «se adopta» y no «se crea», porque, a pesar de la popularidad que dicho concepto ha alcanzado en los últimos años; a pesar de ello, sin embargo, no es nuevo en el ámbito de la Psicología del Trabajo, ni en la de las Organizaciones. Es más, si tenemos en cuenta lo que afirman Spencer y Spencer (1993), se viene trabajando en el tema desde finales de los años sesenta y principios de los setenta.

Con el enfoque de competencias se produce un cambio radical con respecto al planteamiento anterior, ya que se parte del estudio de las conductas de las personas que realizan su trabajo con eficacia, y se define el puesto en función de las mismas. Como consecuencia, lo que forma el perfil de exigencias son un *conjunto de comportamientos perfectamente observables*.

De esta forma, al trabajar con comportamientos observables, hacemos las predicciones, que hemos explicado antes, de forma más segura, válida y fiable.

Así, al elaborar el *perfil de exigencias*, éste estará formado por los comportamientos que llevan a los ocupantes del puesto a tener éxito en la realización de las actividades y en la asunción de las responsabilidades incluidas en el mismo.

Partiendo de este perfil, por ejemplo, cuando se trabaja en selección, se puede evaluar hasta qué punto los candidatos son capaces de llevar a cabo los comportamientos exigidos por el puesto; cuando se trabaja en formación, se pueden definir operativamente los objetivos de las acciones formativas y se puede diseñar el contenido de las mismas, para conseguir que los asistentes consigan llevar a cabo las conductas exigidas por el puesto.

Obviamente, esta forma de trabajar permite obtener mejores resultados con los distintos programas y actividades que se llevan a cabo en el área de recursos humanos. Aunque más adelante insistiremos en el tema, es éste el momento de señalar que la adopción del enfoque de competencias, no elimina ni mucho menos el uso de los tests psicológicos, aunque su utilización tendrá, como explicaremos, un objetivo distinto al que tienen cuando se trabaja dentro del enfoque del rasgo.

2.2. FUNCIONES Y ESTRUCTURA DE LA DIRECCIÓN DE RECURSOS HUMANOS

Comenzaremos este apartado clarificando cuál es el papel de la dirección de recursos humanos dentro de la empresa.

La dirección estratégica de la organización es la responsable de definir la misión de la empresa, dentro del marco definido por los valores que son importantes en la misma (calidad de servicio, orientación al cliente, etc.); asimismo, también definirá los objetivos y planes estratégicos de la organización. La dirección de recursos humanos participará, lógicamente, en todo este proceso.

La dirección de recursos humanos, por su parte, será la responsable, en primer lugar, de definir la política de recursos humanos, que se derivará de la política general de la empresa, respetando los valores de la organización. Dentro del marco definido por esta política de recursos humanos, los componentes de la dirección elaborarán los programas de actuación, y aplicarán las técnicas, que exijan las necesidades de sus clientes (las unidades empresariales y las personas que conforman la organización).

Sin embargo, en el día a día, serán los mandos y directivos de la empresa los que apliquen la política de recursos humanos definida. Por ejemplo, serán los mandos quienes llevarán a la práctica los programas de evaluación del rendimiento que se definan en la empresa y, para ello, deberán actuar dentro del marco definido en la política de recursos humanos.

Por ejemplo, el programa de evaluación del rendimiento diseñado, puede tener como objetivos, entre otros, ayudar a mejorar la comunicación entre el supervisor y los subordinados, determinar el salario variable de los empleados y detectar posibles necesidades de formación.

El programa puede haberse hecho público y puede haber sido aceptado por toda la organización. Se ha formado a toda la empresa en cómo realizar correctamente las evaluaciones. Sin embargo, serán los mandos quienes apliquen el sistema, ¿qué ocurriría si uno de estos mandos recibiese a sus colaboradores sin haber preparado la entrevista de evaluación y con una frase como «Bueno, vamos a quitarnos este trámite de encima lo antes posible para poder volver a las cosas importantes»? Seguramente el programa de evaluación del rendimiento no tendría ningún éxito, precisamente porque quien lo tiene que aplicar no ha seguido las líneas definidas en el mismo y que se derivan de la política general de recursos humanos de la empresa.

Dentro de este marco, el papel de la dirección de recursos humanos dentro de la empresa podría definirse como:

- *Participar en la elaboración del modelo estratégico de la empresa*; esto es, en la definición de los valores, de la misión y de los objetivos y planes estratégicos de la misma, formando parte del comité de dirección de la organización.
- *Definir la política de recursos humanos de la empresa*; es decir, definir las normas, reglas y valores que se van a tener en cuenta en todas las actuaciones que se lleven a cabo dentro del área, y que, lógicamente, se derivarán de los valores y misión de la empresa.

- *Definir los objetivos de recursos humanos*, derivados del modelo estratégico de la organización, de forma que ésta pueda contar constantemente con las personas adecuadas en los lugares y momentos oportunos.
- *Diseñar los planes estratégicos de recursos humanos*; esto es, definir los programas que se prevé que permitirán alcanzar los objetivos de recursos humanos definidos en los momentos previstos.
- *Aplicar los planes*; en definitiva, se trata de llevar a cabo las acciones previstas en los momentos oportunos.
- *Evaluar* hasta que punto se están consiguiendo los objetivos previstos en los plazos fijados; esto es, aplicar los controles necesarios para saber en qué medida se pueden estar separando los resultados realmente obtenidos de los previstos y, como consecuencia, introducir lo antes posible las oportunas correcciones.

En suma, la dirección de recursos humanos deberá *Planificar, Actuar y Evaluar*; esto es, *Gestionar* los recursos humanos de toda la organización, con el fin de que ésta disponga, en todo momento, de las competencias precisas, en el nivel y lugar adecuados, para que la empresa pueda conseguir los objetivos fijados. Ahora bien, no se debe olvidar lo que hemos explicado antes con referencia a que el papel de la dirección de recursos humanos, se debe reflejar en la actuación diaria de los directivos y mandos de la organización.

Para conseguir actuar de esta forma, la dirección de recursos humanos va a centrar su actividad, fundamentalmente, en seis áreas (ver figura 2.7):

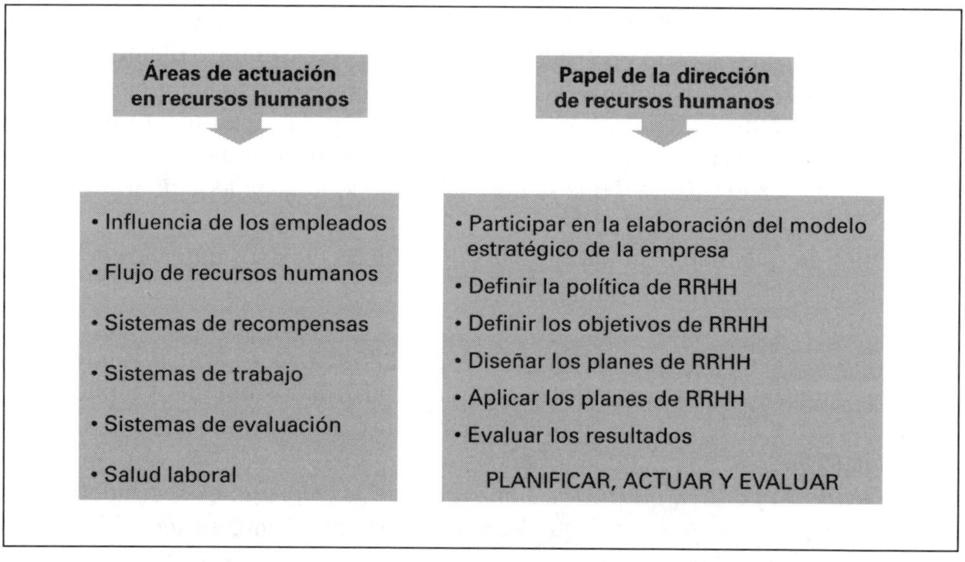

FIGURA 2.7. *Áreas de actuación y papel de la dirección de recursos humanos*

1. *Influencia de los empleados*

Todas las organizaciones están formadas por una serie de grupos: accionistas, sindicatos, clientes, gobierno, comunidad, etc., muchos de ellos con intereses y objetivos diferentes, que es preciso tratar de armonizar para poder conseguir el espíritu de colaboración necesario para que tanto la organización en su conjunto, como cada uno de sus componentes puedan satisfacer sus necesidades.

La dirección general deberá definir y desarrollar la política de la organización con respecto a la cantidad de influencia que todos estos grupos tienen cara a los objetivos de la empresa, retribuciones, condiciones de trabajo, ascensos, seguridad en el empleo, etc. Todas las decisiones que la dirección general tome sobre la influencia de los empleados, serán críticas, tanto si se hace de forma explícita como implícita. Ahora bien, ninguna dirección puede olvidar que estas decisiones serán, también, inevitables.

Así, será preciso definir los aspectos en los que los empleados deberán ser consultados, en cuáles deberán participar en la toma de decisiones y en los aspectos en los que la decisión es atribución exclusiva de la dirección general. Todos estos temas suelen estar incluidos en los convenios colectivos.

Dentro de la filosofía de actuación que hemos definido como punto de partida del enfoque de recursos humanos, es claro que si se desea conseguir un espíritu de colaboración entre todos los componentes de la empresa, este área será importante dentro de las actuaciones de la dirección de recursos humanos, sobre todo a la hora de definir cómo se producirá dicha influencia.

Un ejemplo puede servirnos para aclarar lo que estamos explicando.

> En el enfoque de personal, era habitual que la dirección de la empresa llevase a cabo un programa de valoración de puestos para diseñar un nuevo plan de salarios. Los sindicatos podían expresar su opinión sobre el tema, cuando el proceso estaba finalizado y se trataba de negociar la implantación del citado plan salarial. Como consecuencia, se producían largas y duras discusiones que, en muchas ocasiones, tenían como consecuencia que el nuevo plan, técnicamente muy bien elaborado, quedaba archivado y no se implantaba nunca por no haber acuerdo entre las partes.
>
> Dentro del enfoque de recursos humanos, se habría incluido a los sindicatos en todo el proceso desde el principio, definiéndose conjuntamente, entre dirección y sindicatos, los objetivos a conseguir y siguiendo todo el proceso, por lo que al acabar el mismo, sería muy sencilla la implantación del nuevo plan salarial.

Curiosamente, parece que en el segundo caso, dentro del enfoque de recursos humanos, los empleados tienen una mayor influencia; sin embargo, si se analiza detenidamente la situación, apreciamos que la influencia es la misma en ambos casos, ya que en el primero, el plan no se llega a aplicar, o, si se hace, será, en muchas ocasiones, con graves consecuencias con respecto a la moral y a la conflictividad dentro de la organización.

2. *Flujo de recursos humanos*

Se refiere a la gestión del flujo de personas hacia la organización, dentro de la misma y hacia fuera de ésta. Se incluyen en este área todos los temas referidos a reclutamiento, selección, recolocaciones, planes de carrera y sucesión, despidos y formación.

Así, habrá empresas donde se favorecerán el reclutamiento y contratación externos (flujo de fuera hacia dentro de la organización); mientras que otras darán prioridad al reclutamiento interno y a la promoción (flujos internos). El que tenga prioridad una u otra forma de actuar, dependerá de la política de recursos humanos de la organización y será un claro exponente del enfoque de la misma.

En general, tal y como ya hemos señalado anteriormente, en las empresas que siguen un enfoque de personal, los flujos más habituales son los de empleados que ingresan en la organización (de fuera a adentro) y de empleados que abandonan la organización (de dentro a fuera), encontrándose situaciones en las que se están produciendo despidos en determinados puestos de trabajo y contrataciones en otros.

Sin embargo, en el enfoque de recursos humanos, los flujos más importantes son los internos, por lo que adquieren gran importancia los aspectos referidos a la polivalencia de los empleados y a los planes de carrera.

Obviamente, las consecuencias de trabajar dentro de uno u otro de los enfoques marcará la diferencia en relación a la importancia que tendrán los sistemas de evaluación, de recompensa y de formación en las empresas.

3. *Sistemas de recompensa*

Las recompensas, financieras o de cualquier otro tipo, suponen un poderoso mensaje hacia los empleados con respecto al tipo de organización que intenta crear y mantener la dirección general y al tipo de comportamiento que espera de sus empleados. Por ello, será preciso diseñar y administrar sistemas de recompensa equitativos y justos para atraer, motivar y retener a los empleados en todos los niveles.

Por ejemplo se tendrán que definir las estructuras salariales*, tanto desde el punto de vista de la equidad interna*, lo que implica elaborar planes con un gran componente variable en los salarios, de forma que se recompense adecuadamente a los empleados más eficaces y eficientes; como desde el punto de vista de la equidad externa*, teniendo en cuenta la posición que se desea tener dentro del mercado de salarios, para poder atraer y retener a los profesionales que necesita la empresa.

Por otro lado, son cada vez más importantes una serie de aspectos salariales con el objetivo de fidelizar a los empleados. Así, se están definiendo, en muchas empresas, sistemas de salarios que tienen en cuenta la consecución de objetivos a largo plazo y no solamente anuales, como era lo habitual; también se están utilizando cada vez más los sistemas que incluyen los repartos de acciones de la empresa entre los empleados, los que les facilitan atractivos planes de pensiones, etc., Asimismo se están empezando a emplear, sobre todo en Estados Unidos, sistemas de ayuda familiar (por ejemplo, pagar a las personas que se quedan al cuidado de los niños), para facilitar el trabajo de los dos miembros de la familia.

La dirección de recursos humanos será la responsable de estudiar qué sistemas son los más adecuados en función de las características y valores de la organización y de las características sociofamiliares, personales y culturales de sus empleados, de forma que los sistemas de recompensa diseñados tengan el éxito que se pretende.

4. *Sistemas de trabajo*

Los directivos y mandos son responsables de organizar y coordinar el personal, la información, las actividades y la tecnología; en suma, será responsabilidad suya definir y diseñar el trabajo. Las decisiones que se tomen en este área, afectarán a aspectos tales como la coordinación entre las distintas funciones y tareas, la mayor o menor satisfacción de las necesidades de los empleados, la tecnología de la organización, los objetivos que se fijen, etc.

Ahora bien, aunque los directivos y mandos sean los responsables últimos de aplicar y coordinar los sistemas de trabajo, será responsabilidad de la dirección de recursos humanos definir cuáles son los más adecuados para la empresa, en cada ocasión, y la forma más adecuada de introducir los nuevos y/o modificar los vigentes.

Así, cuando se deciden implantar sistemas en los que los trabajadores van a actuar con autonomía, en empresas donde esa situación no era habitual, es preciso diseñar cuidadosamente todo el proceso de información, formación e implantación de la nueva forma de trabajar, si no se quiere que todo el sistema se quede en una nueva moda sin muchas posibilidades de futuro.

5. *Sistemas de evaluación*

Son los que sirven para controlar hasta qué punto se están consiguiendo los objetivos previstos y, en caso de que se estén produciendo desviaciones, introducir las oportunas correcciones. Por ejemplo, a través de los sistemas de evaluación del rendimiento, se pueden detectar, entre otros aspectos, carencias formativas en las personas, con respecto a su forma actual de realizar el trabajo.

De nuevo aquí encontramos importantes diferencias entre los objetivos y procedimientos de los sistemas de evaluación que se llevan a cabo en las empresas que adoptan un enfoque de personal y en las que se mueven en el de recursos humanos.

Los sistemas de evaluación del rendimiento, dentro del enfoque de personal, se han incluido dentro del esquema de *descubramos los fallos, para reprender*, por lo que los trabajadores los han considerado como una forma de persecución por parte de los supervisores. La consecuencia ha sido el rechazo a los distintos sistemas que se han intentado implantar.

Por el contrario, dentro del enfoque de recursos humanos, el planteamiento de los sistemas de evaluación del rendimiento se incluirían dentro del esquema *descubramos los puntos fuertes para premiarlos y los puntos débiles para superarlos.* Como consecuencia, son mucho mejor aceptados por los empleados que perciben la evaluación como una forma sincera de ayudarles a mejorar tanto personal como profesionalmente.

Por otro lado, si en la evolución de las estructuras organizacionales se ha caminado hacia empresas en las que se favorece la autonomía y toma de decisiones por parte de los trabajadores, sería absurdo intentar implantar un sistema en el que se penalizasen los errores, puesto que nadie querría correr riesgos. El principio del que se parte es *no se penalizan los errores cometidos por falta de competencia, sino que se forma a la persona para que supere esa laguna; sí se penalizan los problemas actitudinales, cuando el comportamiento de la persona no se corresponde con los valores organizacionales.*

En definitiva, dentro del enfoque de recursos humanos, los sistemas de evaluación están diseñados, al igual que todas las restantes actuaciones dentro del área con un objetivo en mente: *Nuestra empresa puede crecer sólo si crecen las personas que la componen, por ello, vamos a ayudarles todo lo que podamos a que crezcan, tanto personal como profesionalmente.*

6. *Salud laboral*

Es un tema que habrá que enfrentar tanto desde un punto de vista preventivo, como, cuando es necesario, de intervención. Esto llevará a diseñar sistemas de trabajo seguros, implantar medios de protección, programas de formación, etc.

De nuevo, nos encontramos con importantes diferencias entre las empresas que siguen un enfoque de personal y las que adoptan el de recursos humanos.

Así, las empresas que adoptan el enfoque de personal, en su política de reducción de costes, simplemente aplicarán las medidas mínimas exigidas, en cada momento, por la legislación vigente, de forma que se puedan evitar las sanciones que se recibirían por su incumplimiento. Por otro lado, el análisis de los accidentes laborales y de las enfermedades profesionales se haría sólo desde un punto de vista meramente economicista (¿es más barato evitar un accidente o atender las responsabilidades derivadas del mismo?).

Por el contrario, en el enfoque de recursos humanos, las personas son importantes y se desea, como acabamos de explicar, que crezcan con la empresa. De esta forma, la seguridad se convierte en uno de los criterios de evaluación de la actuación de la dirección de recursos humanos y de todos los componentes de la organización. Por ello, se adoptan todas las medidas preventivas, protectoras, informativas y formativas necesarias, en la mayoría de las ocasiones muy por encima de lo que pueda señalar la legislación.

En definitiva, las personas son importantes y, como consecuencia, es preciso proteger su salud.

Estas seis áreas deberán tenerlas en cuenta las direcciones generales cuando definan y planifiquen la política de recursos humanos de la organización, siempre que pretendan conseguir programas de actuación coherentes y no un conjunto de decisiones, muchas veces inconexas, tomadas «ad hoc» ante los problemas inmediatos que van surgiendo en la empresa.

Para atender todas estas áreas, la dirección de recursos humanos se estructurará de forma distinta en cada empresa, en función del sector en el que se incluya, del tamaño de la plantilla y de la importancia de cada una de las áreas que hemos explicado antes, por lo que no nos parece muy operativo describir la estructura idónea de la misma, puesto que dicha idoneidad vendrá determinada por las variables que acabamos de explicar. En la figura 2.8. se presenta un ejemplo de estructura habitual que adopta la dirección de recursos humanos.

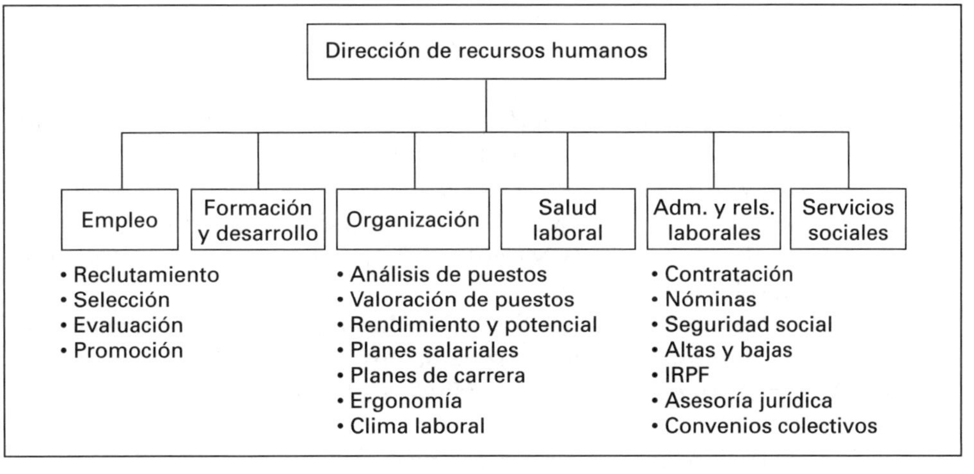

FIGURA 2.8. *Ejemplo de estructura de las funciones de la dirección de recursos humanos*

CONCLUSIONES

Tradicionalmente, el personal se ha considerado un coste para las empresas, hecho que implicaba que la dirección de personal se incluyera dentro del equipo de gastos de la misma. Con la aceptación de que las personas son el principal recurso competitivo de las organizaciones, la dirección de recursos humanos ha pasado a considerarse parte del equipo de valor, con el objetivo de gestionar lo más eficaz y eficientemente posible a las personas de la empresa.

Como consecuencia, ya no se trabaja en forma de funciones aisladas que prestan servicios técnicos al resto de las áreas de la empresa que lo solicitan; muy al contrario, la gestión de recursos humanos se plantea como una gestión integrada dentro de la estrategia de la organización y donde todas sus funciones están perfectamente relacionadas entre sí, con el objetivo de planificar, implantar y evaluar proyectos que permitan mejorar la eficacia, eficiencia y/o seguridad de los empleados de las restantes áreas de la empresa.

Para conseguir esto, ha tenido que producirse una evolución desde el enfoque reactivo, propio de las direcciones clásicas de personal, en el que se intentaban solucionar los problemas ya planteados, hasta adoptar un enfoque proactivo, en el que se diseñan las acciones para tratar de evitar que los problemas se presenten.

La adopción del enfoque de competencias, ha facilitado la adopción de un lenguaje común, orientado a resultados, de la dirección de recursos humanos con el resto de las áreas de la empresa, y se ha ganado en eficacia y eficiencia a la hora de definir las acciones más adecuadas para mejorar la competitividad de la organización.

BIBLIOGRAFÍA BÁSICA

Fitz-Enz, J. (1992). *El valor añadido por la dirección de recursos humanos. Una nueva estrategia para los 90*. Bilbao: Deusto.

García, S. y Del Val, M. T. (1996). *Los recursos humanos en la empresa española. Su desarrollo directivo y corporativo*. Madrid: Díaz de Santos.

Gómez-Mejía, L. R., Balkin, D. B. y Cardy, R. L. (1998). G*estión de recursos humanos*. Madrid: Prentice Hall.

Lattman, Ch. y García Echevarría, S. (1992). *Management de los recursos humanos en la empresa*. Madrid: Díaz de Santos.

Ordoñez, M. (Dir.) (1995). *La nueva gestión de los recursos humanos*. Barcelona: Gestión 2000.

Puchol, L. (1993). D*irección y gestión de recursos humanos*. Madrid: ESIC.

PARA SABER MÁS

Butler, J. E., Ferris, G. R. y Napier, N. K. (1991). *Strategy and human resources management*. Cincinnati, OH: Southwestern.

Fitz-Enz, J. (1999). *Cómo medir la gestión de los recursos humanos*. Bilbao: Deusto.

Pereda, S. (1997). *Técnicas de gestión de recursos humanos (I)*. Madrid: CEPADE.

Pereda, S. (1993). *El análisis del trabajo*. Madrid: Eudema.

Pereda, S. y Berrocal, F. (1993). *La valoración de los puestos de trabajo*. Madrid: Eudema.

Capítulo 3

LA GESTIÓN DE RECURSOS HUMANOS POR COMPETENCIAS

OBJETIVOS

En este capítulo se discute el concepto de competencia y sus implicaciones para la gestión de recursos humanos. En concreto, al acabar la lectura del capítulo, se conocerá:

1. Los enfoques más utilizados del concepto de competencia, tal y como se están aplicando en la gestión de recursos humanos de la empresa.
2. Las ventajas que conlleva la utilización del enfoque de competencias, tanto para facilitar la gestión de recursos humanos, como para mejorar la eficacia y eficiencia de la organización.
3. Las implicaciones que tiene la adopción del enfoque de competencias para la gestión de los recursos humanos de la empresa.

INTRODUCCIÓN

En el capítulo anterior hemos explicado que una de las principales diferencias entre el enfoque de personal y el de recursos humanos, es la que se produce al trabajar dentro del enfoque de rasgos, o actuar dentro del enfoque de competencias.

Asimismo, hemos señalado, aunque de forma muy esquemática, qué se entiende por «competencia». Sin embargo, no hemos profundizado en el concepto, ni hemos explicado las implicaciones que la adopción de dicho enfoque tiene para las actuaciones de la dirección de recursos humanos.

Tampoco hemos analizado a fondo el por qué del cambio del enfoque del rasgo al de competencias, que, por supuesto, se produce porque aporta una serie de importantes ventajas, tanto para la organización, como para las personas.

Por ello, en este capítulo y debido a la relevancia y repercusiones que ha tenido para la gestión de recursos humanos, comenzaremos explicando el concepto de competencia más en profundidad de lo que hemos hecho hasta ahora para, a continuación, explicar cómo se lleva a cabo la gestión de recursos humanos cuando se adopta el enfoque, y finalizar el capítulo analizando sus ventajas tanto para la organización como para las personas.

Es preciso tener en cuenta que el enfoque de competencias no es una moda pasajera. No sólo ha sido aplicado por las principales empresas y consultoras de todo el mundo, sino que los gobiernos y organizaciones empresariales y sindicales han adoptado el concepto para referirse a las políticas de formación, a los planes institucionales y a las certificaciones profesionales.

De esta forma, encontramos que el Centro Europeo para el Desarrollo de la Formación Profesional y la Confederación Europea de Sindicatos, utilizan, en sus documentos y actuaciones el concepto de «competencia», para referirse a los diferentes análisis, evaluaciones, certificados, programas de formación, etc., que llevan a cabo.

En nuestro país, el Real Decreto 1396/1995, del Ministerio de la Presidencia, recoge los planteamientos de la Directiva Europea 92/51/CEE, en la que se define el *certificado de competencia*, incluyendo en el mismo, dos componentes, explicando que *es un título que sanciona una formación y se expide a raíz de una valoración de las cualidades personales, de las aptitudes o de los conocimientos del solicitante, considerados como fundamentales para el ejercicio de una profesión.*

También en España, el Real Decreto 797/1995, del Ministerio de Trabajo y de la Seguridad Social, establece las directrices sobre certificados de profesionalidad y los contenidos mínimos de la formación ocupacional, entendiendo una ocupación como *un agregado de competencias con valores y significado en el empleo.* Asimismo, indica que el certificado de profesionalidad se sirve de la evaluación como *el medio más generalizado de constatación de la competencia profesional.*

En Prieto (1997), se puede encontrar un amplio desarrollo de estos aspectos legales, referidos a las competencias.

Fuera de nuestro país, en 1988, el gobierno británico creó el National Council for Vocational Qualifications (NCVQ), con el objetivo de desarrollar, implantar, controlar y fomentar un sistema global de cualificaciones profesionales en Inglaterra, Gales e Irlanda de Norte.

El sistema, incluyendo el concepto de competencia, se diseñó para estandarizar los cursos de formación existentes y establecer un conjunto de directrices generales para el diseño de futuros programas. De esta forma, todas aquellas personas que lo deseen, pueden homologar sus titulaciones en el NCVQ, a través de un examen en el que deberán demostrar sus competencias.

En España se está tratando de poner en marcha un sistema similar de certificaciones profesionales.

Parece claro que el uso del concepto de competencia se ha generalizado en todo el mundo occidental. Sin embargo, automáticamente surge una pregunta, a partir de lo que acabamos de exponer: ¿Se utiliza, siempre, en el mismo sentido, con el mismo significado, el término? La respuesta es que no.

Prieto (1997) explica los distintos significados que, en castellano, puede tener el término competencia. Ahora bien, el problema no es sólo semántico, ya que, distintos autores, pueden utilizar el concepto con significados diferentes. Todo ello puede llevarnos a estar utilizando un mismo término para referirnos a cosas distintas y/o a emplear distintos términos para referirnos al mismo concepto.

Sin embargo, como afirma Levy-Leboyer (1997), a pesar de su carácter impreciso (y a veces variable) según las personas que lo utilizan, el concepto de competencia se ha impuesto en la literatura sobre gestión empresarial, al tiempo que un número cada vez mayor de empresas elaboran sus propios sistemas de gestión por competencias.

Por ello, el primer paso debe ser unificar el sentido con el que utilizamos el término en este libro, tema que abordamos en el siguiente apartado.

3.1. CONCEPTO DE COMPETENCIA

Cuando se adopta el enfoque del rasgo, se trabaja con constructos tales como inteligencia*, aptitudes* y personalidad*, a los que las investigaciones en el campo de la Psicología Diferencial han dado un significado preciso, aunque en el lenguaje cotidiano no sea así.

Se han desarrollado listas de aptitudes y de rasgos de personalidad que permiten diferenciar a las personas entre sí. De esta forma, evaluando estos aspectos se hacen predicciones sobre el futuro rendimiento laboral de las personas. Sin embargo, esta forma de actuar plantea dos problemas:

a) Tal y como se puede apreciar al observar el «iceberg conductual» (ver figura 3.1), al aplicar el enfoque del rasgo, definimos y evaluamos aspectos personales que subyacen a las conductas, a los comportamientos observables de los sujetos, y que, a través de distintas investigaciones, se ha demostrado que mantienen una cierta relación con ellos.
Es cierto que existen múltiples investigaciones que demuestran la validez* de los tests de inteligencia para predecir el éxito profesional en distintos trabajos (Arvey, 1986; Hunter, 1986; Barret y Depinet, 1991).

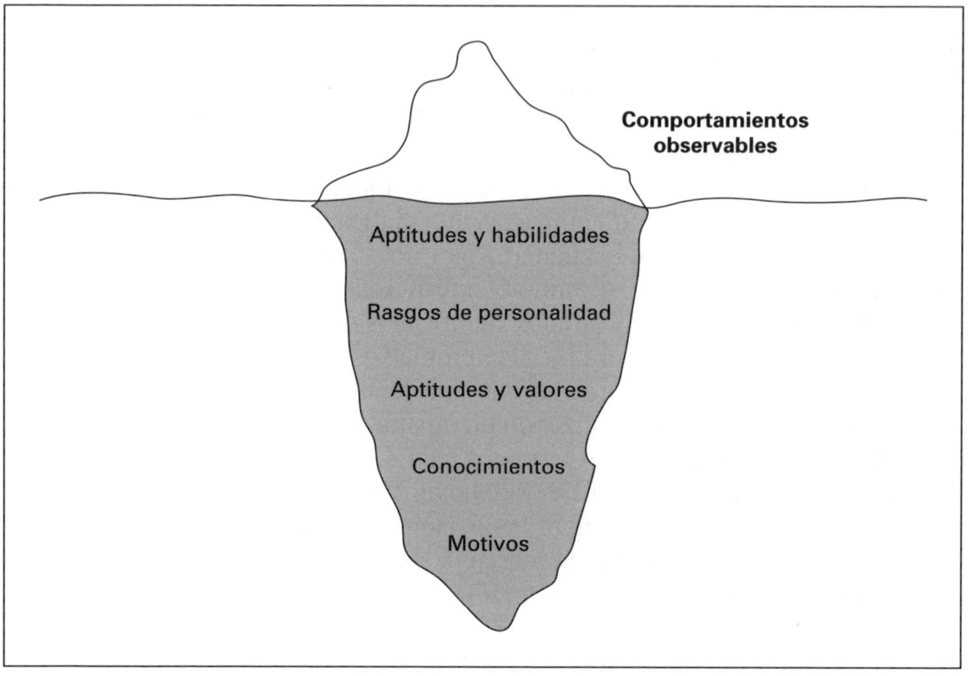

FIGURA 3.1. *El iceberg conductual en el enfoque del rasgo*

Sin embargo, no es menos cierto que, al hacer predicciones de este tipo, estamos corriendo una serie de riesgos, puesto que evaluamos una variable para hacer predicciones sobre el rendimiento de los sujetos en otra, con la que la primera tiene una correlación significativa. Este tipo de predicciones, aunque más exactas que las hechas al azar, siguen manteniendo un margen de error, más o menos grande, en función de la correlación entre las dos variables.

b) La aplicación de los tests psicológicos, para evaluar aptitudes o rasgos de personalidad, produce resistencias en muchas personas, que, por un lado, piensan que se está invadiendo su intimidad; y, por otro, no aprecian la relación entre las tareas que tienen que realizar en los tests y las que deberán llevar a cabo en su puesto de trabajo (escasa validez aparente*).

Buscando, por un lado, una mayor exactitud en las predicciones que se hacen sobre el rendimiento futuro de las personas en su trabajo; y, por otro, una mayor validez aparente en las técnicas e instrumentos de evaluación, es como se llega a la adopción del concepto de competencia en el mundo empresarial.

Ahora bien, la adopción del enfoque de competencias, no supone la ruptura y el olvido de los rasgos; más bien, todo lo contrario, puesto que ayuda a poner las cosas en su sitio.

Así, su nivel en inteligencia, aptitudes y sus rasgos de personalidad, determinarán la mayor o menor facilidad con que una persona puede llevar a cabo una determinada actividad, así como su potencial para aprender a realizar otras distintas.

Por tanto, las evaluaciones psicométricas* de la inteligencia, aptitudes, personalidad, actitudes*, intereses* y motivaciones* de las personas, no sólo se seguirán utilizando, sino que seguirán siendo muy importantes a la hora de tomar decisiones, sobre las personas, en las empresas.

La diferencia con el planteamiento anterior es que no nos apoyaremos en los resultados de un test para decidir, por ejemplo, que una persona «es tenaz»; sino que, dichos resultados, nos servirán para saber con qué facilidad esa persona «puede ser tenaz»; esto es, tiene la capacidad para poder actuar tenazmente.

Por su parte, las competencias se refieren a los comportamientos que se llevan a cabo cuando se ponen en práctica los conocimientos, aptitudes y rasgos de personalidad. Así, en el ejemplo anterior, sabíamos que la persona podía «ser tenaz»; sin embargo, lo que nos interesa saber es si su tenacidad es la que necesita la empresa, por su cultura, su estrategia y sus puestos de trabajo; esto nos lo demostrarán sus comportamientos y, aquí, es donde el enfoque de competencias puede hacer importantes aportaciones.

Hemos comentado que no hay un acuerdo unánime sobre el significado del concepto de *competencia*. En la bibliografía y en los trabajos sobre el tema, podemos encontrar, fundamentalmente, dos definiciones del término:

1. La planteada por Boyatzis (1982), al afirmar que una competencia *es una característica subyacente en una persona, que está causalmente relacionada con un desempeño bueno o excelente en un puesto de trabajo concreto y en una organización concreta.*
   Boyatzis, en su trabajo, se refiere básicamente a las competencias de los directivos y propone distinguir entre las «competencias umbral», que todos los directivos deberían poseer a un nivel mínimo, y las «competencias superiores», que son las que caracterizarían al 10 % de los mejores mandos.
   En la definición de Boyatzis, podemos destacar tres aspectos importantes:

   • *Característica subyacente.* La competencia se considera que es una característica personal que subyace, que determina, los comportamientos que se llevan a cabo. Si representamos el concepto dentro del «iceberg conductual» (ver figura 3.2), tal y como hemos hecho con los rasgos, encontramos que «el punto de mira» sigue puesto en la parte oculta del mismo, aunque las competencias se sitúan a un nivel intermedio, entre los mismos y la superficie.

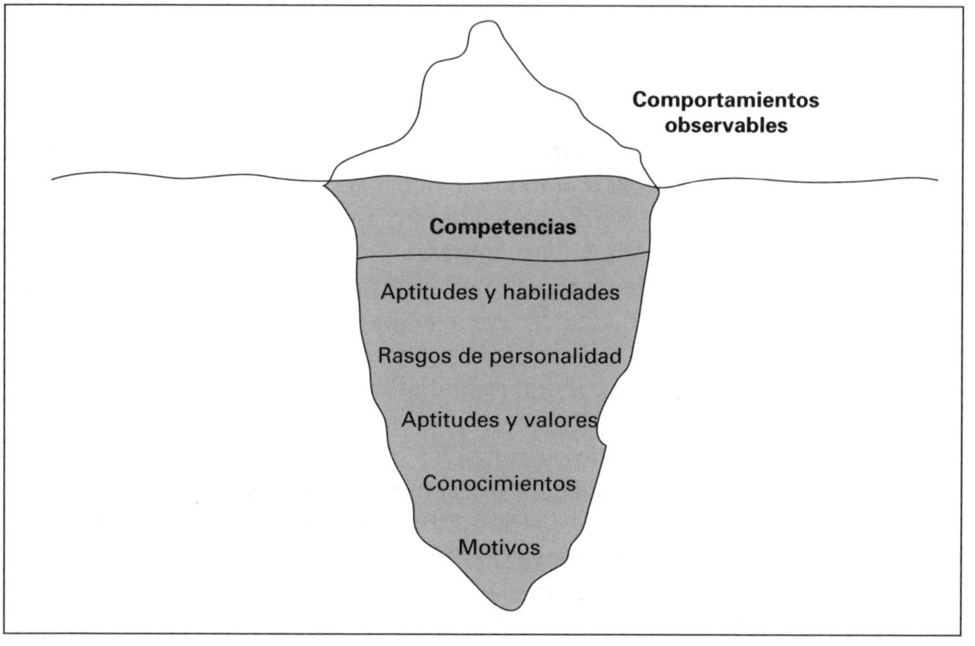

FIGURA 3.2. *El concepto de competencia de Boyatzis en el iceberg conductual*

En este planteamiento, las competencias no se evalúan a través de tests o exámenes de conocimientos, sino a través de los comportamientos que lleva a cabo la persona.

En definitiva, el paso que se ha dado ha sido el de cambiar el método, la técnica de evaluación, pero el concepto, en realidad, ha cambiado poco.

De esta forma, en este planteamiento, las competencias, al ser características personales que subyacen a los comportamientos, se considera que se agrupan en cinco grandes grupos (Mitrani, Dalziel y Suárez de Puga, 1992):

a) *Motivos*. Se considera que son las necesidades o formas de pensar que impulsan u orientan la conducta de una persona; como, por ejemplo, el motivo de logro.
b) *Rasgos de personalidad*. Es la predisposición general a comportarse o reaccionar de un modo determinado; por ejemplo, tenacidad, autocontrol, resistencia al estrés, etc.
c) *Actitudes y valores*. Es lo que la persona piensa, valora, hace o está interesada en hacer; por ejemplo, orientación al trabajo en equipo.
d) *Conocimientos*. Tanto los técnicos, como los referidos a las relaciones interpersonales que posee la persona; por ejemplo, conocimiento del mercado, de los productos, de informática, etc.

e) *Aptitudes y habilidades.* Capacidad de la persona para llevar a cabo un determinado tipo de actividad; por ejemplo, razonamiento numérico, habilidad para hacer presentaciones, etc.
Una vez definidas las competencias de esta forma, no se evalúan a través de tests o pruebas clásicas, sino a partir de comportamientos observables. Un ejemplo de este planteamiento, tomado de Mitrani et als. (1992), se presenta en el cuadro 3.1:

- *Organización concreta.* Las competencias que exige cada organización dependerá de sus valores, su cultura, su misión y su estrategia; por ello, aunque se encuentre una competencia con el mismo nombre, en dos organizaciones distintas, no se puede suponer que dicho nombre esté representando lo mismo. Por ejemplo, la competencia «influencia» no tendrá, seguramente, el mismo significado en una empresa dedicada a la distribución, que en otra empresa dedicada a la fabricación de componentes de ordenador.
- *Puesto de trabajo.* Al igual que hemos explicado al hablar de las organizaciones, cuando se trata de puestos de trabajo diferentes, no podemos suponer que, una competencia, aunque tenga el mismo nombre, signifique lo mismo al ser exigida por dos puestos distintos.

2. La segunda forma de definir las competencias es como *un conjunto de comportamientos observables que están causalmente relacionados con un desempeño bueno o excelente en un trabajo concreto y en una organización concreta.*

CUADRO 3.1. *Ejemplo de competencia según el concepto de Boyatzis (Tomado de Mitrani et als., 1992)*

COMPETENCIA: INFLUENCIA	
Deseo de causar impacto en los demás y capacidad de afectar a otras personas mediante estrategias de persuasión e influencia	
ESCALA DE COMPORTAMIENTOS ASOCIADOS	
0. No existe	Mostrar poca o ninguna intención de influir o persuadir a los demás.
1. Intención	Intentar producir un efecto o impacto concreto. Calcular la influencia que sus declaraciones, acciones o aspecto ejercerán sobre los demás.

CUADRO 3.1. *Continuación*

2. Persuasión Directa	Realizar una única acción para persuadir a los demás a lo largo de una conversación, reunión o exposición.
3. Persuasión Adaptativa	Realizar un esfuerzo de influencia en dos etapas, reconociendo cuando no funciona una estrategia y pasando a otra alternativa. Adaptar la exposición a los intereses y el nivel de la audiencia.
4. Influencia Indirecta	Utilizar los recursos necesarios, a lo largo del tiempo, en un esfuerzo planificado.
5. Estrategias de Influencia	Utilizar estrategias complejas, a medida de cada situación, y creando, frecuentemente, cadenas de influencia indirecta.

Aparentemente, esta definición es casi idéntica a la que hemos comentado antes; sin embargo, la diferencia introducida es importante, como explicamos a continuación:

- *Comportamientos observables*. En esta definición, en lugar de hablar de «características subyacentes», se habla de «comportamientos observables». Así, si observamos el «iceberg conductual» (figura 3.3) que representa esta acepción del concepto de competencia, comprobamos que, en este caso, estamos refiriéndonos directamente a la parte visible del «iceberg».

Así, los aspectos referidos a los rasgos se mantienen por debajo de la superficie, manteniendo su importancia, tal y como hemos comentado anteriormente, pero la competencia se define en función del grupo de comportamientos observables que se incluyen en la misma. Por ejemplo, podríamos definir la competencia *orientación a la productividad* de la forma que se presenta en el cuadro 3.2.
Ahora bien, para que una persona pueda llevar a cabo los comportamientos incluidos en las competencias que conforman el perfil de exigencias del puesto, es preciso que, en ella, estén presentes una serie de componentes:

a) *Saber*. El conjunto de conocimientos que permitirán a la persona realizar los comportamientos incluidos en la competencia. En el caso del ejemplo que hemos presentado en el cuadro 3.2, para que la persona pueda planificar eficazmente su tiempo, es preciso que conozca los sistemas y técnicas que permiten hacerlo.

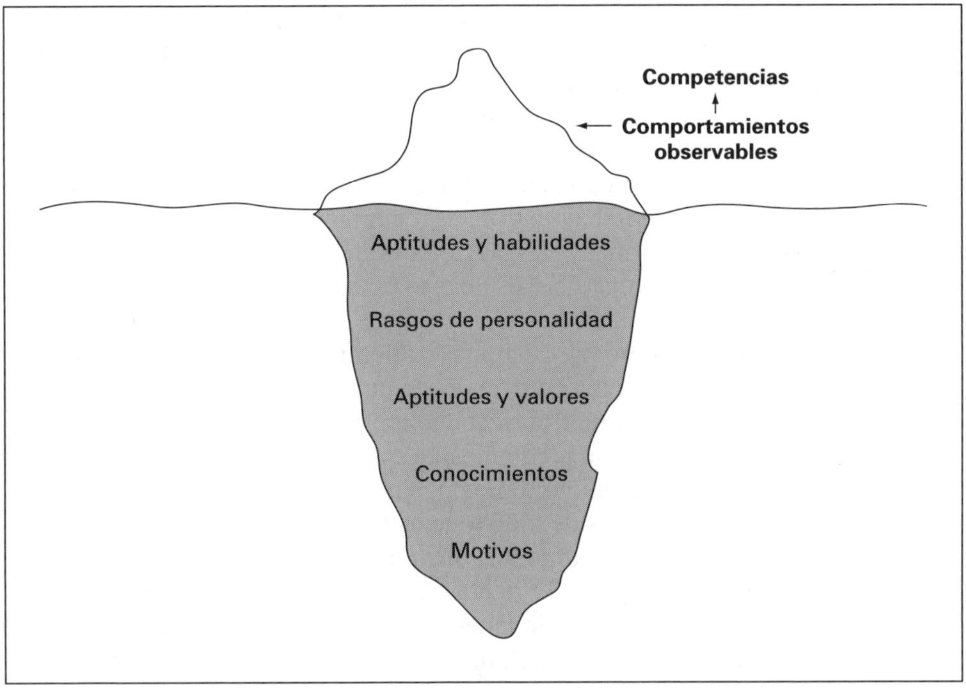

FIGURA 3.3. *Las competencias como comportamientos observables en el iceberg conductual*

CUADRO 3.2. *Ejemplo de definición de competencia definida como un conjunto de comportamientos observables*

COMPETENCIA: ORIENTACIÓN A LA PRODUCTIVIDAD

Hacer las cosas, y conseguir que se hagan, de modo eficiente, estableciendo sistemas y procedimientos con esta finalidad y gestionando eficientemente el tiempo

COMPORTAMIENTOS ASOCIADOS

- Hacer el trabajo con los niveles de calidad exigidos.
- Calcular rápidamente la relación coste/beneficio.
- Encontrar, habitualmente, formas más eficientes de hacer las cosas.
- Defender la necesidad de eficiencia en todos los asuntos y situaciones.
- Mejorar, habitualmente, el procedimiento habitual de realizar una tarea.
- Buscar, en todos los asuntos y situaciones, que se reduzcan los costes y/o se aumenten los ingresos.
- Planificar su tiempo de manera eficaz.
- Formar a sus colaboradores en la gestión más eficaz del tiempo.

b) *Saber hacer*. Que la persona sea capaz de aplicar los conocimientos que posee a la solución de los problemas que le plantea su trabajo. En suma, estamos hablando de habilidades y destrezas. Así, no basta con que la persona conozca las técnicas e instrumentos de gestión del tiempo, sino que es preciso que sepa aplicarlos a su situación de trabajo particular.

c) *Saber estar*. No basta con hacer eficaz y eficientemente las tareas incluidas en el puesto de trabajo; es preciso, también, que los comportamientos se ajusten a las normas y reglas de la organización, en general, y de su grupo de trabajo, en particular. En este caso, por tanto, estamos hablando de actitudes, e intereses. Por ejemplo, una persona puede aplicar perfectamente la «hora cero» al gestionar su tiempo (no aceptando visitas, llamadas telefónicas ni interrupciones de ningún tipo de 10 a 11 de la mañana); la técnica se aplica correctamente, pero puede crear problemas si, en la empresa, la cultura predominante es que cualquier persona puede dirigirse a otra en cualquier momento, sin necesidad de cita previa.

d) *Querer hacer*. Además de todo lo anterior, la persona deberá querer llevar a cabo los comportamientos que componen la competencia; en este caso, obviamente, estamos hablando de aspectos motivacionales. Por ejemplo, una persona puede tener los conocimientos precisos para gestionar adecuadamente el tiempo, sabe aplicarlos en su trabajo y su comportamiento se adecua a las normas de la organización y del grupo de trabajo; sin embargo, si comprueba que sus esfuerzos por conseguir una utilización más eficaz del tiempo no se valoran, no tienen ninguna repercusión sobre sus evaluaciones del rendimiento, o no son apoyados por sus superiores o colaboradores, puede llegar a decidir que no merece la pena esforzarse por hacerlo.

e) *Poder hacer*. Es, éste, un aspecto que muchas veces se olvida, ya que no se refiere a las personas, sino a las características de la organización; y, sin embargo, es importante a la hora de trabajar dentro del enfoque de competencias. Nos estamos refiriendo a que la persona disponga de los medios y recursos necesarios para llevar a cabo los comportamientos incluidos en la competencia. Por ejemplo, si no existe un sistema que permita filtrar las llamadas telefónicas y las visitas, es difícil que la persona pueda aplicar correctamente la hora cero para gestionar eficazmente su tiempo.

Puede parecer que hemos llegado al mismo punto en el que estábamos cuando hablábamos del enfoque del rasgo, o cuando explicábamos la definición del concepto de competencia empleado por Boyatzis. Sin embargo no es así.

Los componentes de las competencias los hemos explicado por separado únicamente para facilitar su comprensión; pero no se pueden considerar de la misma forma al aplicarlos en cada caso concreto. Cada comportamiento incluido en una competencia, se produce por el efecto conjunto de los cinco componentes que hemos explicado (ver figura 3.4). Por tanto, como afirman Le Boterf, Barzucchetti y Vincent (1993), las competencias se definen y enumeran dentro del contexto laboral en el que deben ponerse en práctica, por lo que una competencia no es un conocimiento, una habilidad o una actitud aisladas, sino la unión integrada de todos los componentes en el desempeño laboral.

Aunque no podamos conocer la naturaleza precisa de las interacciones que se producen entre los distintos factores, para dar lugar a cada comportamiento concreto, en cada situación, sí podemos utilizar las evaluaciones de los mismos para conocer el potencial de cada persona para llevar a cabo los comportamientos exigidos.

De esta forma, se conocerán los puntos fuertes y débiles de cada persona que tenga que llevar a cabo los comportamientos incluidos en las competencias que conforman el perfil de exigencias de su puesto, por lo que se podrá actuar de forma adecuada para reforzar sus puntos fuertes y ayudarle a superar sus debilidades.

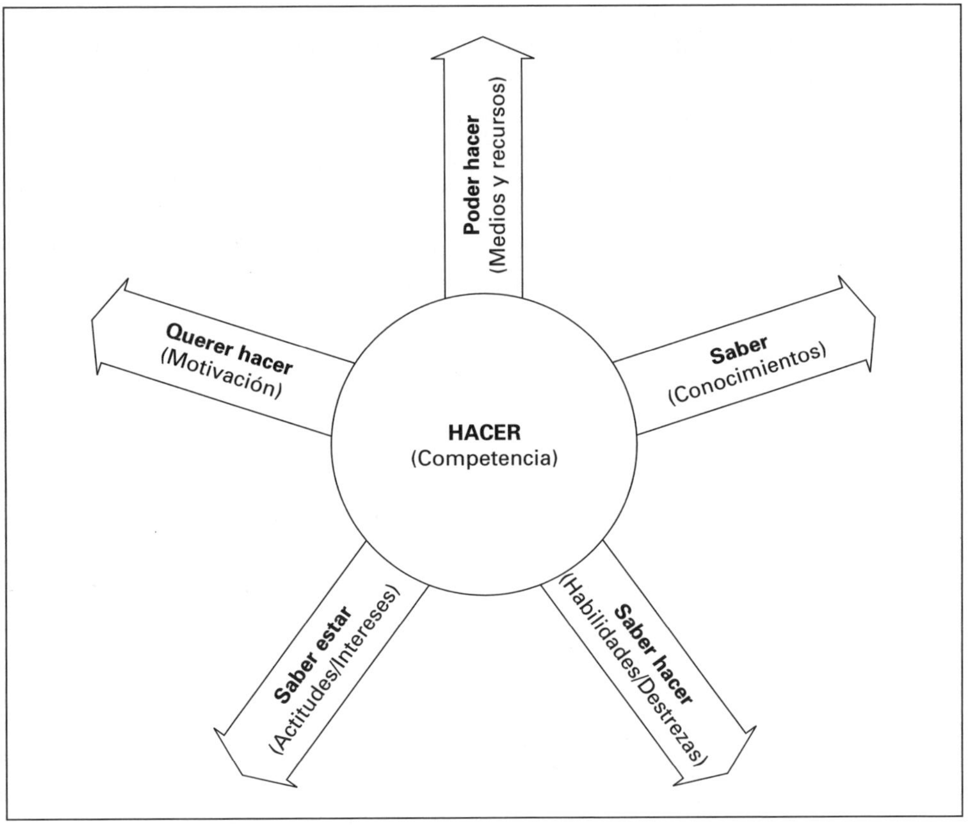

FIGURA 3.4. *Componentes de las competencias*

3.2. VENTAJAS DEL ENFOQUE DE COMPETENCIAS

Hemos explicado que el enfoque de competencias facilita la toma de decisiones en el área de Recursos Humanos y que esa es la principal razón por la que se ha ido imponiendo su utilización.

Esta forma de plantear el tema es demasiado abstracta y genérica, por lo que parece necesario concretar más las principales ventajas que el enfoque aporta a la gestión de recursos humanos (ver figura 3.5):

- Facilita el uso de un *lenguaje común* en la empresa, ya que, al hablar de comportamientos observables que permiten tener un buen rendimiento en el trabajo, es más fácil que la dirección de recursos humanos y el resto de la organización, se pongan de acuerdo.
  Así, cuando se utiliza el enfoque del rasgo, un directivo puede solicitar al departamento de formación un curso sobre liderazgo y puede recibir algo muy distinto a lo que deseaba, ya que el término «liderazgo» puede entenderse de muchas maneras.
  Por el contrario, al adoptar el enfoque de competencias, el directivo que solicita el curso y el departamento de formación se podrán poner fácilmente de acuerdo, porque ambos hablarán de los comportamientos que los asistentes al curso deberán ser capaces de llevar a cabo al finalizar el mismo.
- *Focalizar los esfuerzos de todas las personas de la organización hacia los resultados*. Recuérdese que las competencias reflejan los comportamientos que lleva a cabo una persona para obtener un rendimiento excelente en un puesto de trabajo concreto y en una organización concreta.

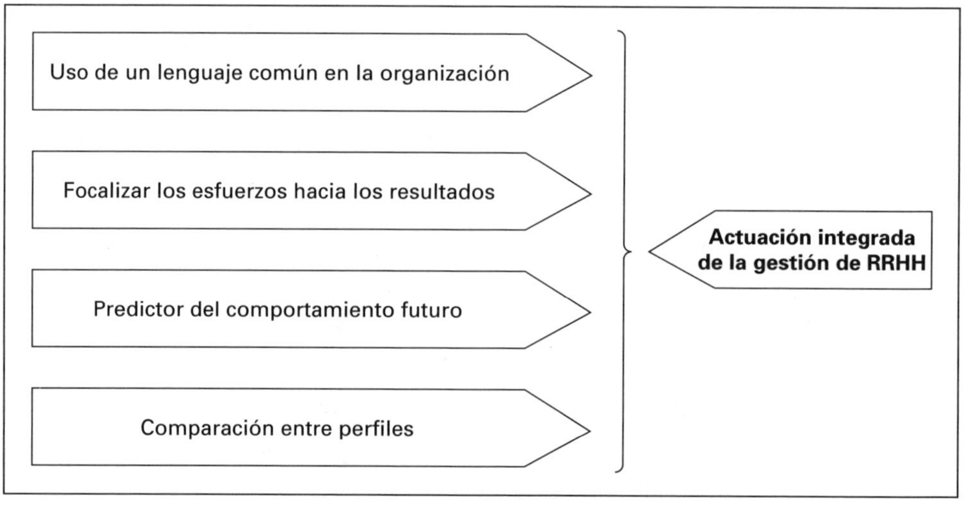

FIGURA 3.5. *Ventajas del enfoque de competencias*

De esta forma, se pueden programar los sistemas de evaluación del personal de forma que se puedan analizar los puntos débiles y fuertes de cada trabajador para diseñar las acciones más adecuadas para que puedan mejorar los resultados. De igual forma, por ejemplo, al diseñar un curso de formación, se facilita la definición de objetivos operativos y de la posterior evaluación de la eficacia y rentabilidad del mismo, al poder concretarse el «para qué» se lleva a cabo; esto es, qué aspectos empresariales se pretenden mejorar con dicho curso.

- Se utiliza como *predictor del comportamiento futuro* de la persona dentro de la empresa, el mejor que se puede emplear; *su comportamiento pasado.* Cuando una persona ha sido capaz de llevar a cabo un determinado comportamiento, en unas condiciones dadas, se puede esperar que sea capaz de repetir el mismo comportamiento en unas condiciones similares.

  Ahora bien, el utilizar el comportamiento pasado como predictor del futuro, no se puede entender como que una persona que no ha llevado a cabo un determinado comportamiento no sea capaz de hacerlo en un futuro; no se debe entender, en ningún momento, como que las personas somos incapaces de cambiar.

  Por ello, será preciso analizar detenidamente cada caso y decidir la actuación más adecuada en cada momento.

  Por otro lado, hay que tener en cuenta que las competencias son generalizables; esto es, que no es preciso que la persona haya llevado a cabo el comportamiento en cuestión en una situación exactamente igual, sino que el comportamiento que se ha llevado a cabo en una situación, se puede llevar a cabo, también, en otra, más o menos similar, o más o menos distinta.

- El enfoque de competencias *facilita la comparación entre el perfil de exigencias del puesto y el perfil de competencias de las personas.*

  En el enfoque del rasgo, se parte de la descripción del puesto de trabajo y, posteriormente, se elabora el perfil profesiográfico* del mismo. Dicho perfil indica el nivel que, los ocupantes del puesto, deberán tener en cada una de las variables incluidas en él, en percentiles* o en alguna medida tipificada. Estos niveles se establecen con relación a la «*población de personas con las características (sexo, estudios, experiencia, etc.) exigidas por el puesto de trabajo*».

  Esto no deja de ser una utopía, porque el percentil que ocupa un sujeto concreto, o su nivel en la variable tipificada, se determina en función de unos baremos previamente elaborados y que, en la mayoría de los casos, se habrán construido a partir de muestras incidentales*, poco representativas de la población a la que se refieren.

  Por otro lado, dichos baremos, por lo general, no se mantienen actualizados, a pesar de que las características de la población de referencia vayan cambiando con el paso del tiempo.

Estos problemas no existen cuando se trabaja dentro del enfoque de competencias, ya que no trabajaremos con baremos, sino con comportamientos concretos que debe llevar a cabo la persona que ocupa un determinado puesto.
Por ello, es mucho más fácil y válido el sistema de comparación entre los perfiles del puesto y de las personas, para determinar su adecuación a un empleo determinado, o para conocer las necesidades de formación existentes en un momento concreto.

Todo lo que hemos ido comentando, permite apreciar que el uso del enfoque de competencias facilita la *actuación integrada de la gestión de recursos humanos*, ya que las competencias se convierten en la base de las actuaciones en selección, formación, retribución, planes de carrera, salud laboral, clima, etc.

En definitiva, el enfoque de competencias, permite trabajar, en el área de recursos humanos, de forma más eficaz y eficiente, tanto durante la fase de planificación, como durante la implantación de los planes y en la evaluación de los resultados obtenidos.

Estas ventajas, tanto para la organización, como para las personas, son las que han hecho que el enfoque de competencias se haya ido generalizando en las organizaciones públicas y privadas de todo el mundo occidental.

3.3. GESTIÓN DE RECURSOS HUMANOS POR COMPETENCIAS

Hemos explicado anteriormente los cambios que se han producido en las estructuras organizacionales, para responder a las exigencias de competitividad del mundo del trabajo actual.

También hemos analizado cómo han cambiado, como consecuencia de lo anterior, los trabajos, en la línea de dotar de más autonomía y responsabilidad a todos los empleados, descentralizando la mayoría de las actividades de gestión.

La dirección de recursos humanos no podía ser una excepción dentro de esta tendencia general.

Dentro del enfoque de personal, los técnicos de la dirección se dedicaban a múltiples tareas administrativas, recogida de datos e implantación de medidas puntuales. De esta forma, realizaban, en muchas ocasiones, actividades que, realmente, correspondían a los directores y mandos de la empresa; actividades como resolver los conflictos de un departamento u orientar la carrera profesional de los empleados, por ejemplo.

Esta forma de actuar sólo reflejaba un intento de centralización y solía reflejarse en una continua aplicación de técnicas para resolver problemas ya planteados, sin ninguna orientación estratégica, en la mayoría de las ocasiones.

En el mundo del trabajo actual, esta forma de actuar no es ni eficaz, ni eficiente. El cambio producido con la implantación del enfoque de recursos humanos, se ha dirigido, apoyándose en el uso de las competencias, a la adopción de un verdadero pensamiento estratégico. Así, la dirección de recursos humanos, tal y como ya hemos explicado, se apoya en un enfoque proactivo.

Para ello, partiendo de la definición de la misión, de los valores y del modelo estratégico de la organización, la dirección de recursos humanos podrá centrarse en el diseño e implantación de programas que apoyen la consecución de los objetivos empresariales.

¿Cómo ayudan las competencias a adoptar este planteamiento?

A la hora de diseñar un plan estratégico, la dirección de recursos humanos necesita saber qué características deberán tener las personas, a corto, medio y largo plazo, para poder responder, eficaz y eficientemente, a los cambios que se produzcan en sus trabajos, como consecuencia de la evolución futura de la empresa para conseguir sus objetivos.

Esto era difícil conseguirlo con el planteamiento propio del enfoque de personal. En él, el trabajo comenzaba con un análisis de puestos que daba como resultado una descripción exhaustiva de los mismos, en la que se especificaban las funciones y tareas de cada puesto.

Conocer la evolución que iban a tener los puestos, en base a la estrategia de la empresa, a un nivel tan detallado era prácticamente imposible, por lo que las descripciones y los perfiles, se modificaban una vez que ya se habían introducido los cambios. Era, por tanto, muy difícil poder trabajar eficaz y eficientemente desde un enfoque proactivo.

Es más, la evolución de las empresas hacia las estructuras flexibles, con el desarrollo de las nuevas tecnologías, ha llevado, a que, por ejemplo, los trabajos repetitivos se hayan automatizado, reduciéndose, en gran medida, los que realizan las personas.

Pero, además, el sistema más habitual de organización del trabajo hoy día es sobre la base de equipos, la mayoría de ellos multiprofesionales, que cambian y adaptan su estrategia, dentro del marco definido por la empresa, en función de las exigencias de los clientes y de las maniobras de la competencia.

En esta situación, un sistema tan poco flexible como el basado en las clásicas descripciones de puestos, no es útil. Se necesitan procesos y lenguajes que favorezcan la flexibilidad, y la solución parece estar en las competencias.

Las competencias se pueden agrupar en inventarios, de forma que los equipos y los trabajadores individuales puedan utilizarlos para describir su trabajo.

Este sistema debe diseñarse de forma que sea lo suficientemente flexible como para poder adaptarse rápidamente a los cambios que se produzcan cuando la empresa adopte alguna nueva iniciativa.

Por tanto, el enfoque de competencias facilita no sólo la adaptación a los cambios producidos, sino la previsión de los que se van a presentar y, como consecuencia, facilita la adopción de un enfoque estratégico.

Por otro lado, la dirección de recursos humanos debe actuar centralizando la estrategia y descentralizando la gestión operativa. Se deberá centrar en las cuestiones estratégicas, que se derivan de los cambios culturales a gran escala que se producen cuando las estructuras jerárquicas de las empresas se transforman en redes de colaboradores.

De esta forma, un proceso correcto de selección, formación, diseño del trabajo, evaluación del personal, sistema de remuneraciones, etc., dejará la práctica diaria de la mayoría de los temas a los directores y a los mandos responsables de los mismos, que utilizarán las herramientas y materiales preparados por los especialistas.

Es la forma en que los profesionales de recursos humanos pueden centrarse en el trabajo estratégico de la empresa y concentrarse en los cambios de cultura y en el diseño, planificación y puesta en marcha de los programas de recursos humanos, que doten de valor a la dirección.

Concretando todo lo que hemos venido explicando hasta aquí, los principales cambios que ha producido, la adopción del enfoque de competencias, en la gestión de recursos humanos, son:

- Se ha pasado de analizar los trabajos por separado y aisladamente, a describir las competencias que necesita la organización para conseguir sus objetivos.
- Los análisis se han convertido en parte del proceso de planificación estratégica, ya que el enfoque de competencias permite relacionar rápidamente los requisitos que debe cumplir el personal con las necesidades de la empresa. De esta forma, se puede dedicar el tiempo, que antes se dedicaba a los análisis, a la aplicación, que es lo que produce valor añadido a la organización; esto es, a diseñar e implantar programas de actuación que permitan mejorar el rendimiento, la seguridad, la comodidad y la satisfacción de las personas.
- Los expertos en recursos humanos pueden asumir su verdadero papel estratégico, al centrar su trabajo en preparar a las organizaciones para que, ellas mismas, puedan llevar a cabo las operaciones del día a día, apoyándose en los modelos de competencias.
- El enfoque de personal centraba su lenguaje en el trabajo; sin embargo, el lenguaje derivado de un enfoque de competencias, al referirse a los conocimientos, habilidades y actitudes, se centra en las personas.

  El cambio es lógico. Las competencias son los recursos de que dispone el trabajador para llevar a cabo, eficaz y eficientemente, su trabajo, para prever los cambios y para adaptarse a los mismos; en suma, para producir resultados.

- Los modelos propios del enfoque de personal suelen ser muy detallados, con muchos tecnicismos y, en la mayoría de las ocasiones, difíciles de comprender y de utilizar por el usuario.
  Los modelos basados en las competencias, por el contrario, suelen ser muy sencillos, lo que no les resta rigor ni validez. Asimismo, las herramientas de aplicación deben ser sencillas, de forma que faciliten la comprensión y utilización por todos los empleados de los programas de recursos humanos.
- Todos los trabajadores son importantes para la organización, por lo que los programas de desarrollo de las competencias, deberán involucrarlos y afectarlos, también, a todos.
- La gestión de recursos humanos basada en competencias, se apoya en la transparencia de todos los programas, procedimientos e instrumentos. De esta forma, todos los empleados conocerán los resultados que se espera que obtengan y las competencias que se consideran importantes.

Nos encontramos ante un nuevo mundo del trabajo, que plantea nuevos retos y exige nuevas respuestas. El enfoque de competencias se puede considerar, en este marco, como la respuesta, desde el área de recursos humanos, a la exigencia de competitividad de las empresas, al facilitar la orientación de las conductas y comportamientos a la eficacia, a la eficiencia y a la seguridad.

CONCLUSIONES

Aunque el enfoque de competencias se ha ido imponiendo en la mayoría de las empresas, eso no quiere decir que el concepto de competencia sea único. Sin embargo, los dos planteamientos más habituales van en la misma dirección: se evalúa a los sujetos en base a los comportamientos observables que son capaces de llevar a cabo, partiendo de la definición de los que son necesarios para tener éxito en un determinado puesto de trabajo.

De esta forma, para predecir el comportamiento futuro de un empleado en un trabajo, se utiliza como predictor su comportamiento pasado, en el sentido de que la persona que ha sido capaz de llevar a cabo un determinado comportamiento en unas condiciones determinadas, será capaz de repetir dicho comportamiento en condiciones similares.

Al trabajar dentro del enfoque de competencias, se elimina la necesidad de disponer de baremos para comparar con ellos los resultados obtenidos por los sujetos en las pruebas que se les hayan aplicado, por lo que se facilita la toma de decisiones sobre la adecuación de las personas para los puestos.

Sin embargo, la adopción del enfoque de competencias no significa dejar de lado las evaluaciones psicométricas de los rasgos, aunque los resultados de las mismas se deben interpretar no como lo que «la persona sabe hacer», sino como lo que «la persona tiene potencial para hacer».

BIBLIOGRAFÍA BÁSICA

Levy-Leboyer, C. (1997). *Gestión de las competencias*. Barcelona: Gestión 2000.

Mitrani, A., Dalziel, M. M. y Suárez De Puga, I. (1992). *Las competencias: clave para una gestión integrada de los recursos humanos*. Bilbao: Deusto.

Prieto, J. M. (1997). Prólogo. En Levy-Leboyer, C. *Gestión de las competencias*. Barcelona: Gestión 2000.

PARA SABER MÁS

Boyatzis, R. E. (1982). *The competent manager: A model for effective performance*. Nueva York: John Wiley & Sons.

Dubois, D. D. (1993). *Competency-based performance improvement: A strategy for organizational change*. Amherst: HRD Press.

Rosier, R. y Jeffrey, P. (Eds.) (1996). *Competency model handbook (4 volúmenes)*. Reading, MA: Linkage Educational Resources.

Spencer, L. M. y Spencer, S. M. (1993). *Competence at work: Models for superior performance*. Nueva York: John Wiley & Sons.

Tate, W. (1995). *Developing managerial competence: A critical guide to methods and materials*. Hampshire: Gower.

Capítulo 4
LA GESTIÓN DEL CONOCIMIENTO

OBJETIVOS

Hemos comentado, en los capítulos anteriores, que las personas que conforman la organización son el principal recurso competitivo de la misma. Ahora bien, lo verdaderamente relevante son las competencias de estas personas, lo que son capaces de hacer en cada momento. De esta forma, las empresas han llegado a establecer sistemas de gestión que facilitan el que los conocimientos que tienen los empleados se puedan poner en común, de forma que las distintas actividades que llevan a cabo, se apoyen en la experiencia de sus colegas. Estos sistemas de gestión se han denominado genéricamente Gestión del Conocimiento*.

De esta forma, al finalizar la lectura del capítulo, se conocerá:

1. Qué se entiende por gestión del conocimiento.
2. Los aspectos humanos y tecnológicos que conlleva la implantación de un sistema de gestión del conocimiento en una organización.
3. La relación entre la gestión del conocimiento y la de recursos humanos.
4. Las dificultades que plantea la distribución de la información al diseñar e implantar un sistema de gestión del conocimiento.
5. El concepto de Capital Intelectual*.

INTRODUCCIÓN

> *Karlgaard (1999) explica el siguiente caso:* El capital intelectual, desde luego, siempre ha sido un factor decisivo en el surgimiento de civilizaciones, organizaciones e individuos. Por lo menos durante 60.000 años nuestros antepasados los hombres de Cro-Magnon, vivieron al mismo tiempo que los de Neanderthal. Después, hace unos 30.000 años, estos últimos desaparecieron.
>
> ¿Por qué sobrevivió una especie y la otra pereció? Ambas se servían de herramientas y de lenguaje, pero los de Cro-Magnon tenían un calendario lunar y correlacionaron el transcurso de los días con los hábitos migratorios del bisonte, el alce y el ciervo rojo. Esta percepción quedó debidamente documentada en pinturas rupestres y en series de 28 muescas en astas de venado. Deseoso de comer carne, el hombre de Cro-Magnon aprendió que le bastaba ponerse al acecho ciertos días, jabalina en mano, en el paso de un río, mientras que el de Neanderthal parece haber dispersado imprudentemente sus hombres y sus recursos en busca de encuentros ocasionales. Asignó mal sus recursos y pereció.
>
> La diferencia estaba en el capital intelectual. Siempre ha sido así.

Analicemos, ahora, el caso:

- El hombre de Cro-Magnon tenía unos conocimientos (los hábitos migratorios). Estos conocimientos, lógicamente los había obtenido en diferentes etapas, a través de distintas observaciones que, seguramente, hicieron múltiples sujetos a lo largo del tiempo.
- Supongamos que el primer hombre de Cro-Magnon que observó los hábitos migratorios de los animales, no hubiese comunicado su observación (sus conocimientos) a sus congéneres. El conocimiento se habría perdido con él y otro hombre de Cro-Magnon habría tenido que comenzar, de nuevo, desde el principio.
- Sin embargo, el hombre de Cro-Magnon utilizó los métodos «tecnológicos» disponibles en ese momento (pinturas y astas de venado) para transmitir sus conocimientos a sus descendientes.
- Poco a poco, acumulando los conocimientos de múltiples observadores, el hombre de Cro-Magnon llegó a poder planificar y realizar sus actividades de caza, cada vez con mayor eficacia y eficiencia.
- La consecuencia final fue que el hombre de Cro-Magnon fue mucho más competitivo que el de Neanderthal y consiguió triunfar en un «mercado» en el que lo que estaba en juego era la supervivencia.

Hagamos, ahora, un viaje en el tiempo y situémonos en los umbrales del tercer milenio. No vamos, a hablar de especies en evolución, sino de empresas que compiten entre ellas; no vamos a hablar de caza, sino de rendimiento; y no vamos a hablar de supervivencia de especies, sino de competitividad. Por lo demás, el marco general es muy similar, ya que en los dos casos, la clave para triunfar va a estar en el capital intelectual.

Hemos explicado, en los capítulos anteriores, que, en el mundo actual del trabajo, los cambios se producen cada vez más rápidamente y, además, son de mayor intensidad. De alguna forma, los cambios son tan rápidos que, en muchas ocasiones, cuando nos ponemos a pensar en el futuro, éste nos alcanza y nos sobrepasa.

También hemos explicado que las empresas, para mantener su competitividad, han adoptado estructuras organizacionales distintas a las burocráticas y jerarquizadas que se habían utilizado durante muchos años. Así, las empresas competitivas han pasado a tener estructuras más planas, con menos niveles jerárquicos, en las que las personas trabajan, en la mayor parte de las ocasiones, en equipo, con una mayor autonomía y responsabilidad.

Hemos estudiado cómo se adopta el enfoque de competencias, dentro de la gestión de recursos humanos, porque lo que se pretende conseguir es que las personas «sepan hacer» lo que les exige su trabajo.

Por tanto, nos encontramos con una situación en la que cada trabajador, sea cual sea su nivel dentro de la empresa, va tener que tomar decisiones sobre su trabajo, sobre la forma de hacerlo, sobre la manera más idónea de poder satisfacer las necesidades de sus clientes.

Ahora bien, ese trabajador que está tomando decisiones y que desarrolla su trabajo con autonomía, se va a encontrar, dada la rapidez de los cambios que hemos comentado, casi constantemente, con situaciones nuevas, a las que anteriormente no había tenido que hacer frente.

¿Qué podemos hacer para que mantenga sus niveles de eficacia y eficiencia? La respuesta más obvia es: formarle. Y ésta es una respuesta correcta: si se forma adecuadamente a los empleados, éstos estarán mejor preparados para responder a los problemas que les plantea su trabajo diario.

Ahora bien, cuando hablamos aquí de formación, ¿estamos hablando de la clásica formación, en la que los trabajadores acuden a determinados cursos? Sí, pero no. Sí, los cursos siguen siendo necesarios, pero no pueden seguir teniendo la estructura que han tenido clásicamente; y no, no son suficientes para formar a los trabajadores con la rapidez, eficacia y eficiencia que exige su trabajo, en el entorno actual de cambio.

El tema de la formación, lo desarrollaremos ampliamente en el capítulo 8. Ahora nos quedaremos con la idea de que la formación es necesaria, pero la formación clásica no es suficiente, para atender a las necesidades que se plantean en las empresas.

Pensemos un momento en el hombre de Cro-Magnon. En ningún momento nos lo podemos imaginar en un «aula», donde el monitor impartiese un curso sobre «hábitos migratorios de la caza». Lo que hacía era transmitir sus conocimientos a los demás utilizando pinturas y astas de venado, con lo que conseguía que estos conocimientos perdurasen y estuviesen a disposición de todos aquellos que los necesitasen.

Esto nos sugiere dos preguntas:

- ¿Podemos transmitir nuestros conocimientos al resto de los empleados que componen la empresa, al tiempo que ellos nos transmiten los suyos? Obviamente, la respuesta a esta primera pregunta es sí.
- ¿Qué forma de transmisión utilizaríamos? La respuesta a esta pregunta es que nuestras «astas y pinturas» serían las redes de comunicación.

En definitiva, lo que estamos planteando es un sistema en el que, con el apoyo de las tecnologías de la información, se pongan a disposición de todos los empleados todos aquellos datos e informaciones que les permitan hacer su trabajo con mayor eficacia y eficiencia; en suma, que permita a la empresa mejorar su competitividad.

En todas las organizaciones hay personas que «saben hacer» las cosas, porque ya las han hecho antes; y hay personas que no las han hecho, pero, en un momento determinado necesitan hacerlas. ¿Por qué no disponer de un sistema que facilite el que los empleados, cuando abordan un proyecto o un problema, dispongan de información precisa, detallada y válida sobre cómo se han llevado a cabo antes proyectos similares, o se han solucionado problemas semejantes?

Este sistema facilitaría el que, en la empresa, no se estuviesen «buscando las presas al azar» constantemente, ya que permitiría que, con cada proyecto que se lleve a cabo, o con cada problema que se resuelva, aumenten los conocimientos de la empresa, aumenten su eficacia y su eficiencia; en suma, aumente su competitividad.

Este sistema, que permitió sobrevivir al hombre de Cro-Magnon, es el que, en las empresas de nuestros días, se denomina *Gestión del Conocimiento.*

4.1. LA GESTIÓN DEL CONOCIMIENTO

4.1.1. El reto de la innovación

Ante los cambios producidos en su entorno social y laboral, las empresas se ven obligadas a cambiar su filosofía y sus planteamientos para mantener y mejorar su competitividad. En concreto, en el aspecto referido a las personas el cambio ha sido de 180°, pasando éstas de ser consideradas un gasto, que era preciso reducir al mínimo, a ser contempladas como un recurso, el principal recurso competitivo del que dispone la organización, para mantener y mejorar su competitividad.

Así, tal y como explican, entre otros, Brooking (1996); Edvinsson y Malone (1999) y Moya-Angeler (1998), se encuentran múltiples casos, cada vez más, en los que el valor en el que se tasa o se vende una compañía no se corresponde con el que correspondería a sus activos financieros y materiales, sino que, en función de la capacidad de sus personas y equipos, dicho valor de mercado es mucho mayor que el contable.

En 1992, en Estados Unidos, aproximadamente el 40 % del valor de mercado de las empresas americanas no aparecía en su balance general; para las que aplicaban un uso intensivo de conocimientos, el porcentaje de valor de mercado que no aparecía en los balances era del 100 %. Asimismo, entre 1981 y 1993, en las adquisiciones de empresas con uso intensivo de conocimientos, la relación entre precio y valor en los libros fue superior a diez.

De esta forma, la capacidad de los individuos, ha pasado a ser el valor más importante con que cuenta una organización. Hoy día resulta, en la mayoría de las ocasiones, difícil distinguir los productos de unos competidores y de otros, los márgenes son cada vez más estrechos, el ciclo de vida de un producto es cada vez más corto, la tecnología de las empresas es cada vez más similar..., como consecuencia, los productos, la tecnología, el precio, en el mejor de los casos, proporcionarán una ventaja competitiva sólo durante un espacio muy corto de tiempo.

Por ello, son las personas que integran la empresa, las que marcan la principal diferencia entre ésta y sus competidores. La razón es clara, las empresas, si realmente quieren ser competitivas, se ven obligadas a ser cada vez más eficientes, lo que conlleva a poner constantemente en marcha mejores prácticas, por lo que se ven obligadas a aprender de su experiencia, sin perder el tiempo en «encontrar la caza» una y otra vez.

Dicho de otra forma, el éxito, en una época de cambios continuos, residirá en la capacidad de innovación de la empresa; en su capacidad de sorprender, de romper las reglas al uso.

Ahora bien, la gestión de la innovación exige gestionar adecuadamente el talento, tanto individual como colectivo, de la empresa. Por tanto, las empresas deberán atraer, desarrollar, retener y aprovechar al máximo el talento de las personas que las componen; porque de ello depende no sólo que hagan las cosas mejor que sus competidores, sino que sean capaces de hacer lo que otras no pueden llegar a hacer; o, incluso más importante, que vean oportunidades de negocio donde otras empresas no son capaces de hacerlo.

La innovación, entendida como *la introducción de nuevas ideas o métodos en la forma en que se están haciendo las cosas en la empresa, para mejorar su eficacia y/o su eficiencia*, sería pues la meta en base a la cual las empresas, que quieran mantener y mejorar su competitividad, deberán plantear sus estrategias.

¿Por qué hacemos esta afirmación? En la evolución del mundo del trabajo podemos encontrar una serie de etapas, explicadas de manera distinta por diferentes autores, pero que, prácticamente, coinciden en lo fundamental:

1. En primer lugar, nos encontramos la etapa en la que lo importante era fabricar masivamente un producto, de forma que se redujesen los costes y se pudiese poner al alcance de la mayor cantidad posible de clientes que, simplemente vendrían a comprarlo.
   La palabra clave, en estos momentos, era *cantidad de producción* y los hombres fuertes de las empresas eran los técnicos encargados de diseñar y aplicar los métodos y sistemas de trabajo que garantizaban la mayor producción al menor coste. Es la época de las grandes cadenas de producción en estructuras muy jerarquizadas y burocratizadas.
2. Poco a poco, los clientes fueron cambiando sus hábitos. Así, con el aumento de la competencia, los potenciales clientes de una empresa, se encontraban con múltiples productos similares en el mercado. ¿Cuál elegir? Las empresas optaron por *la calidad* para diferenciarse de sus competidores.
   Así, al cliente se le trataba de atraer porque el producto era más duradero, más fiable, más seguro, más..., algo. Es la época en la que las empresas van evolucionando hacia los programas de calidad total, por lo que los sistemas de trabajo sufren una importante modificación, al comenzar a introducirse sistemas de trabajo en equipo y determinados niveles de autonomía a lo largo de toda la jerarquía empresarial. Es el momento en el que las empresas comienzan a flexibilizar sus estructuras.
3. La competencia aumenta aún más, y son muchas las empresas, dentro de cada sector, que obtienen, por ejemplo, los certificados ISO 9000. La calidad ya no era suficiente para diferenciarse de sus competidores.
   Es preciso dar un paso más adelante y conseguir que los clientes, tanto reales como potenciales, tuviesen una percepción diferente del producto que ofrecía la empresa que del que ofrecía la competencia. Los departamentos de *marketing* cobran una gran importancia, puesto que son los encargados de crear una demanda del producto entre los consumidores.
   Con este planteamiento, es absolutamente necesario estar cerca de los clientes para conocer sus necesidades y poder satisfacerlas con los productos o servicios de la empresa. De esta forma, las empresas se ven obligadas a flexibilizar completamente sus estructuras y a dotar de autonomía a sus empleados, para poder responder rápidamente a las necesidades de los clientes.
4. Siguiendo en la misma línea, se produce una modificación importante: la globalización de los mercados, con una competencia cada vez mayor y más agresiva. Se diversifican los mercados, pero, al mismo tiempo, aumenta la competencia. Una empresa española puede vender sin problemas, sus productos, en Alemania, pero las empresas alemanas también venden en España.

En este nuevo ambiente competitivo y globalizado, las empresas punteras deben tener la capacidad para producir la cantidad de producto que van a necesitar sus clientes; ahora bien, deben conseguir esa cantidad de producción con la calidad que ellos esperan que tengan sus productos; además, deben fabricar sus productos con las características particulares que esperan sus diferentes clientes.
Se puede conseguir todo lo anterior y ser demasiado tarde o a un coste excesivo; es preciso que ese producto llegue al mercado lo antes posible, antes que los de los competidores y a un precio ajustado.
Pero, además, para conseguir ventajas competitivas con respecto a sus competidores, las empresas tienen que mejorar continuamente sus productos si no quieren verse superadas, antes o después, por la competencia. Dicho en pocas palabras, las empresas tienen que *innovar* o morir.

Como respuesta a estos retos, se han desarrollado distintos sistemas, como el *empowerment**, que trata de conseguir desarrollar equipos de trabajo que actúen con la máxima autonomía. Recordemos que el empowerment, partiendo del principio de que los trabajadores ya tienen el poder a través de sus conocimientos y su motivación, trata de conseguir que este poder se proyecte hacia fuera, a través de un sistema de gestión que se apoya en tres principios básicos:

- Compartir la información con todos.
- Proporcionar autonomía a través de los límites de la estructura jerárquica, que ya no son restrictivos, sino que sirven como líneas orientativas para la acción. De esta forma, se clarifican los escenarios, los objetivos y los roles, los valores de la empresa, al tiempo que se proporciona la formación necesaria.
- Sustituir la jerarquía por equipos autodirigidos que se responsabilizan de la toma de decisiones. Para ello, es preciso formar a los equipos en los aspectos técnicos y de habilidades sociales que exige el trabajo en equipo, proporcionar apoyo y estímulo para el cambio, concebir y utilizar la diversidad como un activo de los equipos, ir cediendo gradualmente el control a los equipos.

Ahora bien, estos sistemas, que han dado excelentes resultados en muchas empresas, no son más que aspectos parciales de lo que hoy día se conoce como gestión del conocimiento.

4.1.2. La Gestión del Conocimiento

Hemos explicado cómo las empresas se encuentran ante el reto de innovar o morir. Ahora bien, la innovación es un proceso que debe comenzar a implantarse desde los niveles más altos de la estructura organizacional, de forma que, poco a poco, se vaya extendiendo por toda la empresa una cultura, un clima favorable a dicha innovación.

Pero, la innovación exige aprendizaje y desarrollo de nuevos conocimientos. Por tanto, nos encontramos con que las competencias fundamentales para la supervivencia de la empresa van a ser las referidas a su capacidad para adquirir conocimientos, para adaptarse y cambiar, incluso adelantándose a los cambios.

Para conseguir esto, la empresa dispone de su tecnología, de sus finanzas, de sus instalaciones, y, sobre todo, de sus personas. Un planteamiento similar, como ya hemos visto, llevó en su momento a adoptar el enfoque de recursos humanos. La razón es clara. Acabamos de explicar que la principal fuente de ventaja competitiva para las empresas es la innovación: pero, ni la tecnología, ni las finanzas, ni las instalaciones, por sí mismas, son capaces de innovar; las únicas que pueden hacerlo son las personas; por ello, son, y deben considerarse, el principal recurso competitivo de las empresas.

Para poder crear esta cultura de innovación, la organización debe tener una misión claramente definida y plenamente comprendida y compartida por todos; es necesario que esa misión se transforme en resultados a conseguir; y que se busquen las mejores oportunidades. Sin embargo, todo ello no serviría de nada si no existiese un sistema que facilitase el aumento constante de los conocimientos de los individuos y de la organización.

Cuando hablamos de conocimientos, ¿de qué estamos hablando? Obviamente, nos estamos refiriendo a un proceso de aprendizaje a través del cual una persona es capaz de hacer algo que no sabía hacer antes, o es capaz de hacer algo mejor de cómo lo hacía antes.

Por tanto, no nos estamos refiriendo, simplemente, a una recogida de datos. El conocimiento no son datos, porque éstos son sólo la materia prima para cualquier decisión, pero no suministran ni un juicio, ni las bases para la interpretación que debe preceder a las decisiones.

Tampoco nos estamos refiriendo, simplemente, a la información, que es sólo un mensaje que pretende cambiar el modo en que el receptor percibe algo. El conocimiento es algo más, es un conjunto de informaciones y de experiencias estructuradas, de valores y de información contextual que permite cambiar la forma de actuar del receptor. El conocimiento incluiría tanto el saber, como el saber hacer y el saber estar de los que hablábamos al explicar el concepto de competencia.

Así, en una empresa nos podemos encontrar con que un empleado puede tener que llevar a cabo actividades que nunca había realizado antes. Lo normal, en este caso, es que el empleado busque información sobre el tema, dentro y fuera de la organización, hasta que encuentre la que le parece la mejor manera de llevar a cabo las nuevas actividades.

Al hacer estos trabajos por primera vez, es posible que cometa determinados errores que pueden retrasar o encarecer el resultado final.

Y, sin embargo, es muy posible que en la empresa existan otras personas que ya hayan llevado a cabo algún trabajo igual o parecido; personas que, seguramente, habrán cometido errores iguales, o muy similares, a los del primer trabajador. Es posible, incluso, que, después de su experiencia, hayan aprendido a evitar dichos errores y trabajen, en el tema, con mucha mayor eficacia y eficiencia.

La pregunta que surge casi automáticamente, es: ¿Por qué el primer trabajador no ha acudido a los otros para aprender la mejor forma de llevar a cabo el trabajo? La respuesta, en la mayoría de los casos, es fácil: porque no sabía que los tenían.

El resultado de esta forma de actuar es que dos o más personas han hecho un gran esfuerzo para llegar al mismo punto, en definitiva, se ha trabajado mucho pero no se ha innovado nada, no se ha añadido ningún valor al resultado final.

Esta situación se produce porque, tal y como afirma Allee (1998), en las empresas burocratizadas se ha seguido, por lo general, la fórmula:

Conocimientos = poder, vamos a acopiarlos

por tanto, la persona que tenía determinados conocimientos en la empresa, tendía a ocultarlos para mantener su estatus, para mantener su poder sobre quienes carecían de ellos.

Volvamos al planteamiento que defiende el enfoque de recursos humanos cuando afirma que las personas son el principal recurso competitivo de las empresas. En realidad, lo que este planteamiento está queriendo decir es que el principal recurso competitivo de las empresas es lo que sus personas hacen y/o son capaces de hacer. En definitiva, lo que estamos planteando es que el principal recurso competitivo de las empresas es su capital intelectual, los conocimientos de las personas que las conforman, entendiendo el término en el sentido amplio que le hemos dado antes.

Sin embargo, estos conocimientos sólo serán un verdadero capital intelectual para la empresa cuando dejen de ser tácitos o secretos y pasen a ser explícitos y compartidos; esto es, como afirma Allee (1998), cuando la antigua fórmula se convierta en:

Conocimientos = poder, vamos a compartirlos para que se multipliquen

por lo que la persona que dispone de conocimientos válidos para la empresa, los pondrá a disposición del resto de compañeros, con el objetivo de que estos conocimientos puedan ser desarrollados y ampliados. En pocas palabras, para que generen valor para la empresa.

En el ejemplo que hemos puesto antes, el empleado que tenía que llevar a cabo un nuevo proyecto o una nueva actividad, habría tenido a su disposición la información referida a cómo se había llevado a cabo ese proyecto, o esa actividad, en ocasiones anteriores, los problemas que habían surgido y cómo se solucionaron, los errores cometidos y sus consecuencias.

En definitiva, la persona dispondrá de toda una serie de conocimientos, adquiridos a través de la experiencia, y, por tanto, se estaría en disposición de continuar avanzando desde ese punto, se continuarían aumentando los conocimientos sobre el tema. En suma, en lugar de volver a «encontrar la caza», se estaría añadiendo valor a las personas y a la organización.

Todo lo que venimos explicando nos lleva a dar un paso más, dentro de la gestión de recursos humanos, y con el objetivo de seguir generando valor para la empresa, pasar desde la gestión por competencias; de la preocupación por lo que las personas saben, saben hacer y hacen, a la *gestión del conocimiento,* entendida como la *gestión del aprendizaje, obtenido en un momento y lugar determinados, para permitir trasladarlo y aplicarlo a otro lugar o momento, para obtener los resultados esperados en menos tiempo y con menos errores* (Aledo, 1998).

Lo que plantea la gestión del conocimiento es que las empresas necesitan planificar, organizar, poner en marcha y mantener un sistema que permita conseguir que los conocimientos que existen en ellas, los que tienen las personas que las componen, que, en la mayoría de las ocasiones, serán conocimientos inarticulados y tácitos, se conviertan en conocimientos explícitos, de forma que puedan ser compartidos y renovados, para facilitar la innovación y el progreso continuos; esto es, para facilitar la creación de valor.

Ahora bien, hemos hablado en múltiples ocasiones del cambio acelerado al que se enfrentan las empresas. Por eso, no basta con compartir los conocimientos, puesto que éstos se vuelven, cada vez con mayor rapidez, obsoletos. Así, nuevas tecnologías, productos y servicios están inundando constantemente el mercado, por lo que, como consecuencia, los trabajadores y las empresas se ven obligados a renovar, reemplazar, aumentar y generar, constantemente, más y más conocimientos.

En pocas palabras, si no se actúa así, el «experto de hoy» será el «ignorante de mañana». O, si se prefiere, en palabras de Alvin Toffer, citadas por Doménech y Casado (1998): *«El analfabeto del futuro no va a ser aquel que no sea capaz de leer o escribir, sino aquel que no sea capaz de desaprender cosas viejas para aprender otras nuevas».*

4.1.3. Gestión del conocimiento y dirección de recursos humanos

Todo lo que estamos planteando, nos pone en contacto con conceptos clásicos en el campo de la gestión empresarial y de los recursos humanos, conceptos tales como learning organization u organización inteligente* (Mazo, 1998; Senge, 1995; Thurbin, 1994), donde ya se planteaba la necesidad de construir las organizaciones en base a la capacidad de aprender de los individuos que las conforman y, por tanto, de la propia organización.

Todos estos planteamientos, al igual que la gestión del conocimiento, defienden la postura de que el aprendizaje no es, simplemente, adquirir información, sino que sólo se puede decir que una persona ha aprendido cuando es capaz de hacer algo que antes no sabía hacer.

Para conseguirlo, es preciso crear un ambiente en el que la organización y las personas se comprometan en un proceso de aprendizaje continuo, lo que facilitará el que sean capaces de tomar iniciativas y asumir las correspondientes responsabilidades.

Todo lo que venimos explicando, nos lleva a analizar el papel y la importancia de la dirección de recursos humanos en la implantación de un sistema de gestión del conocimiento (ver figura 4.1).

Estamos hablando de un cambio cultural importante en la organización. Así, es posible encontrar, en los empleados, importantes resistencias a compartir sus experiencias, sus hallazgos, en suma, sus conocimientos. Estas dudas y resistencias, si no se consiguen eliminar, pueden llegar a invalidar totalmente el sistema.

Para evitar este tipo de problemas, habrá que crear un ambiente en el que to-

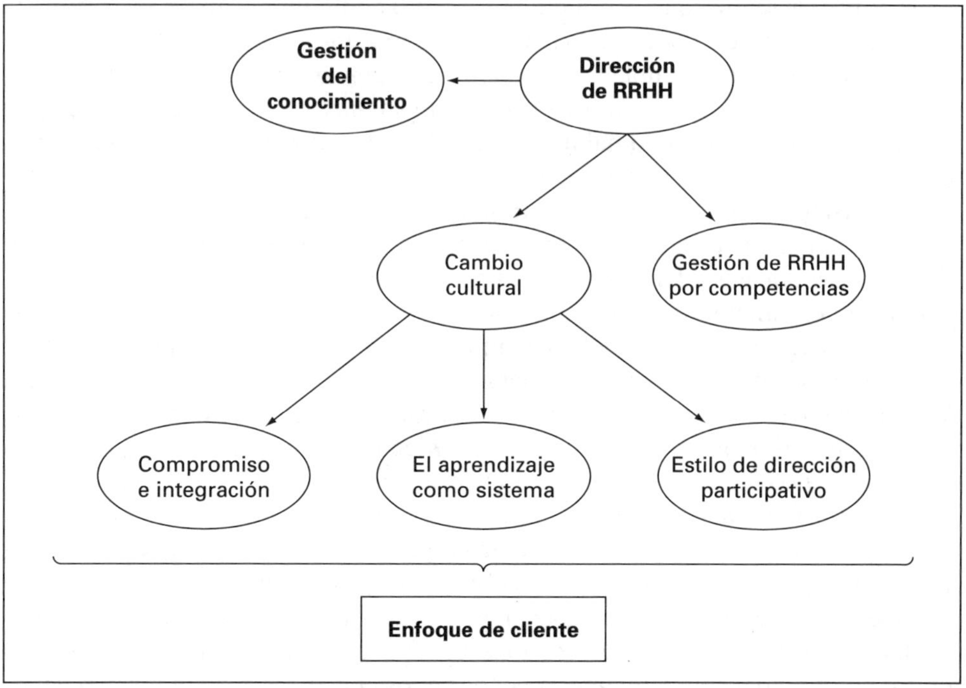

FIGURA 4.1. *El papel de la dirección de recursos humanos en la implantación de un sistema de gestión del conocimiento*

dos los empleados adquieran la necesaria confianza en el sistema. Para ello, es necesario que las personas comprendan y confirmen que sus aportaciones van a seguir ligadas a sus autores y que toda la organización va a reconocer su autoría.

Un sistema que se suele utilizar y que, por lo general, da buenos resultados, es incluir dentro de los planes salariales el reconocimiento de las ideas y conocimientos aportados por cada empleado, en función de su aportación de valor a la empresa.

Todo este proceso de cambio cultural, deberá ser diseñado y dirigido por la dirección de recursos humanos, y como todo proceso de cambio cultural deberá comenzar por la dirección estratégica de la empresa, que tendrá que demostrar con sus acciones, no sólo que cree en el sistema, sino que está dispuesta a llevarlo adelante hasta el final.

El proceso de cambio, deberá comenzar por implantar en la organización, si es que aún no existe, un *adecuado estilo de dirección.*

El sistema de gestión del conocimiento sólo puede funcionar en una estructura abierta al cambio, participativa, con una cultura que favorezca la toma de decisiones por parte de todos los empleados.

En definitiva, deberá ser una organización donde se valoren las iniciativas adoptadas para solucionar los problemas del trabajo, donde la asunción de responsabilidades se enfoque como un mérito y no como un riesgo de ser castigado si se comete un error, como ocurría en las organizaciones burocráticas.

Todo este proceso, también se ve facilitado si, en la empresa, ya existe un modelo de *gestión de recursos humanos por competencias,* puesto que, en ese caso, todos los empleados estarán habituados a hablar de comportamientos que permiten realizar con éxito cada actividad.

Asimismo, estos modelos de gestión de recursos humanos, al incorporar modelos de evaluación dirigidos, entre otros aspectos, a detectar puntos fuertes y débiles de los empleados, habitúan a éstos a comprobar que se valora la toma de iniciativas y la asunción de responsabilidades.

En un sistema de gestión del conocimiento, la relevancia del papel de la dirección de recursos humanos va, sin embargo, más allá de lo que venimos explicando. Así, los objetivos de la *selección de personal* cambian, ya que, en una empresa con una estructura flexible, no es tan importante encontrar la persona adecuada para un puesto concreto (como ocurría en las organizaciones burocráticas); por el contrario, lo que se trata de encontrar en los procesos de selección, es una persona con potencial para integrarse en la cultura de la empresa y asumir las responsabilidades que le correspondan en función de los objetivos fijados a su trabajo.

Además, la dirección de recursos humanos será la responsable de diseñar, implantar y evaluar los *programas de formación* que exige la implantación de un sistema de gestión del conocimiento, muchos de los cuales serán continuación de los existentes en la empresa, dentro de la gestión de recursos humanos por competencias.

Más en concreto, para la implantación del sistema de gestión del conocimiento, la formación será fundamental, tanto durante el cambio cultural que supone el inicio del proceso, como durante su implantación y mantenimiento. La formación, en este caso, se dirigirá tanto a los aspectos técnicos y actitudinales que será preciso impartir a todos los usuarios del sistema, como a la utilidad del mismo como una poderosa arma de aprendizaje continuo, en suma, de formación.

También, será responsabilidad de la dirección de recursos humanos diseñar *los programas de recompensas* que reconozcan los méritos de los empleados en la utilización del sistema de gestión del conocimiento y las aportaciones que haga cada uno de ellos. Estos programas, si están bien diseñados e implantados serán un importante elemento motivador que reforzará el inicio, la aceptación, el desarrollo y mantenimiento del sistema.

Por tanto, el papel de la dirección de recursos humanos será fundamental en la implantación de un sistema de gestión del conocimiento, ya que será el eje central en torno al cual se puede diseñar mejor el sistema, puesto que así se puede vertebrar mejor todo el proceso, tanto por la necesidad de información y formación que se va a producir, como por las resistencias que, en un primer momento, pueden surgir ante un cambio tan radical.

El éxito de un sistema de gestión del conocimiento dependerá, fundamentalmente, de las personas que lo van a utilizar y que serán las que lo lleven al éxito o al fracaso. Por ello, la dirección de recursos humanos deberá tener un papel relevante en la implantación del mismo, siempre y cuando sea capaz de adoptar el enfoque de cliente y sepa actuar de forma estratégica, previendo y satisfaciendo las necesidades del resto de las unidades y personas de la organización.

4.1.4. Distribución de la información

El sistema de gestión del conocimiento aunque gire en torno a la dirección de recursos humanos, necesita, sin embargo, otros puntos de apoyo, no sólo muy importantes, sino imprescindibles para que pueda tener éxito.

La cantidad de información que habitualmente manejamos, cada vez es mayor, ya que crece prácticamente de forma exponencial. Por tanto, a la hora de tomar una decisión, muchas veces el problema no es encontrar información sobre el problema que abordamos, sino ser capaces de discriminar, de entre todos los datos disponibles, aquellos que son importantes relevantes para el problema que estamos abordando.

Este problema, grave en muchas organizaciones, nos lleva a tener que distinguir entre información y conocimiento. La información como tal no aportará ningún valor a la empresa si no se puede acceder a ella, utilizarla y aplicarla.

Cuando sucede esto, es cuando estamos transformando la información en conocimiento.

Por tanto, para que la información se convierta en conocimiento, es preciso tener en cuenta varios aspectos (ver figura 4.2):

1. Soporte tecnológico adecuado

Dado que uno de los aspectos clave de la gestión del conocimiento es el rápido acceso a la información que se necesita, es preciso disponer del soporte tecnológico que permita que todas las informaciones estén en el lugar adecuado y en el momento oportuno, de forma que sea fácil, para los empleados, acceder a las que necesitan en cada momento.

Los tradicionales sistemas de workflow o groupware, permiten gestionar conocimiento explícito; esto es, aquel que puede reflejarse en un documento escrito. Incluso permiten llegar a transformar *conocimientos tácitos* en *explícitos*, lo que facilita el aumento de la experiencia global sobre determinados temas. Sin embargo, estos sistemas, aún habiendo aportado mucho, no han supuesto el avance tecnológico decisivo.

El gran «boom» de los modelos de gestión del conocimiento se produce, fundamentalmente, a partir del desarrollo de las redes informáticas, que han supuesto, como afirman sus partidarios, el verdadero corazón de la revolución informática. Más en concreto, la aparición y desarrollo de las *Intranet* es lo que ha favorecido e impulsado la implantación de verdaderos sistemas de gestión del conocimiento, al facilitar, como afirma Cohen (1998) el contacto de los individuos con las fuentes originales de conocimientos, con los expertos de cada tema.

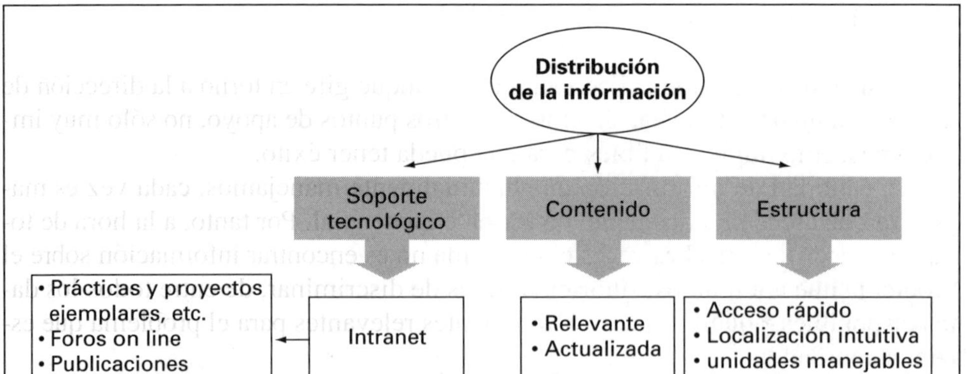

FIGURA 4.2. *Aspectos a tener en cuenta en la distribución de la información*

El desarrollo de Internet dio lugar a la aparición, entre otros productos, a causa de la expansión de los servidores de información, del protocolo HTTP* y los tipos de documentos asociados al mismo (el entorno World Wide Web*). Todo ello facilitó la explosión de los servicios de información basados en esta tecnología.

Como consecuencia, a continuación se produjo el desarrollo de las *Intranet*, término utilizado, generalmente, para describir la implantación de las tecnologías de Internet dentro de una organización, más para la utilización interna que para la conexión externa, aunque, habitualmente, en las empresas conviven los dos tipos de conexiones.

En López (1997), se puede encontrar una amplia explicación de los aspectos técnicos de una Intranet y su implantación, aspectos no desarrollados en este capítulo, ya que se saldrían demasiado del tema que estamos tratando aquí.

En concreto, la existencia de una Intranet puede facilitar:

- La creación y mantenimiento de bases de datos que incluyan *las prácticas o proyectos ejemplares* que se hayan realizado y se estén llevando a cabo en las áreas clave de la organización, de forma que los empleados puedan consultarlas y no empezar, constantemente, sus proyectos a partir de cero; como consecuencia, cada uno de los que se realicen aportará valor a la empresa.
- Disponer de *foros on line**, de forma que un empleado que es asignado a un determinado proyecto, pueda conectar directamente con el foro correspondiente y consultar con los expertos que existan en la empresa sobre el tema que está tratando.
- Que los empleados *publiquen información*, ya que se puede permitir, incluso, que los empleados tengan sus propias páginas dentro de la red de la empresa, aspecto que será preciso decidir antes de implantar el sistema.

De esta forma, en la empresa se dispondrá de un almacén de conocimientos en el que se podrán reunir todos aquellos que sean relevantes, en cada contexto, para mejorar la eficacia y la eficiencia de la organización, y donde el empleado que lo necesite podrá encontrar rápidamente proyectos y prácticas ejemplares, datos referidos a la competitividad, herramientas de trabajo, datos sobre productos, técnicas, etc. Todo este planteamiento ayuda a los empleados a solucionar más eficaz y eficientemente los problemas de sus clientes, y a localizar a los principales expertos en cada materia.

La implantación de las Intranet está cambiando las ideas preconcebidas y las expectativas sobre la calidad y el rendimiento. Con ellas está surgiendo una cultura y una filosofía de actuación que insiste en que no se vuelva a inventar lo que ya está inventado, sino que se utilicen los conocimientos para elevar lo que ya existe a un nivel más alto. Las actividades, de esta forma, se podrán hacer más rápidamente y mejor, agregando valor añadido.

Estamos hablando de *distribución de conocimientos*, basada en una distribución fluida de la información en todas direcciones, y ésta es la principal baza de la tecnología de las redes informáticas.

La información ha dejado de circular, simplemente, desde la cúspide de la pirámide organizacional hacia los niveles más bajos (información descendente y de una sola dirección); para pasar a distribuirse en todas direcciones, lejos de sus fuentes y hacia los usuarios (información ascendente, descendente y horizontal de dos direcciones). De forma que los empleados pueden acceder a informaciones que, hasta hace muy poco tiempo, sólo estaban disponibles para determinadas personas clave.

En definitiva, gracias al sistema informático basado en la web, se pueden obtener los datos que se necesiten rápidamente, sin tener que pasar por varios niveles de dirección. Los expertos consideran que éste es el primer sistema que fomenta el aprendizaje continuo y conjunto en las organizaciones, facilitando la creación de una cultura de compartir conocimientos.

2. *Contenido y estructura de la información*

Hemos visto que los problemas tecnológicos que plantea la distribución de los conocimientos están superados y, es de suponer, que la tecnología seguirá aportando soluciones a los problemas que se vayan planteando, cuando no los anticipe y, desde un enfoque previsional, los pueda evitar.

Un segundo aspecto que es preciso atender y abordar es el de los contenidos, la sobrecarga y el control de la información. Así, la agresividad de la innovación tecnológica, las bases de datos expertas, el acceso a la información durante las 24 horas del día, puede dar lugar a una sobrecarga de información que abrume al usuario y, como consecuencia, pueda llegar a perder todo su posible valor.

Es preciso no olvidar que una Intranet sin información es sólo una estructura vacía; una Intranet con informaciones irrelevantes sólo será un nuevo instrumento que se olvidará fácilmente; y una Intranet con informaciones relevantes, pero mal estructurada, donde las informaciones son difíciles de localizar cuando se necesitan, no será utilizada por los usuarios.

Por tanto, para que la Intranet pueda conseguir los objetivos para los que ha sido diseñada e implantada, deberá incluir informaciones relevantes y fácilmente localizables.

Una vez que los posibles problemas tecnológicos, como hemos expuesto, están prácticamente superados, como indica Koulopoulos (1997), gracias al terreno común que facilita el HTML*, al permitir que el trabajo, que antes exigía gran cantidad de programación para incorporar diversas piezas diferentes de información en una sola presentación, se haga de forma muy sencilla, es el momento de abordar los otros temas.

En primer lugar, será preciso determinar *qué informaciones deberán aparecer* en la Intranet.

Obviamente, la información que aparezca en la Intranet será distinta en cada empresa, debiéndose definir, previamente, las *áreas clave*, para el éxito de la organización, lo que facilitará determinar el tipo de información relevante para mejorar la competitividad de la empresa.

De esta forma, se puede informar y formar a los empleados, de manera que éstos adquieran las competencias que exige su papel de usuarios de la información y sepan decidir qué información de la que disponen se debe enviar a la red.

Otras empresas optan por utilizar mecanismos más o menos complejos para filtrar las informaciones, de forma que serán grupos de expertos los que decidan cuáles aparecerán en la red.

Se utilice un sistema u otro, se introducirán en la red una gran cantidad de informaciones, por lo que será preciso decidir cómo se clasifica, ordena y distribuye para facilitar su acceso a los usuarios.

Así, es preciso no olvidar que todos seguimos unos determinados procesos cognitivos a la hora de buscar una información concreta; procesos que se deben tener en cuenta a la hora de diseñar la estructura de la Intranet y la de la información contenida en la misma, de forma que el sistema sea lo más «amigable» posible y, como consecuencia, sea utilizado rápida, eficaz y eficientemente por los usuarios.

El objetivo último de la estructura que se dé a la información contenida en la Intranet, es que los empleados puedan encontrar fácilmente la que necesitan y que la que encuentren sea exacta y esté actualizada. Los datos inexactos o desfasados desmoralizarán a los usuarios que, después de probar el sistema una o dos veces, si no están satisfechos, seguramente dejarán de utilizarlo.

Por tanto, es absolutamente necesario hacer tests de acceso que permitan detectar y solucionar los problemas que, posteriormente, se pueden encontrar los usuarios. Imperando el siguiente principio: *la mejor información, si no se puede encontrar, no tiene ningún valor, y que los usuarios deberán poder navegar por el sistema de forma rápida e intuitiva, ya que necesitan, enseguida, la información que buscan.*

Un formato que se utiliza muy a menudo, para facilitar el acceso a la información, sobre todo cuando ésta es muy amplia, es dividirla en *trozos manejables*.

Utilicemos como ejemplo un curso de formación a distancia que está formado por 100 temas. El usuario deberá poder elegir cualquiera de ellos, o todos, y descargar sólo los que necesite. En el curso se puede incluir un test de evaluación previa. El usuario, inicialmente, sólo descargará el test de evaluación previa y, los resultados que obtenga en el mismo, serán los que automáticamente dispongan la descarga del/os tema/s que le sea/n necesario/s. Por tanto, el usuario, en cada ocasión, sólo recogerá lo que necesite y cuando lo necesite.

A la hora de implantar un sistema de gestión del conocimiento, cada empresa tendrá experiencias y se encontrará con problemas diferentes. Por tanto, en cada caso, se deberán definir los criterios concretos que serán relevantes a la organización, definidos a partir de los valores, la misión y las metas de la empresa.

No se debe olvidar que la Intranet es un gran apoyo tecnológico, pero que la tecnología por sí sola no basta para que se cree una cultura de compartir conocimientos. Así, si a un empleado no le interesa adquirir conocimientos, difícilmente se sentará al teclado para comenzar a navegar o investigar. Simplemente, porque existan las instalaciones adecuadas, una empresa no se convierte en una organización inteligente. Es preciso, tal y como ya hemos explicado, una nueva cultura, en la creación de la cual será fundamental la actuación de la dirección de recursos humanos.

4.2. EL CAPITAL INTELECTUAL

El concepto de Capital Intelectual, cada vez más utilizado en los foros de gestión empresarial, y cada vez con más presencia en las publicaciones dedicadas al mundo organizacional, en general, y a la gestión de recursos humanos, en particular, es un concepto reciente, que tiene su origen en los trabajos de Edvinsson y su equipo, a partir de 1991, en Skandia AFS.

A veces, se «meten en el mismo saco» la gestión del conocimiento y el capital intelectual que, en realidad, son dos conceptos distintos, aunque se muevan dentro de la misma idea: *El principal recurso competitivo de una empresa, es lo que saben hacer y son capaces de hacer, sus recursos humanos.*

La idea y el concepto de capital intelectual surge a partir de la sucesiva constatación de que entre el valor financiero de una empresa, reflejado en sus balances de situación, y el valor real en el que se valora su compra, se produce un desfase, cada vez más importante, sobre todo en aquellas organizaciones cuya actividad se basa en los conocimientos de sus empleados, aspecto al que ya nos hemos referido anteriormente.

Como se aprecia en la obra pionera del tema (Edvinsson y Malone, 1997), recientemente traducida al castellano, en el concepto de capital intelectual se incluyen dos aspectos que después, prácticamente, se convierten en tres (ver figura 4.3):

- El *capital humano**, definido como la combinación de conocimientos, habilidades, inventiva y capacidad de los empleados de la empresa para llevar a cabo las funciones que les corresponden. Asimismo, se incluyen también, en este apartado, los valores de la empresa, su cultura y su filosofía.
- El *capital estructural**, se refiere a los equipos, programas, bases de datos, estructura organizacional, patentes, marcas de fábrica y todo lo que forma

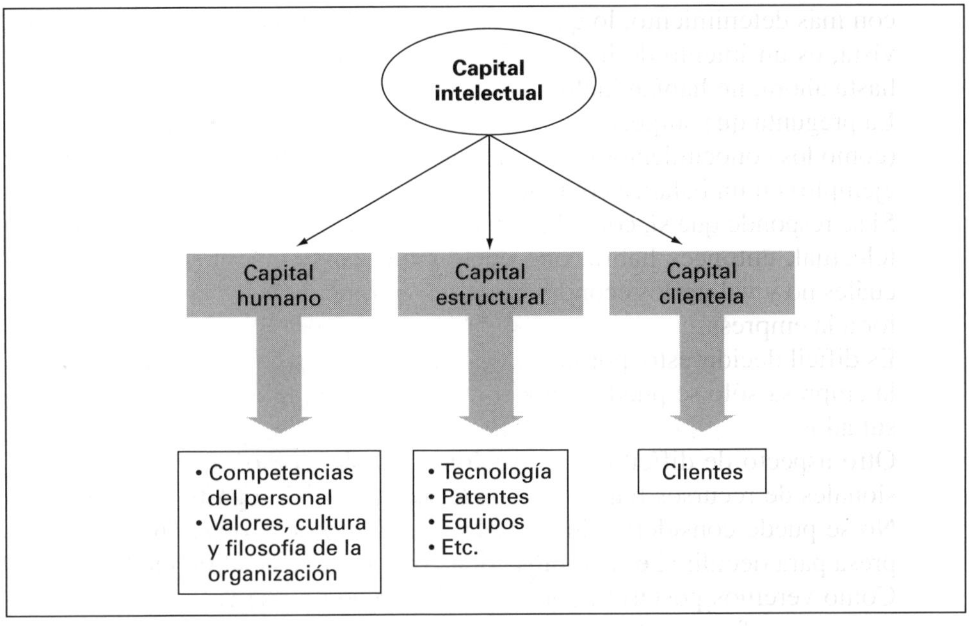

FIGURA 4.3. *Aspectos incluidos en el concepto de capital intelectual*

parte de la capacidad organizacional para mantener y aumentar la productividad de los empleados. El capital estructural incluye, también, el capital clientela*; esto es, las relaciones desarrolladas con los clientes clave.

Posteriormente, el *capital clientela*, la valoración de las relaciones con los clientes, pasa a considerarse como una categoría separada, equivalente a capital estructural y humano.

De esta forma, el capital intelectual se definió, por el equipo de Skandia, como *la posesión de conocimientos, experiencia aplicada, tecnología organizacional, relaciones con los clientes y destrezas profesionales que proporcionan a Skandia una ventaja competitiva en el mercado.*

A partir de ahí, el equipo de Skandia desarrolló un sistema que parecía permitir la valoración contable de los intangibles que componen el capital intelectual.

La idea, atractiva en principio, presenta algunos problemas que pocos autores (Sánchez-Alarcos, 1999) se han atrevido a poner en cuestión, tal vez por miedo a enfrentarse a la fuerte corriente favorable al planteamiento del concepto.

Y, sin embargo, desde nuestro punto de vista, sí se pueden plantear, si no críticas, una serie de reparos al concepto de capital intelectual, entendido en sentido contable:

- En primer lugar, al analizar el concepto en un primer vistazo, parece que surge como una crítica a los sistemas contables tradicionales. Al analizarlo con más detenimiento, lo que se aprecia, al menos desde nuestro punto de vista, es un intento de incluir en dichos sistemas contables, aspectos que hasta ahora, no habían incluido.

La pregunta que surge, entonces es, ¿se pueden incluir aspectos intangibles (como los conocimientos de los empleados o la fidelidad de los clientes, por ejemplo) en un balance contable tradicional?

Si se responde que sí, como hacen los defensores del concepto de capital intelectual, entonces habría que decidir qué conocimientos se incluyen y cuáles no y valorarlos económicamente, en función de su aportación de valor a la empresa.

Es difícil decidir esto, porque el valor de determinados conocimientos para la empresa sólo se puede conocer cuando se han aplicado y producido resultados.

Otro aspecto de difícil cuantificación contable, como sabemos los profesionales de recursos humanos, puede ser la inversión/gasto en formación. No se puede considerar sin más el presupuesto de formación de una empresa para decidir si esa empresa tiene más o menos capital intelectual.

Como veremos posteriormente, si la formación no se entiende adecuadamente, sus efectos sobre el rendimiento, la satisfacción y/o la seguridad de los empleados será, prácticamente, nula. Por tanto, no parece que indique nada el simple dato del presupuesto de formación.

De alguna forma, aunque son planteamientos diferentes, el capital intelectual recuerda bastante al modelo de balance social que, hasta los años ochenta, tuvo una gran importancia en países como Estados Unidos y Francia y que, posteriormente, fue siendo olvidado por no aportar nada concreto a la gestión de recursos humanos. Curiosamente, ambos planteamientos tratan de conseguir cuantificar los aspectos intangibles, aunque desde planteamientos distintos.

- En segundo lugar, el concepto de capital intelectual no parece aportar mucho a la gestión de recursos humanos, salvo la producción de un informe anual de situación en diferentes indicadores.

  Es claro, y aquí lo hemos defendido, que la dirección de recursos humanos debe enfocar sus programas y actuaciones con el objetivo de generar valor para la empresa.

  Sin embargo, desde nuestro punto de vista, el concepto de capital intelectual no proporciona ninguna información nueva y útil sobre el tema, siendo preferibles los distintos indicadores y sistemas que los responsables de recursos humanos han ido desarrollando para conocer la rentabilidad, la aportación de valor, de sus proyectos para la organización.

En definitiva, el concepto de capital intelectual, tal vez porque todavía esté en sus comienzos, no parece haber aportado una herramienta verdaderamente útil, generadora de valor, a la dirección de recursos humanos. El futuro nos demostrará si llega a ser una herramienta útil o sólo ha sido otra moda pasajera, de las que hay muchas en esta época de cambios continuos y acelerados.

CONCLUSIONES

Las empresas, para mantener su competitividad deben estar innovando constantemente y la mejor, sino la única forma de conseguirlo, es no repetir constantemente las mismas acciones, cometiendo siempre los mismos errores. Para innovar, es preciso partir del conocimiento generado por las personas y los equipos que han trabajado en un determinado tema, para que cuando se tenga que volver a trabajar en el mismo, se haga de forma más eficiente y eficaz.

En esta situación, las organizaciones competitivas han buscado formas de poner a disposición de todos sus empleados los conocimientos de los restantes. Esta es la base de la gestión del conocimiento. Apoyándose en el uso de la tecnología, fundamentalmente de las Intranet, se puede disponer de bases de datos en las que figuren los proyectos ejemplares que se han llevado a cabo en las áreas clave de la empresa, de forma que puedan ser consultados por las personas que los necesiten.

La implantación de un sistema de gestión del conocimiento conlleva tanto un cambio cultural en la organización, como el uso de la tecnología que facilite la transmisión de los conocimientos. Por ello, tanto para facilitar el cambio de cultura necesario, como para formar a los empleados, en un sistema de gestión del conocimiento, es fundamental la actuación de la dirección de recursos humanos.

Por último, señalar que el concepto de capital intelectual intenta poner de relieve la importancia que tienen los activos intangibles de la organización a la hora de determinar el valor de la misma.

BIBLIOGRAFÍA BÁSICA

Allee, V. (1998). Los 12 principios de la gestión de conocimientos en la empresa. *Training and Development Digest,* 11, 28-33.

Edvinsson, L. y Malone, M. S. (1999). *El capital intelectual.* Barcelona: Gestión 2000.

Moya-Angeler, J. (1998). La integración de la gestión de personas y conocimiento como fuente de competitividad. *Dirección y Progreso,* 160, 24-28.

Sánchez-Alarcos, J. (1999). Capital intelectual, ¿una nueva moda? *Capital Humano,* 118, 70-71.

PARA SABER MÁS

Aledo, A. (1998). La gestión del conocimiento en el Grupo Heineken (Heineken University). *Training and Development Digest,* 12, 28-31.

Brooking, A. (1997). *El capital intelectual.* Barcelona: Paidós.

Cohen, S. (1998). Aproveche la Intranet para gestionar el conocimiento de su empresa. *Training and Development Digest,* 13, 18-24.

Doméneche, J. y Casado, J. M. (1998). Nuevas tendencias en la formación. *Dirección y Progreso,* 160, 65-81.

Kaplan, R. S. y Norton, D. P. (1997). *Cuadro de mando integral.* Barcelona: Gestión 2000.

Koulopoulos, T. M. (1997). *Smart companies. Smart tools.* New York: Van Nostrad.

López, A. I. (1997). *Internet aplicado a la empresa y la administración (Servicios Básicos).* Madrid: Cepade.

Senge, P. M. (1995). *La quinta disciplina.* Barcelona: Granica.

Thurbin, P. J. (1994). *La empresa capaz de aprender.* Barcelona: Folio.

Capítulo 5

LA PLANIFICACIÓN DE RECURSOS HUMANOS

OBJETIVOS

La primera fase de la gestión de recursos humanos es la planificación de recursos humanos; esto es, el proceso a través del cual se definen las acciones que es preciso llevar a cabo para que la organización pueda disponer, en todo momento y lugar, de las personas que precisa y con las competencias adecuadas para poder alcanzar sus objetivos.

Al finalizar la lectura del capítulo, se conocerá:

1. El concepto de planificación de recursos humanos.
2. Las diferencias entre planificación de recursos humanos, planificación de plantillas y planificación de la sucesión*.
3. El proceso de planificación de recursos humanos.
4. La forma de definir la plantilla cuantitativa* de la organización.
5. La forma de definir la plantilla cualitativa* de la organización.

INTRODUCCIÓN

Uno de los aspectos más importantes, dentro de la gestión de recursos humanos, es la planificación de cómo se puede conseguir que la empresa disponga, en todo momento, de las personas que necesita, con las competencias y el nivel adecuado de las mismas; esto es, la *planificación de recursos humanos*.

Esta planificación, es preciso entenderla dentro del concepto de gestión integrada que hemos explicado anteriormente, de forma que el proceso que se seguirá será el siguiente:

1. Definición de los *objetivos estratégicos de la empresa*; esto es, de las metas que la organización desea alcanzar en cada momento, en función de su visión y sus valores, y dentro del marco definido por su misión.
2. Elaboración de los planes que se prevé permitirán alcanzar los objetivos estratégicos en los plazos fijados; en definitiva, elaborar la *planificación estratégica de la empresa*.
   Si pensamos un momento, esta fase del proceso nos pone en contacto con los dos pilares en los que se apoya la gestión de recursos humanos:

   - En primer lugar, esta planificación estratégica definirá, aunque sea de forma global, las actividades y funciones que es preciso llevar a cabo para que la empresa pueda alcanzar sus objetivos en los plazos fijados. En definitiva, se estarán definiendo, aunque sea de forma genérica e indirecta, los *trabajos* que será preciso llevar a cabo en la organización.
   - Para llevar a cabo las funciones y actividades incluidas en su trabajo, a partir de los objetivos que, derivados de la planificación estratégica de la empresa, se han asignado a su puesto, la persona deberá tener unas competencias y un determinado nivel en las mismas, que será el señalado en el *perfil de exigencias* del mismo.
     Por tanto, la planificación estratégica de la empresa estará determinando, siempre de una forma general, las competencias que deberán reunir las personas que conformen la empresa para que ésta pueda alcanzar sus objetivos en los plazos fijados. Hemos llegado, por tanto, al segundo pilar en que se apoya la gestión de recursos humanos: las *personas*.

3. La planificación estratégica de la empresa, tal y como acabamos de explicar, define de forma muy general las actividades que es preciso llevar a cabo en la empresa para poder alcanzar sus objetivos en los plazos fijados. Por ello, a partir de esta planificación estratégica, las distintas unidades empresariales podrán hacer sus estimaciones sobre el número de personas que necesitarán en cada puesto.
   A la hora de hacer estas estimaciones, se utilizarán una serie de técnicas, que explicaremos más adelante, y los profesionales de recursos humanos deberán actuar como asesores, como consultores internos, para ayudar a

los responsables de las distintas direcciones y departamentos a tomar las decisiones más adecuadas.

Con todas estas informaciones delante, la dirección de recursos humanos podrá definir los objetivos de su área; esto es, los *objetivos de recursos humanos*, entendidos como conseguir que la empresa disponga, en todo momento y lugar, del número adecuado de personas, con el nivel exigido de competencias, para poder alcanzar sus objetivos estratégicos en los plazos establecidos.

4. Una vez definidos los objetivos del área, la dirección de recursos humanos deberá decidir la forma en que se prevé que se podrán alcanzar en los plazos establecidos; se elaborará la *planificación de recursos humanos*, que deberá indicar las acciones a través de las cuales se podrán adquirir, desarrollar, activar y/o inhibir, en cada caso, las competencias que se necesitan.

   Ahora bien, cuando hablamos de planificación de recursos humanos, es preciso no confundir el concepto con otros habitualmente utilizados en el área. Así, inicialmente, el término utilizado fue el de *planificación de plantillas*, que se refiere sólo al aspecto cuantitativo de la planificación de recursos humanos; esto es, a la determinación del número de personas necesario para cumplir con los planes de producción. Este tipo de planificación se suele hacer a corto plazo (máximo un año) y, fundamentalmente, en base a las peticiones directas de las restantes direcciones y departamentos de la empresa.

   Posteriormente, se comenzó a utilizar el término *planificación de la sucesión*, para referirse a las previsiones de cómo serían sustituidas las personas que ocupaban puestos clave (habitualmente directivos) en la empresa. En este caso, se incluyen ya aspectos cualitativos, al analizar las competencias que deberá tener el candidato en el momento de la sustitución y se trabaja a medio y largo plazo. Sería, tal vez, un antecedente de la planificación de recursos humanos, aunque parcial y limitado a los puestos clave de la organización.

   El concepto de *planificación de recursos humanos* es mucho más amplio que los dos anteriores, ya que se refiere tanto a los aspectos cuantitativos, como a los cualitativos, de las personas que deben conformar la organización, en cada momento, en todas sus áreas y niveles, para que la empresa pueda alcanzar sus objetivos estratégicos en los plazos previstos.

En este capítulo, explicaremos cómo se lleva a cabo la planificación de recursos humanos para, posteriormente, indicar como se puede definir el número de personas necesario (*plantilla cuantitativa*) y las competencias que deben reunir dichas personas (*plantilla cualitativa*).

5.1. LA PLANIFICACIÓN DE RECURSOS HUMANOS

El proceso de planificación de recursos humanos, tiene como finalidad conseguir que *la plantilla de la empresa sea, en todo momento, cuantitativa y cualitativamente, la necesaria para que ésta pueda conseguir las metas fijadas.*

De esta forma, podemos definir la planificación de recursos humanos como *el proceso sistemático de elaboración, dentro del marco de la estrategia de la organización, de los planes estratégicos que permitirán disponer, en todo momento y en el lugar adecuado, de las personas necesarias, con las competencias adecuadas, para poder conseguir, en el plazo y forma fijados, los objetivos empresariales.*

En esta definición, encontramos los aspectos más relevantes del concepto de planificación de recursos humanos:

a) *Proceso sistemático.* La planificación de recursos humanos es un proceso dividido en fases, en cada una de las cuales es preciso llevar a cabo una serie de actividades y tomar un conjunto de decisiones, de forma que saltarse una de dichas fases puede llevar al fracaso de todo el proceso.

b) Se trabajará, siempre, dentro del marco definido por *la estrategia de la organización*; por ello, los objetivos y planes estratégicos empresariales serán el punto de partida y el referente de todas las decisiones que se tomen.

c) Al hablar de *planes estratégicos*, se hace hincapié en que el proceso de planificación no se limitará a prever los problemas futuros que se puedan plantear y, como consecuencia de los análisis realizados, definir el futuro más probable que se puede esperar. Por el contrario, se diseñarán las acciones precisas, en cada momento, para cambiar ese probable futuro, y conseguir que se pueda alcanzar el deseado.
Asimismo, al hablar de planes estratégicos, nos estamos refiriendo a planes a largo plazo que, sin embargo, deberán ir acompañados tanto de los planes a corto y medio plazo que permitirán alcanzar las metas intermedias, como de los oportunos planes alternativos*, a los que se acudirá cuando cambien las condiciones y, como consecuencia, el plan estratégico no esté llevando a conseguir los resultados esperados.

d) *Personas necesarias con las competencias adecuadas.* La planificación de recursos humanos atenderá a los aspectos cuantitativos; esto es, al número necesario de personas en función de la carga de trabajo, utilizando para determinar esta plantilla técnicas cuantitativas y cualitativas.
Pero, la planificación de recursos humanos también atenderá a que las personas que conformen la plantilla tengan las competencias exigidas por los puestos de trabajo; para ello, en primer lugar, se deberán definir los perfiles de exigencias de los mismos, para, a continuación, tomar las decisiones más adecuadas con respecto a (ver figura 5.1):

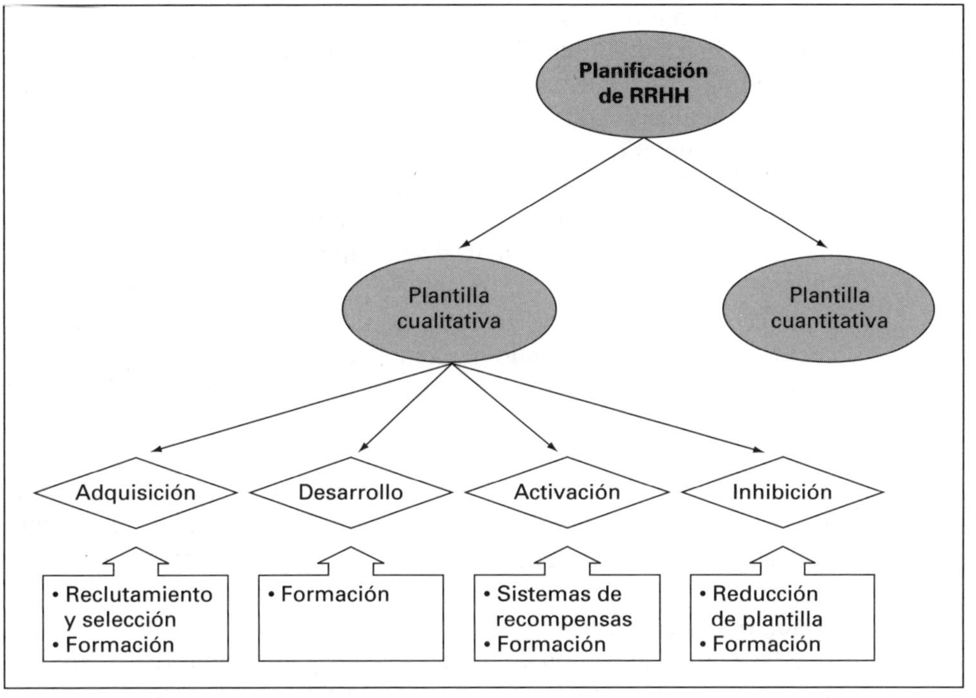

FIGURA 5.1. *Planificación de recursos humanos y gestión por competencias*

- Las competencias que será preciso *adquirir*. Esto puede dar lugar a dos situaciones: que se tenga que contratar a alguien del exterior de la empresa (lo que nos pondrá en contacto con las actividades de reclutamiento y selección de personal); o que alguna persona, que ya forma parte de la empresa, a través de actividades formativas, pueda adquirir las competencias en cuestión, en el plazo fijado.
- Será preciso *desarrollar* competencias que ya poseen los empleados de la empresa, pero que son necesarias a un nivel diferente. En este caso, estamos hablando, lógicamente, de formación.
- En todos los casos, será preciso *activar* las competencias; esto es, atender a los aspectos motivacionales que llevarán a los empleados a aplicar sus competencias a su trabajo, lo que nos pondrá en contacto tanto con la formación como con el sistema de recompensas que la empresa tenga establecido para sus trabajadores.
- En ocasiones, será preciso *inhibir* aquellas competencias que puedan dificultar la consecución de los objetivos empresariales. Este aspecto, como es lógico, nos pondrá en contacto, en ocasiones, con los aspectos referidos a la salida de la empresa de determinados empleados (outplacement, reducción de plantilla, etc.). Sin embargo, en otros casos,

nos encontraremos con personas que tienen competencias que, hasta entonces, han sido útiles a la empresa (comportamientos autocráticos, por ejemplo), pero que, ahora, por un cambio de cultura o de estrategia, pueden dificultar la consecución de los objetivos empresariales (porque se quieren implantar sistemas de trabajo en equipo en toda la organización, por ejemplo). En estos casos, la formación puede ayudar a inhibir las competencias que se desea, haciendo adquirir o desarrollar a los empleados las que necesitan y activándolas.

En general, para simplificar, cuando aquí hablemos de adquirir competencias nos estaremos refiriendo a los procesos de reclutamiento y selección; mientras que cuando hablemos de desarrollo de competencias nos estaremos refiriendo a la formación, salvo que indiquemos expresamente lo contrario.

Por otro lado, al hacer la planificación de recursos humanos, es preciso tener en cuenta las características que suelen presentar hoy día las plantillas de las empresas, que suelen estar formadas por tres niveles (ver figura 5.2):

1. Un núcleo reducido de *trabajadores fijos*, que suelen ser los encargados de las actividades fundamentales de la organización. Estos empleados suelen proporcionar a la empresa la movilidad funcional, la poli-

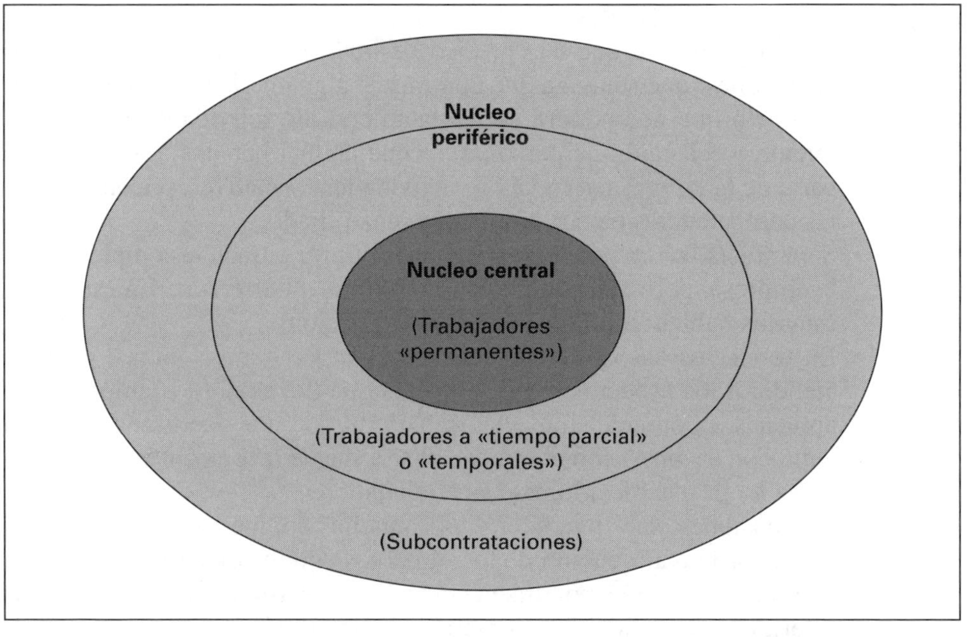

FIGURA 5.2. *Niveles en la configuración de las plantillas actuales*

valencia, que necesita, a cambio de la estabilidad de sus contratos. La empresa obtiene de estos trabajadores, la necesaria flexibilidad funcional.

2. Un segundo grupo de trabajadores que mantienen distintos tipos de contrato con la empresa, pero que *no son contratos estables*. La empresa obtiene de estos trabajadores la flexibilidad numérica que le exige el mantenimiento de su competitividad. Por ejemplo, los trabajadores temporales que contrata directamente la empresa o a través de una empresa de trabajo temporal.
3. Un tercer círculo mas externo, que está adquiriendo cada vez más importancia con la introducción del término inglés «outsourcing», formado por aquellas funciones y actividades que son *subcontratadas*, bien a otras empresas, bien a trabajadores autónomos. En este caso, el contrato laboral existente en los dos grupos anteriores, se sustituye por un contrato mercantil. Por ejemplo, cuando parte de los componentes del producto final que fabrica la empresa los elabora una empresa auxiliar o cuando se encarga a una consultora la realización de un proceso de selección.

Al hacer la planificación de recursos humanos, será preciso tener en cuenta las funciones y actividades que van a llevar a cabo cada uno de los tres grupos anteriores.

5.2. EL PROCESO DE PLANIFICACIÓN DE RECURSOS HUMANOS

Una vez definidos los objetivos y planes estratégicos de la empresa, y recogidas las informaciones de las restantes direcciones de la organización sobre las personas y las competencias que van a necesitar, los responsables de la de recursos humanos tendrán sobre la mesa todos los datos que necesitan para definir los *objetivos de recursos humanos*; esto es, el número de personas que se van a necesitar en cada momento y lugar, con las competencias y el nivel de las mismas que deben tener. Es el momento de pasar a elaborar la planificación de recursos humanos (ver figura 5.3).

Sin embargo, antes de comenzar el proceso de planificación, habrá que realizar un trabajo previo de preparación, y tomar una serie de decisiones que permitirán que llegue a buen término. Así, es preciso que los responsables de elaborar la planificación de recursos humanos establezcan:

- El *plazo de tiempo* del que disponen para llevar a cabo la planificación.
- El *plan de trabajo* que se va a seguir para elaborarla.
- Las *informaciones* que se van a necesitar y las *fuentes* de obtención de las mismas.
- Los *responsables* de las distintas acciones habrá que llevar a cabo.

Directivos

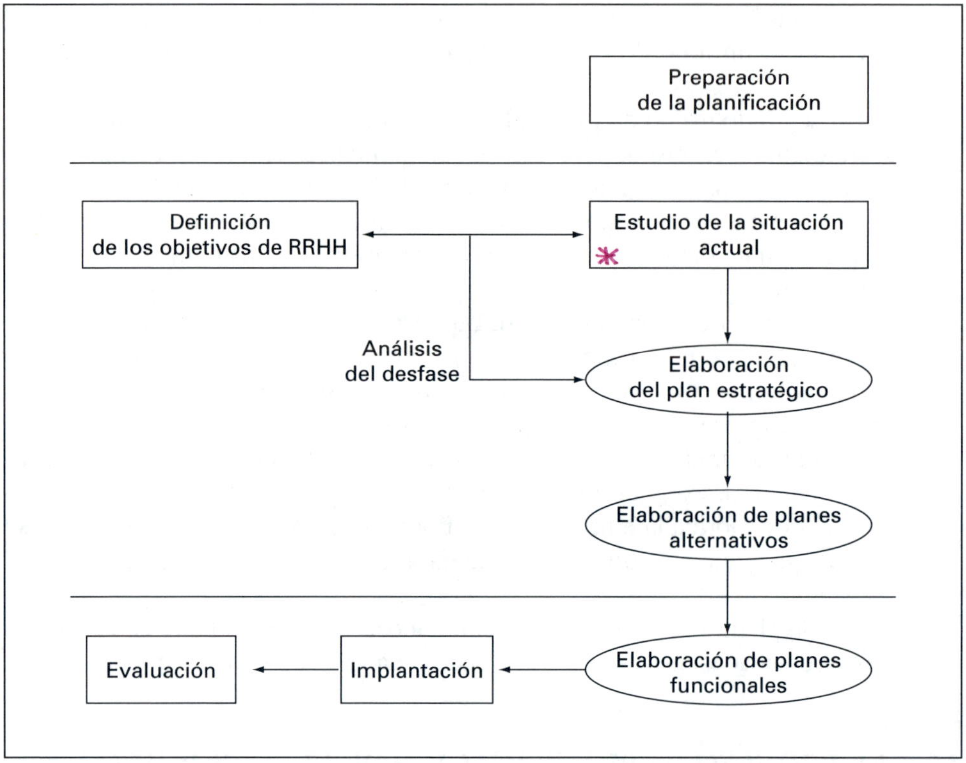

FIGURA 5.3. *El proceso de planificación de recursos humanos*

- La periodicidad, lugar y duración de *las reuniones* que deberá realizar el equipo de planificación. Fines de semana y fuera de la empresa.
- Los *medios y recursos*, tanto humanos, como materiales y financieros, que se necesitarán.

Es necesario no olvidar que los miembros del equipo de planificación, durante todo este periodo, deberán seguir atendiendo a sus obligaciones cotidianas, por lo que es preciso que estén dispuestos a aportar, sin reservas, sus ideas y esfuerzo; en suma, que estén realmente comprometidos con el proyecto.

Se debe informar a toda la empresa sobre esta planificación.

5.2.1. Estudio de la situación actual

Los objetivos de recursos humanos son las metas que se desean alcanzar, dentro del área, en un periodo determinado de tiempo. Dichas metas suponen tener que alcanzar una situación futura diferente de la que actualmente existe en la empresa. Entre ambas situaciones existirán una serie de desfases y la planificación de recursos humanos deberá indicar cómo se prevé que se podrán superar dichos desfases en los plazos fijados.

Por ello, una vez que se conoce la meta, el equipo de planificación deberá conocer, también, la situación actual, la situación de partida. Este conocimiento, tanto de los aspectos internos como de los externos proporcionará las informaciones necesarias para poder determinar los puntos fuertes y débiles, las oportunidades y peligros, que se pueden encontrar al gestionar los recursos humanos de la empresa.

Aplicando el método DAFO, en esta fase será preciso atender a cuatro tipos de informaciones:

- *Debilidades*, puntos débiles de la actual gestión de recursos humanos en cada una de sus áreas. Serán, por tanto, las informaciones referidas a los puntos débiles internos de la empresa.
- *Amenazas*, aspectos externos a la empresa que pueden suponer un obstáculo para conseguir los objetivos de recursos humanos.
- *Fortalezas*, puntos fuertes de la actual gestión de recursos humanos que pueden ayudar a conseguir alcanzar los objetivos deseados en los plazos fijados.
- *Oportunidades*, aspectos externos a la empresa que pueden favorecer el lograr alcanzar los objetivos de recursos humanos.

Es claro que las empresas que llevan a cabo una gestión de recursos humanos eficaz y eficiente, dispondrán de un *sistema de información de recursos humanos* que facilitirá mantener actualizadas todas las informaciones, tanto internas como externas, lo que permitirá prever los cambios que se van a producir, dentro o fuera de la empresa, o reaccionar rápidamente a los que no se hayan podido prever y que puedan afectar a las acciones y decisiones que se deben tomar en el área.

Por tanto, el análisis de la situación actual, deberá atender tanto a los aspectos internos a la organización como a los externos a la misma (ver figura 5.4):

1. Análisis interno

Es el que permitirá conocer los puntos fuertes y débiles de la organización, y, para ello, será necesario tener en cuenta las siguientes informaciones:

a) *Manual de funciones** de la empresa en el que se incluyen todas las informaciones referidas al contenido de los puestos actualmente existentes en la organización: objetivos, funciones, responsabilidades, etc.

b) *Perfiles de exigencias* de los diferentes puestos incluidos en el manual de funciones, indicando las competencias que deberán reunir los empleados que los ocupen.

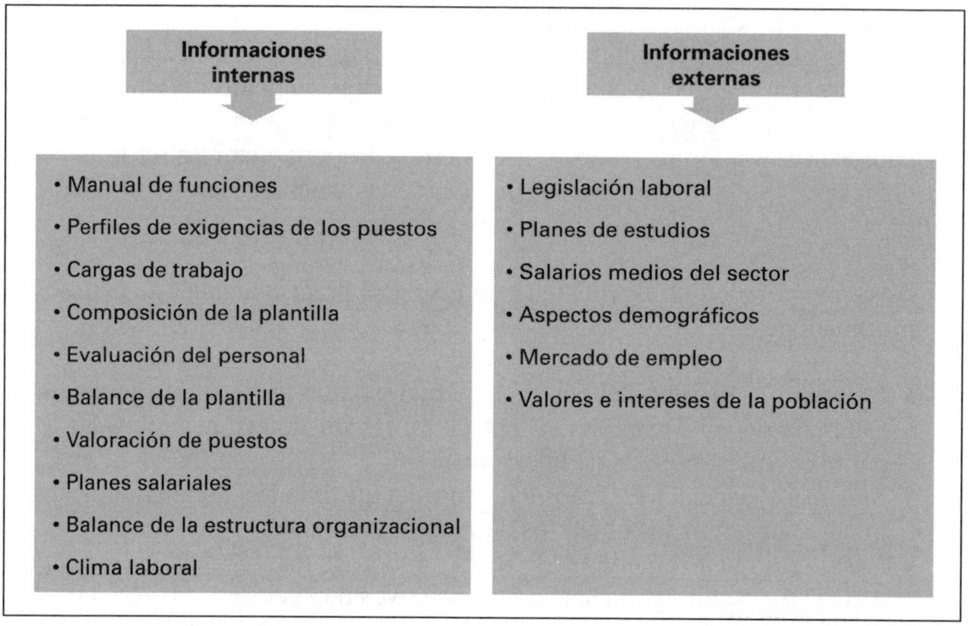

FIGURA 5.4. *Informaciones internas y externas necesarias para elaborar la planificación de recursos humanos*

c) *Cargas de trabajo** correspondientes a cada uno de los distintos puestos existentes en la empresa.
d) *Composición de la plantilla* actual de la empresa, atendiendo a dos aspectos:

- *Plantilla cuantitativa*, indica el número de personas actualmente existentes en cada unidad funcional y en cada puesto de trabajo.
- *Plantilla cualitativa*; es decir, las competencias de cada una de las personas que conforman la plantilla de la empresa.

e) *Evaluación del personal*. En este apartado, se incluirán los resultados de los programas de:

- *Evaluación del rendimiento*, a partir de los cuales se conocerán tanto la eficacia y eficiencia de cada persona en su puesto de trabajo, como sus puntos fuertes y débiles para atender a las exigencias de su trabajo actual.
- *Evaluación del potencial*, a partir de los que se conocerán las posibilidades de desarrollo y adaptación futuras de los empleados de la empresa, así como sus puntos fuertes y débiles cara a las futuras actividades que podrían desarrollar en la organización.

f) *Balance de la plantilla**. Incluiría los resultados obtenidos al comparar las exigencias de los puestos y las cargas de trabajo con la plantilla cualitativa y cuantitativa, lo que permitirá conocer los puntos fuertes y débiles de la composición actual de la plantilla de la empresa.
g) *Valoración de los puestos*. Los resultados de los programas de valoración de puestos actualmente existentes en la empresa, que servirán de base para determinar los salarios fijos de los empleados que los ocupen y, también, proporcionarán informaciones útiles para conocer la idoneidad de la actual estructura organizacional.
h) *Planes de salarios* existentes en la organización, indicando, en cada caso, los criterios seguidos para determinar la parte fija de los salarios y los utilizados para decidir la parte variable de los mismos, así como los componentes monetarios y no monetarios de los salarios de los empleados.
i) *Balance de la estructura organizacional** actualmente existente en la empresa, comparando las decisiones y funciones, así como la responsabilidad que es preciso asumir en la empresa, con las incluidas en cada uno de los puestos que conforman el organigrama empresarial. De esta forma, se podrán detectar solapamientos de funciones y responsabilidades; puntos ciegos en los que no está claro quién debe llevar a cabo las actividades necesarias; interferencias en responsabilidades; etc. En definitiva, este análisis permitirá hacer un diagnóstico de la estructura organizacional actual y, como consecuencia, de sus puntos fuertes y débiles.
j) *Clima laboral*. Los resultados de los estudios de clima laboral permitirán conocer, y abordar, los problemas que pueden surgir a causa de los sentimientos de insatisfacción o desmotivación de los empleados, así como aquellos aspectos fuertes de la empresa para atraer y retener a los trabajadores que se necesitan.

En definitiva, el análisis interno nos permitirá conocer las actuales fortalezas y debilidades de la gestión de recursos humanos de la empresa.

2. *Análisis Externo*

En este caso, se tratará de conocer aquellos aspectos actuales, externos a la empresa, que puedan suponer alguna amenaza o alguna oportunidad cara a la consecución de los objetivos de recursos humanos.

Estos aspectos deben estar, también, incluidos en el sistema de información de recursos humanos, y, en general, se referirán a los siguientes temas:

a) *Legislación laboral*, tanto nacional como internacional, aspecto que puede favorecer o perjudicar las actuaciones de la empresa cara a la consecución de los objetivos de recursos humanos. Por ejemplo, la aparición del contrato estable a tiempo parcial, en 1999, abre nuevas posibilidades de estructuración de la plantilla.

b) *Planes de estudios* existentes en las distintas universidades y centros de formación profesional, con las titulaciones y contenidos de la formación que reciben los alumnos. Este aspecto es hoy día especialmente importante, al ser diferentes los planes de estudios de una misma carrera en cada universidad. De esta forma, se estará en disposición de decidir qué titulados parecen ser más adecuados para la empresa, al tiempo que se conocen con antelación las posibles dificultades que pueden surgir al intentar encontrar profesionales en determinadas materias y en áreas geográficas concretas.
c) *Salarios medios* en el sector al que pertenece la empresa, así como la composición de los mismos, de forma que se pueda conocer los puestos en los que los salarios de la organización son actualmente competitivos y en cuáles no, y así disponer de información sobre los problemas que pueden surgir al intentar contratar a determinados profesionales o por qué algunos de los que están en la empresa deciden cambiar de organización.
d) *Aspectos demográficos* de la población, en las zonas donde la empresa actúa, de forma que se pueda saber hasta qué punto pueden surgir problemas para encontrar empleados adecuados para la organización, cuando se necesitan. Por ejemplo, son aspectos importantes la incorporación masiva de la mujer al mundo del trabajo, el envejecimiento de la población trabajadora, o el aumento de la inmigración.
e) *Mercado de empleo* en las zonas donde actúa la empresa, de forma que se pueda saber en qué puestos, cuando se necesiten empleados, se pueden encontrar problemas y en cuáles no.
f) *Valores e intereses* predominantes en la población laboral, de manera que se pueda saber hasta qué punto son coincidentes con los valores y cultura de la empresa o, por el contrario, son distintos e, incluso, contrapuestos.

Una vez que el equipo de planificación dispone de toda la información sobre la situación interna y externa de la empresa, estará en disposición de dar el siguiente paso en el proceso de planificación.

5.2.2. Elaboración del plan estratégico de recursos humanos

En estos momentos, el equipo de planificación dispone de información sobre los objetivos de recursos humanos que se deberán alcanzar en los plazos fijados y sobre la situación actual, interna y externa, de la empresa y, obviamente, entre ambas situaciones existirá un *desfase* más o menos grande.

La primera tarea del equipo de planificación será analizar dicho desfase, que se referirá al análisis de en qué aspectos se produce y de los cambios que será preciso introducir en:

a) Los *puestos de trabajo*, ya que para que la empresa pueda alcanzar sus objetivos estratégicos, habrá puestos que mantendrán su contenido, otros que lo modificarán y un tercer grupo que, en uno u otro momento, desaparecerán. Asimismo, se crearán nuevos puestos que, en la actualidad, no existen en la empresa.
b) La *plantilla cuantitativa* de la empresa, como consecuencia de los cambios que se irán produciendo en las cargas de trabajo de los distintos puestos y unidades funcionales de la organización.
c) La *plantilla cualitativa*, a causa de las modificaciones que se irán produciendo en los perfiles de exigencias de los puestos, como consecuencia de la evolución de la empresa.
d) La *estructura organizacional* de la empresa, para que ésta pueda conseguir sus objetivos estratégicos en los plazos fijados y en qué momentos será preciso introducir dichos cambios.

Asimismo, será necesario que el equipo de planificación tenga previstos, hasta donde sea posible, los cambios que se prevé que se podrán producir en los factores externos a la empresa y que pueden afectar a la planificación de recursos humanos.

El equipo de planificación deberá analizar cuidadosamente la distancia existente entre la situación actual y la que se desea alcanzar, tanto a nivel global, como en cada uno de los aspectos particulares. Los resultados del análisis pueden indicar:

- Que parece factible superar el desfase y, por tanto, se podrá conseguir que la empresa disponga, en todo momento y lugar, de las personas que necesite con las competencias adecuadas, por lo que se seguirá adelante.
- Que no parecen existir posibilidades de llegar a alcanzar los objetivos previstos en los plazos fijados, por lo que será preciso volver atrás y replantear los objetivos anteriormente definidos, hasta conseguir unas metas realistas, en el sentido de que se pueda salvar el desfase existente entre la situación actual y el futuro que se desea alcanzar.

Por tanto, el análisis del desfase deberá ser extremadamente riguroso, ya que un error de apreciación puede tener consecuencias futuras muy importantes:

- Si se considera erróneamente, que se pueden llegar a conseguir los objetivos fijados (*optimismo desmesurado*), la empresa, en un futuro más o menos lejano, se encontrará en una situación de indefensión, puesto que, al no disponer de las competencias o de las personas necesarias, se verá incapacitada para conseguir alcanzar los objetivos estratégicos que se habían fijado, en los plazos previstos.
- Por el contrario, si la decisión que se toma erróneamente, es que el desfase entre la situación actual y el futuro deseado es insalvable (*pesimismo trágico*), la consecuencia será el tener que redefinir los objetivos de recursos humanos, lo que obligará, en muchos casos, a replantear los objetivos estratégicos de la empresa y, por tanto, de todas las áreas de la misma.

El análisis del desfase, por tanto, deberá llevarse a cabo de una forma rigurosa y objetiva, de forma que, durante el mismo, ya quedarán esbozados o, por lo menos, apuntados los planes de recursos humanos que se elaborarán a continuación.

Para llevar a cabo el análisis, es aconsejable seguir un método *creativo racional*, por parte de los miembros del equipo de planificación:

1. En primer lugar, se debe seguir un procedimiento que favorezca *la creatividad* de todos y cada uno de los miembros del equipo de planificación, que, durante esta fase, imaginarán todos los caminos posibles (incluso los más fantásticos) a través de los cuales se podrá llegar al objetivo deseado desde la situación actual. En esta fase no se deberá poner ningún límite: todas las soluciones que se propongan serán aceptadas.
2. A continuación, se introduce *la racionalidad*, estudiando todas las soluciones propuestas en la fase anterior, desde todos los puntos de vista posibles (técnicos, humanos, económicos, etc.), eliminando aquellas que, a través de este estudio, no parezcan factibles, impliquen demasiados riesgos, etc., y seleccionando aquellas otras que sí parezcan llevar a los objetivos deseados desde la situación actual.

De todas estas situaciones posibles, posteriormente, y siempre trabajando de forma racional y lo más objetiva posible, se elegirá la que, en función de la situación actual de la empresa, de sus valores, de los objetivos fijados y de los medios disponibles, parezca la más adecuada. Esta solución será el *plan estratégico de recursos humanos*, y deberá incluir:

a) Las formas en que se van a *adquirir* las competencias, de las que actualmente no dispone la empresa, y van a ser necesarias en distintos momentos y situaciones.

b) La forma en que se van a *desarrollar* las competencias de las que ya dispone la empresa, pero se van a necesitar a niveles distintos de los que se poseen actualmente.
c) La forma en que se van a *activar* las competencias, para que las personas que conforman la empresa pongan en práctica los comportamientos que se precisan.
d) La forma en que se van a *inhibir* las competencias que pueden dificultar la consecución de los objetivos estratégicos de la empresa.

Al elaborar la planificación de recursos humanos se trabaja a corto, medio y largo plazo. Por ello, es de suponer que a medida que el plan elaborado va avanzando en el tiempo, las condiciones internas y externas reales no se corresponderán con las que se han supuesto como más probables al hacer la planificación. Como consecuencia, también es de esperar que los resultados realmente obtenidos no se correspondan exactamente con los esperados.

Es necesario, por tanto, incluir, en la planificación, los *momentos y sistemas de control* que permitan determinar hasta qué punto se están consiguiendo los objetivos fijados y corregir las posibles desviaciones que se estén produciendo, por lo que, también, habrá que definir los criterios de evaluación que se vayan a utilizar.

También es preciso, por todo ello, elaborar los denominados *planes alternativos*.

5.2.3. Elaboración de planes alternativos

Al planificar a largo plazo es de esperar que, por muy rigurosamente que se haya elaborado la planificación, aparezcan situaciones distintas a las que se habían previsto como más probables. Para poder responder rápida y eficazmente a estas situaciones, se elaborán los *planes alternativos*.

Para ello, es necesario que el equipo de planificación estudie la mayor cantidad posible de contingencias que se puedan presentar a lo largo de la implantación del plan estratégico y que pueden corresponder a cuatro situaciones:

- *Amenazas internas*; esto es, situaciones de dentro de la empresa y que pueden suponer una amenaza para la consecución de los objetivos de recursos humanos fijados.
- *Amenazas externas*; es decir, cambios en el entorno socioeconómico o laboral de la empresa, que puedan suponer una dificultad para conseguir los objetivos fijados.
- *Oportunidades internas*; o, lo que es lo mismo, situaciones internas que puedan suponer una situación para mejorar los objetivos previstos.

- *Oportunidades externas*; esto es, situaciones del entorno empresarial que suponen una ventaja para la consecución de los objetivos fijados.

Se aconseja que para cada una de las cuatro situaciones anteriores, se prevean cinco o seis contingencias, las que parezcan más probables y, para cada una de ellas, se elabore un plan alternativo.

Estos planes alternativos quedarán en reserva y serán las armas de que dispondrá la dirección de recursos humanos para poder superar las situaciones difíciles y llegar, en los plazos previstos, a las metas fijadas, a pesar de los imprevistos que vayan apareciendo en el camino.

A pesar de todo, a lo largo de la implantación del plan elaborado, es posible que surjan situaciones completamente inesperadas para las que no están diseñados ni el plan estratégico, ni los planes alternativos que se hayan preparado. Por ello, es preciso entender el plan estratégico como una línea de acción orientadora hacia el objetivo, pero, en ningún caso rígida, por lo que, ante dichas situaciones imprevistas, los responsables de recursos humanos deberán responder con la mayor celeridad posible.

5.2.4. Implantación y evaluación

El plan estratégico de recursos humanos se deberá transformar, en los niveles inferiores de la dirección, en *planes funcionales* que se fijarán a corto, medio y largo plazo, y que serán las acciones operativas que habrá que llevar a cabo para conseguir alcanzar los objetivos de recursos humanos en los plazos previstos.

A partir de la planificación de recursos humanos, se derivarán los objetivos de selección, formación, salud laboral, etc. En cada una de estas áreas se elaborarán los correspondientes planes que permitirán alcanzar los objetivos fijados en los plazos previstos.

De esta forma, se puede haber decidido en el plan estratégico de recursos humanos que, para adquirir determinadas competencias, será preciso acudir al exterior de la empresa (incorporando a un cierto número de personas), lo que habrá definido los objetivos del área de reclutamiento y selección. En ésta, se determinarán, por ejemplo, las acciones de reclutamiento externo que será preciso llevar a cabo en cada momento.

Estos planes funcionales deberán estar perfectamente integrados entre sí y con el plan estratégico de recursos humanos, que será el referente final que, en ningún momento, se deberá perder de vista.

La implantación será el momento en que todos estos planes se llevan a la práctica; en una palabra, es el momento de la *acción*.

La implantación de lo planificado, llevará a conseguir unos resultados, que podrán coincidir o no con los esperados. Por ello, es preciso diseñar los oportunos sistemas de control y seguimiento, de *evaluación*, que permitan conocer dichos resultados, para comprobar tanto si se corresponden con los esperados, como el valor aportado por la dirección de recursos humanos a la empresa.

Esta evaluación servirá de fuente de información que indicará la oportunidad de continuar la misma línea de actuación (cuando los resultados obtenidos se estén correspondiendo con los esperados), de introducir modificaciones o acudir a los planes alternativos (cuando se detecten desfases entre lo planificado y lo obtenido), e, incluso, puede indicar la necesidad de reformular los objetivos fijados y cambiar completamente todo lo que se había planificado previamente.

5.3. DEFINICIÓN DE LA PLANTILLA CUANTITATIVA

Ya hemos explicado que uno de los aspectos de la planificación de recursos humanos es determinar el número de personas necesarias en cada puesto y dirección de la empresa; esto es, determinar la *plantilla cuantitativa* de la organización.

Para ello, es preciso atender al concepto de *carga de trabajo*, entendida como *la cantidad de trabajo que una persona, o un grupo de personas, deben realizar en un periodo de tiempo dado.*

La carga de trabajo estará definida no sólo por el trabajo físico, sino también por las exigencias mentales y la exposición a condiciones ambientales agresivas, como el ruido, la iluminación, la temperatura, etc. Asimismo, las tareas que se deben realizar no serán el único componente de la cantidad de trabajo, sino que, también, será preciso tener en cuenta los métodos de trabajo, herramientas y equipos utilizados. Por último, el nivel de entrenamiento de cada persona influirá, también, en la carga de trabajo subjetiva y percibida por cada trabajador. Por ejemplo, no es lo mismo levantar pesos en un ambiente frío que en otro templado.

A la hora de calcular la carga de trabajo, es preciso tener en cuenta una serie de variables relevantes:

1. *Ritmo de trabajo* controlado por el trabajador o por la máquina.* Existen situaciones en las que el ritmo de trabajo está condicionado, únicamente, por el trabajador que, según su formación, motivación, las condiciones ambientales, etc., va a actuar más rápida o más lentamente. En este caso, dependerá de que el trabajo sea repetitivo o no para determinar la técnica más adecuada para definir la carga de trabajo. Por ejemplo, un mecánico que cambia el aceite a un coche trabaja al ritmo que él mismo decide.
   Sin embargo, cuando parte del trabajo lo realiza la máquina, el ritmo total viene determinado por la velocidad de ésta, que estará previamente definido por sus características. Por ejemplo, cuando una persona tiene que hacer fotocopias depende de la velocidad de trabajo de la máquina. En este caso, para determinar la carga de trabajo se pueden utilizar téc-

nicas como el *muestreo del trabajo*, los *diagramas de actividades múltiples*, o los *estudios de tiempos para el trabajo con máquinas*.

2. *Ritmo de trabajo predecible o aleatorio*. Hay empresas que, por sus características, tienen un ritmo de producción (y, por tanto, de carga de trabajo) predecible a lo largo del tiempo, por lo que es relativamente sencillo determinar las cargas de cada puesto. En este tipo de trabajos, la forma de determinar la carga dependerá de las restantes características de los mismos. Sin embargo, esto no es lo más habitual. Lo normal es que los ritmos de producción dependan de la hora del día, de la semana o el año. En estos casos, la determinación de la plantilla idónea es más difícil, ya que en los periodos «punta» de producción se necesitarán más personas que en los momentos «valle».
   Un ejemplo de una situación con cargas de trabajo aleatorias, son las empresas dedicadas a la venta al detal, donde una plantilla concreta puede ser excesiva durante la mayor parte del año e, incluso, durante muchas horas del día y, sin embargo, ser insuficiente en temporadas concretas (Navidad, rebajas, etc.).
   Para calcular la carga de trabajo cuando el ritmo es aleatorio, se suele emplear la *teoría de colas*.
3. *Trabajo repetitivo* o no repetitivo*. Existen trabajos en los que el operario realiza siempre los mismos movimientos y en el mismo orden, a la hora de llevar a cabo las actividades incluidas en su puesto; son los denominados trabajos repetitivos, en los que la mejor forma de calcular las cargas de trabajo es emplear las técnicas de *estudios de tiempos*.
   Existen otros puestos, en los que es difícil llevar a cabo un estudio de tiempos, puesto que no son repetitivos, como ocurre, por ejemplo, con los puestos administrativos, en los que es más adecuado utilizar, para calcular las cargas de trabajo, técnicas como el *análisis de tareas**, a causa de la variedad de las mismas que se llevan a cabo en el puesto y de su diferente duración.
4. *Proyectos concretos*. Cada vez es más habitual que se tenga que determinar la carga de trabajo que conlleva la realización de un proyecto, con el fin de determinar el equipo idóneo para llevarlo a cabo en el plazo de tiempo fijado.
   Para hacerlo, se utiliza alguno de los *métodos de gestión de proyectos*, que permiten definir las actividades que es preciso llevar a cabo en un periodo de tiempo determinado y, en consecuencia, determinar el número de personas necesarias para cada una de ellas, en función de su carga de trabajo y el tiempo en que es preciso realizarlas.

Una vez que se conoce la carga de trabajo, se pueden aplicar una o varias de las técnicas que permiten estimar la plantilla cuantitativa que necesitará la empresa.

Dichas técnicas, podemos incluirlas en dos grandes grupos:

1. *Técnicas cuantitativas*. Utilizan técnicas matemáticas para hacer las previsiones de plantilla y, durante algún tiempo, fueron las más utilizadas. Las principales técnicas cuantitativas de estimación de plantillas son:

   a) *Método de la media*. Es un método muy simple, que consiste en proyectar hacia el futuro la media de las necesidades de personal que ha habido en periodos recientes.
   Es un método que puede llevar a ignorar los cambios estacionales o cíclicos explicados al hablar de los ritmos de trabajo aleatorios.
   Para evitar este problema, se pueden ponderar las variables en las que se basan las estimaciones. En este caso, se suele hablar de *suavización de la previsión* que, además de ser más complejo matemáticamente que el método de la media, se apoya en ponderaciones que se eligen de forma más o menos arbitraria.
   b) *Regresión*. Se utiliza una ecuación de regresión para estimar la plantilla necesaria en función de su correlación con otras variables como, por ejemplo, producción o ventas. Permite incorporar más de una variable (al utilizar la regresión múltiple), aunque ello hace aumentar su complejidad matemática. Por otro lado, exige muestras amplias de datos.
   c) *Cadenas de Markov*. Se aplica multiplicando el número de personas en cada puesto, por la probabilidad de movimiento entre los puestos. Permite, por tanto, probar los efectos de diferentes estrategias de recursos humanos, aunque exige bastante sofisticación matemática y no es una técnica adecuada para previsiones a largo plazo.
   Las técnicas cuantitativas, sin embargo, presentan dos limitaciones:

   - Se basan, fundamentalmente, en datos pasados sobre relaciones previas que se han encontrado entre el número de personas por puesto y otras variables tales como la productividad o los ingresos. El problema reside en que las relaciones existentes en el pasado pueden no mantenerse en el presente o en el futuro.
   - La mayoría de estas técnicas se crearon entre los años cincuenta y setenta, por lo que pueden plantear problemas para trabajar en una época como la actual en la que ni el entorno, ni las plantillas presentan la misma estabilidad.

   Por tanto, estos métodos cuantitativos aunque son más adecuados para condiciones estables de trabajo, se pueden adaptar y proporcionarán informaciones válidas, si son interpretadas con las debidas precauciones, en condiciones no tan estables.

2. *Técnicas cualitativas.* Son las que definen la plantilla a partir de estimaciones subjetivas hechas por expertos. Estas técnicas son lo suficientemente flexibles como para permitir tener en cuenta cualquier variable que se considere relevante para estimar las necesidades futuras de personal.
   Sin embargo, los juicios subjetivos pueden ser menos precisos o pueden llevar a estimaciones menos exactas que las obtenidas con los métodos cuantitativos.
   En general, los métodos cualitativos son los más utilizados, a causa de su mayor flexibilidad, en empresas que trabajan en condiciones cambiantes, como las actuales. Los dos métodos cualitativos más empleados para la previsión de plantillas son:

   a) *Método Delphi.* Un grupo de expertos intercambian, en fases sucesivas, estimaciones sobre la plantilla más adecuada. Por lo general, los expertos trabajan por separado y el coordinador del grupo es quien les va proporcionando información, a cada uno de ellos, sobre las opiniones de los demás. De esta forma, cada experto va matizando su opinión original en base a las de los restantes.
      Es un método que permite implicar, incluyéndolos en el grupo de expertos, a los principales responsables de cada proceso, y puede hacerles centrarse en el futuro, sin lastres del pasado.
      Sin embargo, es un método muy subjetivo, que puede hacer que los expertos no tengan en cuenta los datos objetivos de que disponen, al no estar en contacto unos con otros.
   b) *Discusión de grupo.* Un grupo de expertos se reúnen cara a cara y, combinando debates en grupo con trabajos individuales, llegan a una decisión común sobre la plantilla que parece más adecuada en función de los datos disponibles y de los objetivos fijados.
      Tiene las mismas ventajas que el método delphi, facilitando, además, gracias a los debates en grupo, el intercambio de ideas, consiguiendo, por tanto, una mayor aceptación de los resultados.
      Sus inconvenientes son, también, los mismos que los del método delphi y, además, es preciso cuidar que la presión del grupo no de lugar a cálculos poco precisos o a discusiones poco profundas en determinados temas.

En la mayoría de las empresas, la utilización de los métodos cualitativos dará mejores resultados en una situación laboral tan poco estable como la que existe hoy día.

5.4. DEFINICIÓN DE LA PLANTILLA CUALITATIVA

Hasta ahora, hemos explicado las distintas formas en que se puede definir la plantilla cuantitativa de la empresa. Sin embargo, de nada sirve disponer del número de empleados que se necesitan, si éstos no disponen de las competencias necesarias para responder a las exigencias que les plantea su trabajo.

Por tanto, habrá que definir también la *plantilla cualitativa* de la organización; esto es, *las competencias que deben tener las personas que ocupan los diferentes puestos de trabajo de la misma*. En definitiva, será preciso definir los *perfiles de exigencias* de los puestos de trabajo.

La forma clásica de elaborar estos perfiles ha sido la psicométrica, incluyendo en los mismos los niveles de inteligencia, aptitudes, rasgos de personalidad, etc., que debían reunir las personas que ocupaban cada puesto de trabajo.

Esta orientación, aún muy utilizada, ha ido dejando paso, al extenderse el uso del enfoque de competencias, a los perfiles de exigencias formados por los comportamientos que debe llevar a cabo el ocupante del puesto para realizar con éxito su trabajo.

Para elaborar estos perfiles de exigencias, es preciso seguir un proceso riguroso, al igual que en el resto de las actividades dentro de la gestión de recursos humanos.

En primer lugar, la dirección estratégica de la organización habrá definido la visión de lo que se desea que sea la empresa, así como sus objetivos y planes estratégicos. En este proceso, obviamente, quedarán definidos explícitamente los valores y la misión de la empresa.

Al definir el modelo estratégico, se estarán definiendo las líneas generales del negocio de la empresa, el tipo de relación que se va a mantener con los clientes, las áreas claves de resultados, etc. A partir de este punto de partida, se trabajará de la forma siguiente (ver figura 5.5):

1. Definición del inventario provisional de competencias

Cuando en una empresa se lleva a cabo, por primera vez, la definición del *catálogo de competencias**; esto es, del *conjunto de perfiles de exigencias de los puestos* de la misma, es aconsejable que el proceso sea realizado por un equipo de consultores externos, siendo, posteriormente, responsabilidad del equipo de recursos humanos mantener actualizado dicho catálogo.

De esta forma, los empleados seguramente percibirán todo el proceso como más objetivo, ya que no podemos olvidar que implantar un sistemas de gestión de recursos humanos por competencias supone un importante cambio con respecto a la forma de trabajar anteriormente y, como consecuencia, se pueden generar las naturales resistencias iniciales.

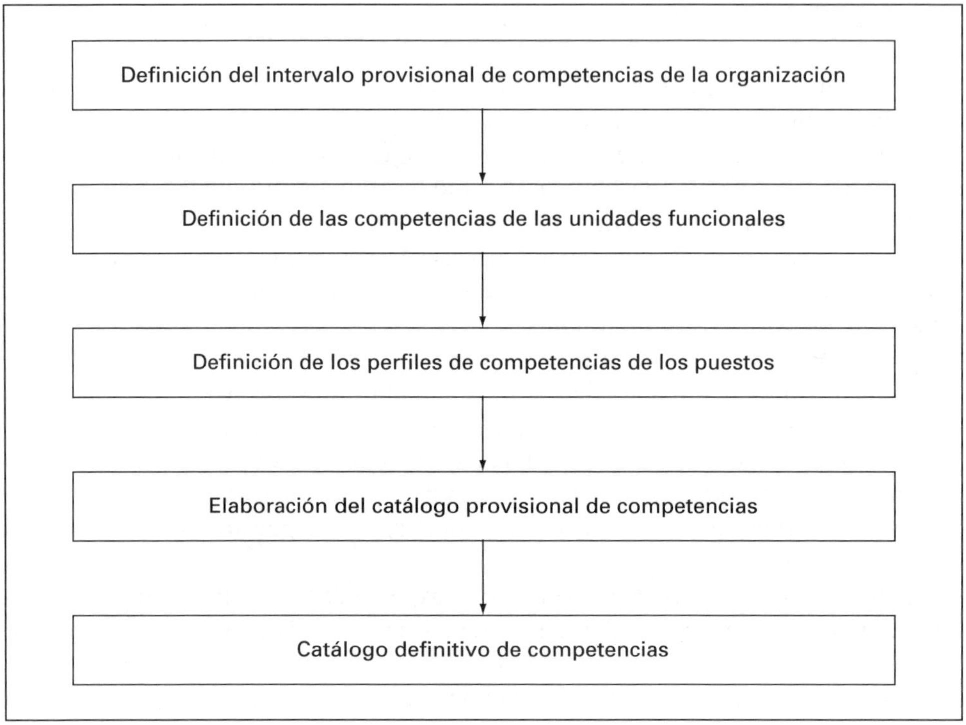

FIGURA 5.5. *Proceso de elaboración del catálogo de competencias de la organización*

La definición del modelo estratégico de la empresa permite conocer qué es lo que es preciso hacer para que la organización pueda cumplir con su estrategia. De esta forma, se pueden ya definir, las denominadas *competencias genéricas**, entendidas como *las competencias necesarias en la empresa para conseguir sus objetivos estratégicos, respetando los valores de la organización.*

Obviamente, en este caso, no se puede pretender conseguir la definición de los comportamientos concretos que deberá incluir cada competencia, ya que se necesitan informaciones que se obtendrán en una fase posterior, pero sí se pueden determinar las competencias generales que se exigirán en todas las unidades de la empresa, en función del modelo estratégico de la misma.

Por ejemplo, se puede definir la competencia *Autonomía* como *tomar decisiones y resolver los problemas de su trabajo sin consultar a sus superiores y respetando los valores de la empresa.* Esta competencia genérica se exigirá en todas las unidades y en todos los puestos de la organización, aunque los comportamientos que se incluyan en la misma, en cada caso, serán, por supuesto, diferentes en muchas ocasiones.

Para definir estas competencias genéricas, se utilizarán distintas fuentes de información:

- El modelo estratégico de la empresa.
- Listados de competencias obtenidos de los diccionarios de competencias y de las más habitualmente utilizadas en el sector al que pertenece la empresa.

De forma conjunta los responsables del proyecto y los miembros de la dirección estratégica elaborarán, a partir de dichas fuentes de información, el *inventario provisional de competencias genéricas* de la empresa, cada una de ellas acompañada de su correspondiente definición operativa.

2. Definición de las competencias de las unidades funcionales

Obviamente, no todas las competencias genéricas serán igualmente relevantes en todas las unidades funcionales de la empresa. Por ello, en esta fase, lo que se pretende es comprobar la relevancia de las mismas en cada área de la empresa y, al mismo tiempo, definir las *competencias técnicas** requeridas en las mismas.

Las competencias técnicas se referirán a *los comportamientos precisos en cada unidad funcional, para conseguir sus objetivos, en base a su misión y metas dentro de la estrategia organizacional, y relacionados con los aspectos técnicos de la misma.*

Por ejemplo, es de suponer que en marketing se necesitan competencias similares a las que se necesitan en producción (competencias genéricas); pero, al mismo tiempo, en cada una de las áreas se necesitarán competencias particulares, en función de las distintas actividades que se llevan a cabo en cada una de ellas (competencias técnicas).

Se utilizarán como expertos, en cada área, a los responsables de cada una de las unidades funcionales de la empresa y a sus más directos colaboradores, que definirán las competencias genéricas y técnicas de su unidad. En este caso, se utilizarán como documentos de trabajo:

- El modelo estratégico de la unidad.
- Los listados de competencias empleados en la fase anterior.
- El inventario provisional de competencias genéricas anteriormente elaborado.

En esta fase, se puede dar un paso más adelante y pedir, a las personas que están actuando como expertos, que además de indicar las competencias relevantes en su unidad, y su importancia, indiquen algunos de los comportamientos que se incluirían en las mismas y que serían los que deberían llevar a cabo los empleados con un buen rendimiento en su trabajo.

El resultado final de esta fase, será el *inventario provisional de las competencias de cada unidad funcional de la empresa.*

3. Definición de los perfiles de competencias de los puestos

En este caso se definirán los *perfiles de exigencias*; esto es, *las competencias que deberá poseer el ocupante de cada puesto, para poder llevar a cabo, con eficacia, eficiencia y seguridad, las funciones y actividades incluidas en el mismo.*

Los expertos, en esta fase, serán los propios ocupantes de cada puesto y sus superiores directos. Ambos darán, por separado, su opinión sobre las competencias, genéricas y técnicas, que se incluirían en el perfil de exigencias del mismo, así como los comportamientos asociados a cada competencia. En caso de que existan discrepancias entre las opiniones de ambos, los responsables del proyecto trabajarán conjuntamente, con superior y subordinado, hasta que lleguen a un acuerdo.

En esta fase, se trabajará con la siguiente documentación:

- La descripción del puesto de trabajo, que incluirá la misión del mismo, sus objetivos y sus principales áreas de actividad.
- Los inventarios provisionales de competencias elaborados en las fases anteriores.

Una vez finalizada esta fase, estaremos en disposición de elaborar el *catálogo provisional de competencias* de la empresa.

4. Elaboración del catálogo provisional de competencias

Este catálogo, recogerá todos los pasos y resultados incluidos en las fases anteriores y será el informe intermedio en el proceso de elaboración del definitivo *catálogo de competencias* de la empresa, y deberá incluir los siguientes apartados:

a) *Introducción*, donde se explicará el concepto de competencia adoptado por la empresa, sus aportaciones a la gestión de recursos humanos de la organización, y los objetivos del proyecto.
b) *Método de trabajo*, en el que se explicará, con todo detalle, el procedimiento de trabajo seguido.
c) *Resultados*, los resultados obtenidos al analizar los datos recogidos durante el trabajo.

d) *Conclusiones*, las que se derivan de los resultados explicados en el apartado anterior y que, lógicamente, se referirán a:

- Catálogo de las competencias relevantes en la empresa, ordenadas por su importancia, divididas en genéricas y técnicas, e incluyendo, cada una de ellas, todos los comportamientos, independientemente del área en el que se hayan definido. Este sería el *catálogo provisional de competencias Organizacionales.*
- Catálogo de las competencias genéricas y técnicas, relevantes en cada unidad funcional de la empresa, ordenadas en función de su importancia, e incluyendo los comportamientos relevantes, independientemente del puesto al que correspondan, en cada una de ellas. Dispondríamos, de esta forma, del *catálogo de competencias de las Unidades Funcionales.*
- Los *perfiles de exigencias* de los puestos, que incluirán las competencias genéricas y técnicas relevantes a cada uno de ellos, ordenadas por importancia e incluyendo los comportamientos asociados a cada una de ellas.

5. Elaboración del catálogo definitivo de competencias

Aunque somos conscientes de que el trabajo que se lleva a cabo en esta fase, olvidada en muchas empresas, no es una verdadera validación, pesamos que se puede denominar así, porque su objetivo es analizar cuáles de las competencias, anteriormente seleccionadas, son verdaderamente relevantes para la empresa y cuál es su poder discriminativo con respecto al rendimiento de los empleados.

En esta fase, seguiremos trabajando de forma sistemática, siguiendo una serie de pasos:

a) *Descripción de la situación actual.* En estos momentos, disponemos de los perfiles de exigencias de los puestos y los objetivos que se fijan al estudio, es comprobar:

- Si las competencias incluidas en cada perfil son relevantes a la hora de predecir el rendimiento de los empleados en su puesto.
- Cuál es el poder discriminante de cada una de las competencias con respecto al rendimiento de los empleados.

Para conseguir alcanzar estos objetivos, trabajaremos de la forma que explicamos en los apartados siguientes.

b) *Diseñar el instrumento de evaluación*. El instrumento diseñado tendrá como objetivo permitir evaluar el nivel de los empleados en cada una de las competencias incluidas en el perfil de su puesto.
Este instrumento sería el punto de partida para, posteriormente, diseñar e implantar un sistema de evaluación del personal, dentro de la gestión de recursos humanos por competencias.

c) *Seleccionar la muestra*, que, en este caso, estará formada por dos grupos de sujetos:

- Los evaluados, que puede ser toda la plantilla de la empresa o un grupo piloto en el que se pruebe el sistema. Lo importante es que estén representados todas las áreas de la empresa, todos los puestos y todos los tipos de empleados (rendimiento alto, normal y bajo).
- Los evaluadores, que serán los superiores directos de los sujetos evaluados.

d) *Definición del criterio*. En este caso, está claro que el criterio que debemos utilizar es alguna medida del rendimiento de los sujetos evaluados. Este criterio podrá ser, según el caso:

- Una medida objetiva del rendimiento (ventas, producción, etc.).
- Los resultados obtenidos por los sujetos en la evaluación del rendimiento que se haga en la empresa (si existe dicho programa).
- Alguna medida que se recoja durante el proceso y que, seguramente, será menos objetiva y válida que la obtenida en los casos anteriores, por lo que sólo se recurrirá a este tipo de medida cuando sea imprescindible.

e) *Recogida de datos*. Los evaluadores llevarán a cabo la evaluación de los sujetos, utilizando el instrumento diseñado. Asimismo, se recogerán los datos sobre el rendimiento de los sujetos evaluados.

f) *Análisis de datos*. El análisis de los datos se apoyará en el uso de técnicas descriptivas, correlacionales y discriminantes.

g) *Conclusiones*. La interpretación de los resultados obtenidos en el paso anterior permitirá determinar, para cada puesto:

- Las competencias, de las inicialmente incluidas en su perfil de exigencias, que son relevantes a la hora de pronosticar el rendimiento de un empleado en un puesto.
- La correcta inclusión de los comportamientos relevantes en cada una de las competencias incluidas en el perfil de exigencias de cada puesto.
- El valor discriminante de cada competencia del perfil, a la hora de pronosticar el rendimiento de los empleados en el puesto.

- El valor discriminante de cada uno de los comportamientos incluidos en las competencias que forman el perfil de exigencias, con el objeto de pronosticar el rendimiento de los empleados en el puesto.

Una vez finalizado todo el proceso, se dispondrá del *catálogo definitivo de competencias* de la empresa, que será el punto de partida para muchos de los programas y decisiones que se llevarán a cabo en el área de recursos humanos: definición de la plantilla cualitativa de la empresa, selección, formación, evaluación del rendimiento y del potencial, planes de carrera, planes salariales, salud laboral, etc.

Es preciso no olvidar que el catálogo de competencias de la empresa, para poder cumplir su misión, deberá mantenerse constantemente actualizado por la dirección de recursos humanos.

CONCLUSIONES

Al adoptar el enfoque integrado en la gestión de recursos humanos, el primer paso es la planificación de los que va a necesitar la organización para poder alcanzar sus objetivos estratégicos en los plazos fijados. Este paso es la planificación de recursos humanos.

La planificación de recursos humanos consiste en definir la forma en que se van a conseguir alcanzar los objetivos de recursos humanos en los plazos fijados; esto es, la forma en que se va a conseguir que la organización disponga de las personas que necesita y con las competencias adecuadas en cada momento.

La planificación de recursos humanos, por tanto, adopta un enfoque cuantitativo (definición del número de personas que va a necesitar la organización para alcanzar sus objetivos), y un enfoque cualitativo (definición de las competencias que deben reunir las personas que conforman la plantilla de la organización en cada momento).

BIBLIOGRAFÍA BÁSICA

Barranco, F. J. (1993). *Planificación estratégica de recursos humanos*. Madrid: Pirámide.

Burack, E. H. (1990). *Planificación y aplicaciones creativas de recursos humanos. Una orientación estratégica*. Madrid: Díaz de Santos.

Pereda, S. (1997). *Técnicas de gestión de recursos humanos (I)*. Madrid: Cepade.

Recio, E.M. (1986). *La planificación de los recursos humanos en la empresa*. Barcelona: Hispano Europea.

PARA SABER MÁS

Pérez, M. (1989). *Como mejorar los métodos de trabajo*. Bilbao: Deusto.
Romero, C. (1993). *Técnicas de gestión de empresas*. Madrid: Mundi-Prensa.
Pereda, S. (1993). *Análisis y Estudio del Trabajo*. Madrid: Eudema.
Walker, J. (1992). *Human resource management strategy*. New York: Mc Graw-Hill.

Capítulo 6

LA EVALUACIÓN DEL RENDIMIENTO Y DEL POTENCIAL

OBJETIVOS

Conocer el rendimiento de los trabajadores en su puesto de trabajo, con objeto de recompensar a aquellos más eficaces y eficientes y desarrollar programas de formación que permitan potenciar sus puntos fuertes y ayudarles a superar sus debilidades, es uno de los retos de la gestión de recursos humanos.

Asimismo, conocer el potencial de los empleados ayuda a diseñar su carrera dentro de la organización y a que la empresa conozca los problemas que se pueden encontrar a la hora de introducir determinados cambios en los puestos de trabajo existentes.

De esta forma, al finalizar el capítulo, se conocerán:

1. El concepto de evaluación del rendimiento.
2. Las aplicaciones de los resultados de la evaluación del rendimiento dentro de la gestión de recursos humanos.
3. El proceso de evaluación del rendimiento.
4. El concepto de evaluación del potencial.
5. Las aplicaciones de los resultados de la evaluación del potencial dentro de la gestión de recursos humanos.
6. El proceso de evaluación del potencial.

INTRODUCCIÓN

El tema de la evaluación de las competencias nos lleva directamente al de la evaluación de los empleados de la organización. Así, todos somos evaluados, incluso desde antes de incorporarnos a una empresa y, posteriormente, continuamos siéndolo, mientras permanecemos en la misma:

- En primer lugar, se evalúa a los candidatos que desean incorporarse a la empresa, durante el proceso de *selección*, para comprobar hasta qué punto sus competencias se corresponden con las exigidas por el puesto que van a ocupar. En este caso, se estará llevando a cabo, hasta cierto punto, una evaluación del potencial de los candidatos, para decidir hasta qué punto van a poder responder, tanto a las exigencias del puesto, como para poder predecir cuál puede ser su desarrollo profesional dentro de la empresa.
- Una vez incorporados a una organización, los empleados reciben *periódicas evaluaciones del rendimiento*, con el objetivo de conocer su eficacia y eficiencia en su puesto de trabajo, así como sus puntos fuertes y débiles, con el objetivo de detectar sus posibles carencias formativas. Los resultados de estas evaluaciones se reflejan, habitualmente, en el componente variable de los salarios de los empleados.
- Asimismo, en las empresas se *evalúa el potencial* de los empleados, con el objetivo de conocer sus posibilidades de desarrollo dentro de las mismas, tanto a nivel de promoción, como de posibilidad de realizar otras funciones diferentes a las que vienen realizando. Al igual que con las evaluaciones del rendimiento, las de potencial proporcionan, al mismo tiempo, información sobre posibles carencias formativas de los empleados, aunque, en este caso, dicha información se refiera a carencias para futuros trabajos.

En definitiva, nos encontramos con que, tal y como decíamos anteriormente, la evaluación del personal es una actividad habitual en las empresas, y esta evaluación se puede llevar a cabo de manera subjetiva (contratando a una persona sin un proceso de selección objetivo, porque «parece que vale», asignando un sueldo a una persona porque «trabaja bien», o promocionando a un empleado «porque vale para el puesto») o, por el contrario, se puede llevar a cabo de manera rigurosa, intentando objetivar las evaluaciones y utilizando, para ello, las técnicas e instrumentos de que disponemos en el área de recursos humanos. En el primer caso, las consecuencias suelen ser sentimientos de insatisfacción en los empleados y un rendimiento mediocre; mientras que, en el segundo suelen mejorar significativamente el rendimiento, la satisfacción y la seguridad de los empleados.

La introducción del concepto de competencia en la gestión de recursos humanos ha cambiado de forma significativa el panorama del tema de la evaluación del personal, con respecto a lo que ocurría anteriormente.

Así, cuando se trabaja desde el punto de vista del rasgo, las evaluaciones que se hacen durante el proceso de selección se refieren exclusivamente a las variables predictoras (aptitudes, rasgos de personalidad, etc.), mientras que cuando se evalúa el rendimiento, las evaluaciones se refieren, por lo general, de manera exclusiva al criterio (rendimiento de los empleados). Asimismo, cuando se quiere conocer el potencial de un empleado para promocionarlo o para que ocupe un puesto distinto al actual, para conocer su adecuación o no al nuevo perfil, es preciso repetir, total o parcialmente, el examen psicométrico, al exigir el nuevo puesto rasgos distintos a los anteriormente evaluados y/o al no poder suponer que los resultados obtenidos hace tiempo se han mantenido estables en el sujeto.

Cuando se trabaja dentro del enfoque de competencias, la situación es bastante diferente. Es cierto que, durante el proceso de selección, se siguen evaluando las variables predictoras (competencias); sin embargo, al hacer las evaluaciones del rendimiento, éstas se centran tanto en el criterio (rendimiento), como en los predictores (competencias del empleado), para conocer sus puntos fuertes y débiles. Asimismo, en los casos de cambio de trabajo, se dispone de bastante información y completamente actualizada sobre el verdadero potencial de los empleados, al tener información de sus competencias actuales, aunque no es menos cierto que, en muchas ocasiones, será preciso llevar a cabo, también, algún proceso de evaluación para obtener información sobre algunas de las competencias que el empleado va a necesitar en su nuevo trabajo y que, hasta el momento, no ha podido poner en práctica.

La introducción del enfoque de competencias facilita la relación de las evaluaciones del personal con las restantes funciones de recursos humanos. Por ejemplo, dentro del enfoque del rasgo, se puede comprobar que una persona necesita mejorar su nivel en *liderazgo* y enviarlo a un curso de formación sobre el tema, aunque la mayor dificultad suele encontrarse en lograr saber si todos los implicados están de acuerdo, no sólo en lo que significa exactamente *mejorar su nivel en liderazgo*, sino incluso, en el significado que cada uno de ellos, da al propio término de *liderazgo*.

Por el contrario, cuando se adopta el enfoque de competencias, si un empleado tiene carencias en la que se haya denominado *liderazgo*, en primer lugar, todos los implicados estarán hablando de lo mismo; en segundo lugar, se sabrá en *qué comportamientos*, de los incluidos en la misma, necesita mejorar el empleado, por lo que se podrán elegir las acciones formativas más adecuadas en cada caso, puesto que no todos los empleados presentarán las mismas carencias en dicha competencia; en tercer lugar, el contenido de las acciones formativas se podrá adecuar perfectamente a las necesidades de formación realmente existentes. La consecuencia será una mayor eficacia y eficiencia de las acciones formativas y, por tanto, una mejora significativa en el rendimiento, seguridad y/o satisfacción de los empleados.

En este capítulo, nos vamos a centrar en los aspectos referidos a la evaluación del rendimiento y del potencial, ya que los aspectos de la evaluación referidos a la selección, se desarrollarán en el próximo.

6.1 LA EVALUACIÓN DEL RENDIMIENTO

Las empresas necesitan conocer la eficacia y eficiencia de sus empleados y equipos de trabajo; para lograrlo, en las organizaciones se desarrollan e implantan programas de evaluación del rendimiento.

Podemos considerar la evaluación del rendimiento como *el proceso sistemático y periódico de medida objetiva del nivel de eficacia y eficiencia de un empleado, o equipo, en su trabajo*. En esta definición, debemos señalar una serie de aspectos:

1. Proceso sistemático y periódico

La evaluación del rendimiento no es un conjunto de acciones puntuales, sino que debe responder a un programa previamente establecido, en el que se establezca la periodicidad de las evaluaciones, la metodología que se seguirá, las fechas en que se realizarán y los objetivos que se tratarán de conseguir con las mismas.

Al hablar de objetivos, al diseñar el programa de evaluación del rendimiento, es preciso tener en cuenta las principales utilidades de la misma (ver figura 6.1):

- *Evaluación del personal.* El expediente personal de cada empleado estará incompleto si no se conocen sus evaluaciones del rendimiento y, por consiguiente, su eficacia y eficiencia en el/los puesto/s que ocupa o ha ocupado en la empresa.
  Los planes generales de evaluación; esto es, aquellos que tienen por objetivo evaluar a todo el personal de la empresa, o de una determinada unidad, se deben realizar periódicamente; lo más aconsejable es cada año, ya que hacerlo más frecuentemente puede suponer un coste excesivo y, además, el proceso puede pasar a convertirse en algo rutinario, cuando la evaluación exige ser llevada a cabo con total minuciosidad. Por el contrario, hacerla en períodos más dilatados dificultaría conseguir una evaluación realmente objetiva. Sin embargo, en cada organización, se deberán adaptar los periodos interevaluaciones a las características particulares de la misma.
- *Ascensos, promociones y traslados.* Como resultado de las evaluaciones del rendimiento, se dispone de datos objetivos sobre las competencias de cada empleado y su evolución. Estos datos pueden servir de base para establecer planes de promoción y de carrera.

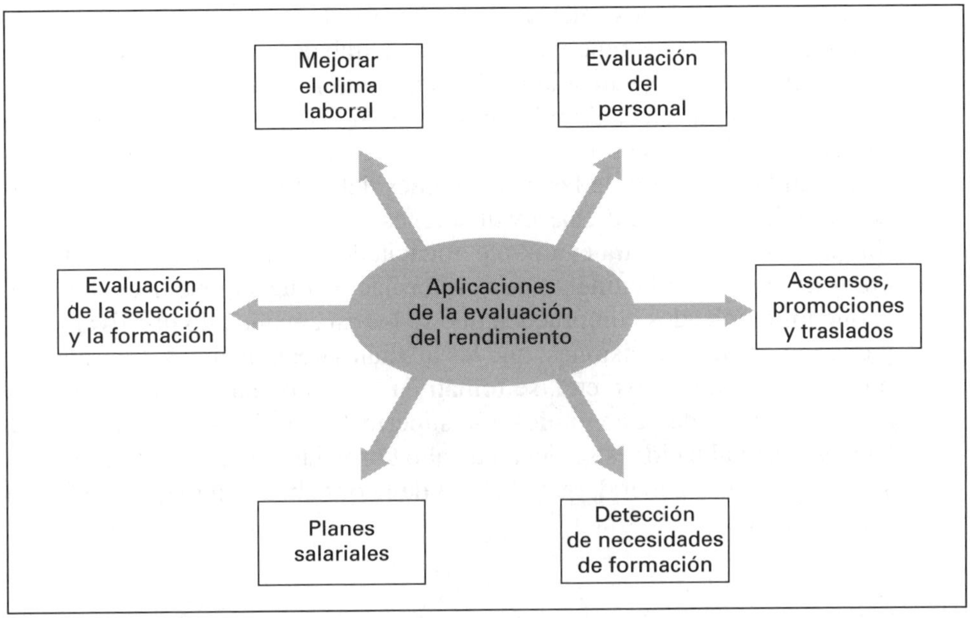

FIGURA 6.1. *Aplicaciones de la evaluación del rendimiento a la gestión de recursos humanos*

Sin embargo, aunque los resultados de las evaluaciones del rendimiento son una variable a tener en cuenta a la hora de decidir una promoción, no debe ser la única. La razón es clara: una persona puede ser muy idónea para el puesto que ocupa en la actualidad y tener un excelente rendimiento en el mismo; sin embargo, puede carecer del potencial necesario para ocupar puestos superiores en la organización. Por ejemplo, el mejor vendedor de la empresa no tiene por qué ser, necesariamente, el mejor candidato para ocupar el puesto de jefe de ventas, ya que las competencias incluidas en los perfiles de exigencias de ambos puestos, serán diferentes.

- *Detección de necesidades de formación.* Esta es una de las principales aplicaciones de los resultados de un programa de evaluación del rendimiento, desde una gestión integrada de recursos humanos.
  Así, en la evaluación del rendimiento, se detectarán las carencias que presentan los empleados en la realización de su trabajo, carencias que, en muchas ocasiones, estarán relacionadas con necesidades de formación de los mismos. Estos resultados permitirán planificar programas de formación adecuados a dichas necesidades y que, por tanto, facilitarán la mejora del rendimiento de los empleados.
- *Planes salariales.* Es, junto con la anterior, la principal aplicación de los programas de evaluación del rendimiento. Así, la determinación del com-

ponente variable de los salarios de los empleados se hará en base al grado de consecución de los objetivos fijados a su trabajo; en suma, en función de los resultados de su evaluación del rendimiento.

- *Evaluación de la selección y la formación.* Si los programas de selección y formación existentes en la empresa son eficaces, deberán influir positivamente en la evolución de las evaluaciones del rendimiento de los empleados. Los resultados de dichas evaluaciones serán, en ambos casos, el criterio que se empleará para evaluar la eficacia de los programas utilizados.
- *Mejorar el clima.* El aumento de la información que supone la evaluación, el que los empleados comprueben que se les está evaluando objetivamente, y que importantes decisiones, que les afectan directamente, sobre salarios, promociones, traslados, etc., se toman en base a dichas evaluaciones; así como la mejora de la comunicación superior/subordinado que se produce cuando las evaluaciones se llevan a cabo correctamente, tienen como consecuencia, por lo general, que el clima de la organización mejore de forma significativa.

2. *Medida objetiva del nivel de eficacia y eficiencia de los empleados*

El programa que se implante y la técnica de evaluación que se utilice, deben garantizar, hasta donde sea posible, la objetividad de las evaluaciones, tanto en la cantidad y calidad del trabajo de los sujetos, como en su forma de comportarse, los medios que han utilizado y su integración en la organización. Por esta razón, cuando se implanta un sistema de evaluación del rendimiento, es preciso cuidar una serie de aspectos:

- *Evaluación sistemática.* No se deben utilizar procedimientos confusos, ni implantar un sistema que luego no tenga continuidad. En general, estos problemas aparecen cuando no se ha llevado a cabo una buena planificación del programa, lo que luego se refleja en la falta de recursos para llevarlo a cabo, o en la baja implicación de las personas en el mismo. Por tanto, será preciso:

  a) Definir los *objetivos* del programa.
  b) Planificar cuidadosamente la *periodicidad y forma* de las evaluaciones.
  c) Elaborar un *manual de evaluación* que recoja todo el sistema.
  d) *Informar y formar* a todos los implicados en la evaluación.
  e) Asignar un *presupuesto* suficiente al programa.

- *Utilizar instrumentos adecuados*, tanto en lo que se refiere a su validez, como a su fiabilidad*, utilizando aquellos que favorezcan la objetividad.

- *Informar adecuadamente* a todos los empleados, tanto sobre los objetivos del programa, como sobre el papel que van a jugar en el mismo; además, todos ellos deberán recibir un feedback adecuado sobre las evaluaciones que reciban.
- *Fiabilidad y validez de los evaluadores*, lo que se consigue proporcinándoles la formación adecuada para que dispongan de las competencias que exige la realización correcta de la evaluación. Asimismo, es preciso conseguir su compromiso con el sistema.

En definitiva, cuando se implanta un programa de evaluación del rendimiento, se deben respetar una serie de principios:

1. La evaluación del rendimiento es *un sistema*, no una técnica. Por tanto, el método de evaluación se deberá elegir en función de las características de la organización y de los objetivos del sistema.
2. La evaluación del rendimiento no es un sistema disciplinario, siendo uno de sus fines más importantes *favorecer el desarrollo de los empleados*, por lo que el programa se debe plantear como una oportunidad de mejora de las personas y la organización.
3. Todas las personas que deban actuar como evaluadores deberán recibir *formación* en los objetivos del programa y en las técnicas que se vayan a emplear. Asimismo, es preciso que los empleados, que van a ser evaluados, reciban una formación paralela, tanto en los aspectos de autoevaluación, que comentaremos más adelante, como en los objetivos del programa y en el sistema que se va a seguir.
4. Los *criterios* de evaluación deberán establecerse en función de los objetivos de cada puesto.
5. Todos los implicados se deben *comprometer y participar* en el sistema de evaluación, por lo que será necesario que los objetivos del programa se hayan definido y comunicado muy claramente con anterioridad.
6. En *ningún caso se comparará* al evaluado con otros compañeros, ya que el objetivo de la evaluación es conocer el rendimiento de cada empleado, no comparar a unos con otros.
7. Dado que los sistemas de evaluación del rendimiento funcionan en base a una buena comunicación superior/subordinado, consiguen una mayor eficacia cuando en la organización existe un estilo de *dirección participativa*.

6.1.1. El programa de evaluación del rendimiento

El concepto de competencia se adoptó en un intento de desarrollar un sistema que permitiese predecir de forma más exacta el rendimiento de los empleados en su puesto. De esta forma, se pensó que con la *entrevista de incidentes críticos**, o *entrevista conductual**, se podría conocer la adecuación de una persona al perfil de exigencias del puesto con gran rigor y, como consecuencia, aplicarse con éxito en la toma de decisiones referidas a la selección y la promoción.

Posteriormente, tras los trabajos de Boyatzis (1982), se inició la construcción de escalas de medida que permitiesen saber en qué nivel se situaba cada persona con respecto al perfil de exigencias de su puesto y, como consecuencia, conocer sus necesidades de formación y elaborar los correspondientes programas de adquisición y/o desarrollo de competencias.

Es en los años noventa, cuando el concepto de competencia se comienza a aplicar a los programas de evaluación del rendimiento y a los sistemas retributivos.

Actualmente, las empresas que ya tienen implantado un sistema de gestión de recursos humanos por competencias, incluyen, por lo general, en el mismo un sistema de evaluación del rendimiento; es más, en la mayoría de las ocasiones, la implantación del sistema de gestión comienza por el programa de evaluación del rendimiento.

La implantación de un programa de evaluación del rendimiento exige seguir un proceso sistemático, adaptado a cada empresa, en función de sus necesidades y características particulares. Sin embargo, en general, las fases que se siguen son las siguientes (ver figura 6.2):

1. Aspectos previos

Antes de iniciar la implantación del programa de evaluación del rendimiento, es preciso que se hayan definido claramente los objetivos y planes estratégicos de la empresa, a partir de los cuales se habrán establecido los de las distintas áreas funcionales de la organización. Asimismo, se deben haber definido los perfiles de exigencias de los puestos, que incluirán las competencias y el nivel en el que las deberán reunir sus ocupantes.

De esta forma, los objetivos que deberá alcanzar cada empleado, según la unidad funcional a la que pertenece y el puesto que ocupa, se derivarán directamente y estarán integrados con los objetivos y planes estratégicos de la empresa.

2. Definición de los objetivos del programa

Es preciso que los objetivos que se pretenden alcanzar con el programa de evaluación del rendimiento estén perfectamente definidos antes de dar los siguientes pasos.

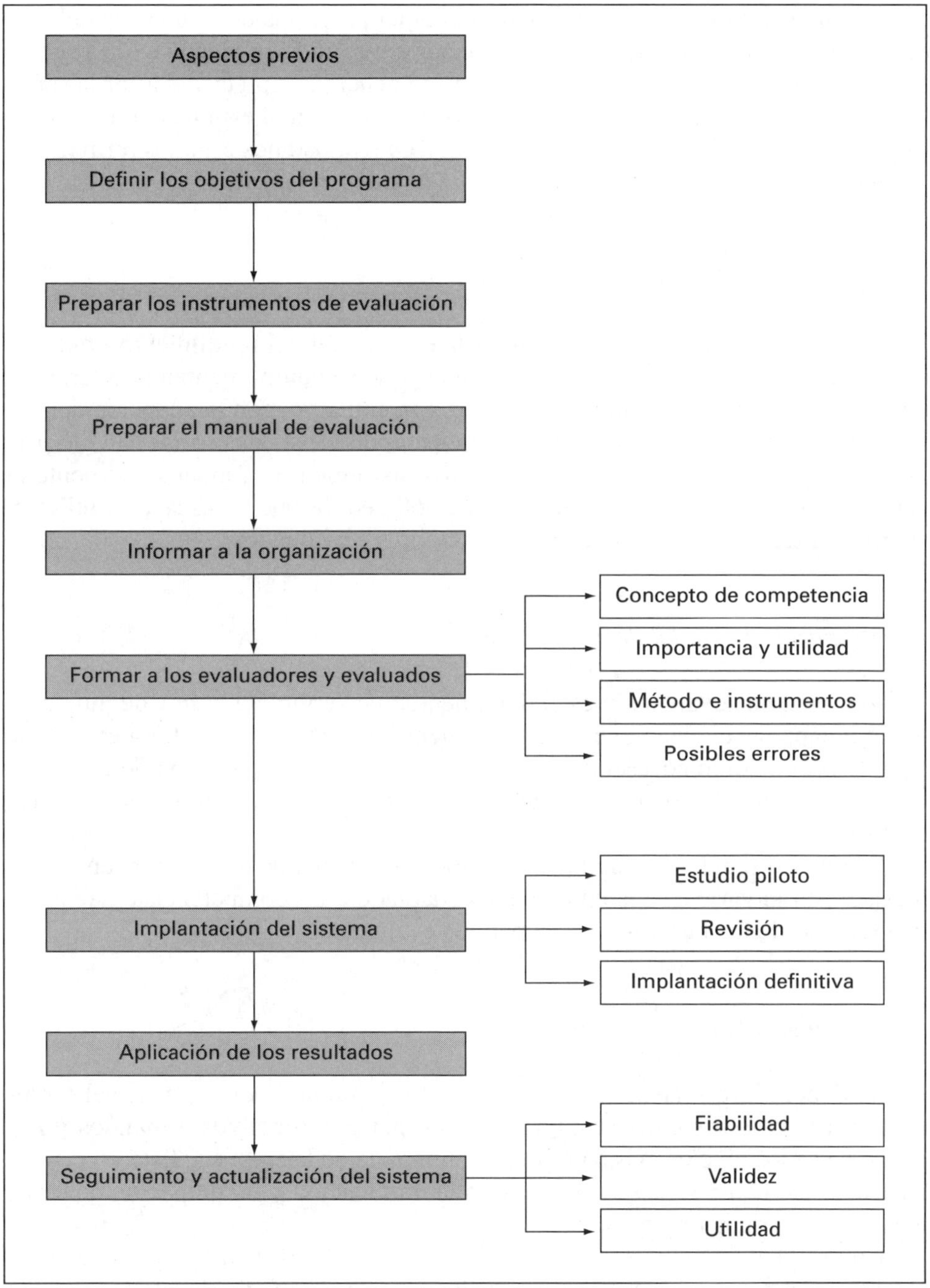

FIGURA 6.2. *Proceso de implantación de un programa de evaluación del rendimiento*

Sabemos que el objetivo general de cualquier programa de evaluación del rendimiento es conocer la eficacia y eficiencia con que cada empleado realiza su trabajo. Sin embargo, partiendo de este objetivo general, es preciso definir las aplicaciones que se van a dar a los resultados obtenidos con la evaluación. Por tanto, cuando hablamos de objetivos del programa, en realidad nos estamos refiriendo a las aplicaciones que se vayan a dar a los resultados del mismo.

3. *Preparar los instrumentos de evaluación*

Los instrumentos más utilizados en la evaluación del rendimiento, tradicionalmente, han adoptado la forma de escalas, que se cumplimentan a lo largo de una entrevista entre evaluador y evaluado. Sin embargo, con la adopción del enfoque de competencias, como explicaremos más adelante, las escalas han ido perdiendo importancia, para dejar paso a otros instrumentos, fundamentalmente la entrevista de evaluación y la evaluación de 360º, en los que las escalas se utilizan, simplemente, como una ayuda para evaluadores y evaluados.

4. *Preparar el manual de evaluación*

El manual de evaluación es el documento que servirá de base y de guía para llevar a cabo las evaluaciones del rendimiento, por lo que se incluirá en él toda aquella información necesaria sobre criterios, proceso y aplicación de los resultados. Este manual, deberá ser conocido tanto por los evaluadores, como por los evaluados.

Es preciso señalar que aunque hablamos de manual de evaluación, en la empresa existirán varios, cada uno de ellos adaptado a las competencias y a las características de los puestos que ocupan los evaluados.

5. *Informar a la organización*

Se deberá informar de los objetivos del programa de evaluación del rendimiento a toda la organización, comenzando por los directivos y mandos y llegando hasta los niveles más bajos del organigrama de la empresa. Este aspecto es básico si realmente se desea que existan la implicación y participación de todos los miembros de la organización

Con respecto a los representantes de los trabajadores, la mejor postura es incluirlos en el proceso, de forma que puedan ratificar la objetividad del mismo. Es preciso no olvidar que si las principales aplicaciones de los resultados de las evaluaciones del rendimiento se van a centrar en temas salariales y de formación, estos aspectos, en la mayoría de las ocasiones, son negociados con dichos representantes, por lo que es preferible que participen en el programa desde el principio. Por otro lado, los programas de evaluación del rendimiento, como todas las actuaciones en el área de recursos humanos deben ser, para tener éxito, completamente transparentes, evitando, de esta forma, posibles suspicacias que podrían llevar al fracaso de todo el programa.

6. *Formar a los evaluadores y evaluados*

La actuación de los evaluadores y evaluados es la pieza clave del programa de evaluación del rendimiento, por lo que es preciso dedicarles una atención especial, a través de un programa de formación que deberá incluir, como mínimo, los siguientes temas:

- Si aún no se ha implantado en la empresa un sistema de gestión de recursos humanos por competencias, se deberá formar a evaluadores y evaluados sobre el significado e implicaciones del concepto.
- Importancia y utilidades de la evaluación del rendimiento, incidiendo en las ventajas que pueden obtener de la misma, tanto la empresa como las personas. Es importante que todos comprendan que la evaluación del rendimiento no es un intento de buscar causas de penalizar a los empleados, sino un sistema que, adecuadamente utilizado, facilitará el desarrollo personal y profesional de todos ellos.
- El método y los instrumentos de evaluación que se van a emplear. Es preciso, fundamentalmente, insistir en dos aspectos: la importancia de la autoevaluación por parte del evaluado, y la forma de preparar, realizar y evaluar la entrevista de evaluación, así como en la forma de utilizar correctamente los instrumentos concretos que se vayan a emplear.
- Los posibles errores que se pueden cometer en la evaluación del rendimiento y la forma de prevenirlos.

7. *Implantación del sistema*

Es el momento de poner en marcha la evaluación. En este caso, se seguirán una serie de etapas:

a) *Estudio piloto.* Se debe probar el sistema diseñado antes de implantarlo en toda la empresa. Para ello, se seleccionará un área de la organización (se suele elegir una en la que los empleados sean partidarios del sistema o estén más abiertos a la introducción de cambios) y se aplicará el programa, sin que los resultados del mismo tengan ningún tipo de consecuencias salariales para los empleados. La única finalidad de estos resultados obtenidos en el estudio piloto, será analizar la fiabilidad y validez del sistema, así como detectar los posibles errores del mismo.

b) *Revisiones*. En base a los resultados obtenidos en el estudio piloto, se introducen, en el sistema, las modificaciones necesarias.

c) *Implantación del sistema*. Es el momento de llevar a cabo la evaluación del rendimiento en toda la empresa. Es aconsejable, cuando los resultados de la evaluación se van a utilizar para la elaboración de planes salariales, no aplicar los resultados de la primera evaluación a la elaboración de los salarios reales. Es preferible informar a los empleados de cómo habrían quedado sus salarios tras la evaluación y esperar al año siguiente para incluir los resultados de la misma en el plan salarial, ya que de esta forma, todos los empleados pueden comprobar cómo van a influir las evaluaciones del rendimiento en los salarios antes que los mismos tengan una influencia efectiva.

8. Aplicación de los resultados

Es el momento de aplicar los resultados de las evaluaciones del rendimiento a la elaboración de planes salariales, a la definición de necesidades de formación, a la elaboración de planes de carrera, etc.

9. Seguimiento y actualización del sistema

Es preciso, si queremos que el sistema diseñado mantenga su fiabilidad, validez y utilidad, que se haga un seguimiento del mismo. Así, para comprobar la validez del sistema, se compararán los resultados de la evaluación del rendimiento con criterios externos referidos a los resultados de las áreas clave de la empresa (ventas, quejas de los clientes, rentabilidad, etc.).

Con respecto a la fiabilidad, será preciso trabajar con técnicas que nos informen sobre la consistencia interna del sistema utilizado. Por último, la utilidad se estudiará en base al análisis de cómo la introducción del programa de evaluación del rendimiento ha contribuido a la consecución de los objetivos empresariales, como mejora de la eficacia, de la eficiencia, del clima laboral o de la seguridad.

6.1.2. La evaluación

Podemos considerar que las dos técnicas más importantes en la evaluación del rendimiento dentro de un sistema de gestión de recursos humanos por competencias son:

- La entrevista de evaluación.
- La evaluación de 360°.

En los sistemas tradicionales, uno de los instrumentos más utilizados han sido las escalas, que, con la introducción de la metodología de los incidentes críticos, fueron derivando hacia la evaluación del rendimiento a través del estudio de las conductas de los empleados que les permitían obtener éxito en su trabajo.

Así, surgieron las Escalas de Clasificación mediante Anclajes Comportamentales (BARS), las Escalas de Conductas Esperadas (BES) y las Escalas de Observación Comportamental (BOS). Se puede encontrar una detallada descripción de estos instrumentos en De Quijano (1992).

Con la introducción del enfoque de competencias, las escalas han ido perdiendo relevancia y han pasado a ser un instrumento de apoyo y orientación durante la entrevista de evaluación o durante la evaluación de 360°.

1. La entrevista de evaluación

La evaluación del rendimiento exige la realización de una serie de actividades y el mantenimiento de contactos, más o menos formales, entre superior y subordinado, de forma que este proceso de evaluación continua se convierta en un sistema de dirección, apoyado en un constante diálogo entre ambos.

Todos estos contactos se formalizan una vez al año en la entrevista de evaluación, en la que se analizan los progresos del empleado, sus puntos fuertes y débiles, siempre con el objetivo de conocer su eficacia y eficiencia en el puesto, así como la forma más adecuada de favorecer su desarrollo personal y profesional. Por tanto, el proceso no se limita a la entrevista de evaluación propiamente dicha, sino que exige una serie de acciones en distintas etapas:

a) *Definición de objetivos.* Al principio de cada periodo de evaluación, cuando se inicia un nuevo trabajo o cuando el que se está realizando cambia de manera significativa, el evaluador y el evaluado se reúnen y fijan, conjuntamente, los objetivos del puesto para el periodo considerado, dentro de las distintas áreas clave, tales como ventas, calidad, productividad, innovación, costes, etc., siempre en función de los objetivos estratégicos de la empresa.

   Durante esta reunión, ambos discuten y confirman las competencias necesarias para el trabajo y para conseguir los objetivos fijados, apoyándose en el perfil de exigencias del puesto del evaluado, así como los medios, recursos y herramientas que van a ser necesarios.

   Esta reunión de fijación de objetivos se debe programar con antelación, de forma que el evaluado disponga, al menos, de una o dos semanas para prepararla. Asimismo, el evaluador deberá:

- Preparar la reunión, revisando los resultados de la evaluación anterior, de forma que tenga una idea clara de la contribución del evaluado hasta ese momento, y preparando una definición provisional de los objetivos que se le pueden fijar para el periodo siguiente.
- Hacer que el evaluado se sienta cómodo y entienda que esta reunión no es de evaluación, sino de planificación.
- Asegurarse de que, al final de la reunión, el evaluado y él han llegado a un acuerdo sobre las competencias y comportamientos que aquel va a necesitar en su trabajo, sobre la contribución que se espera de él en el próximo año, y sobre las acciones formativas necesarias para cubrir sus necesidades.

b) *Seguimiento de los progresos.* Regularmente, superior y subordinado, se reunirán informalmente para discutir el progreso de este último, analizar su actuación e identificar aquellas áreas en las que precise apoyo y formación. Estas reuniones se pueden realizar tan a menudo como ambos consideren necesario, aunque se suele recomendar un mínimo de dos anuales. También se acordarán las acciones necesarias para mantener el progreso o superar las dificultades. En estas reuniones no se suele utilizar ningún documento formal, aunque se deben guardar las notas informales que se elaboren.

c) *Entrevista de evaluación.* Se lleva a cabo anualmente, en las fechas fijadas en el programa de evaluación del rendimiento y, en ella, el evaluador y el evaluado discutirán las evaluaciones que, previamente, habrán preparado y acordarán el plan de desarrollo del evaluado para el año siguiente.
Dado que, a lo largo del año, se habrán llevado a cabo varias reuniones de seguimiento de los progresos, la entrevista de evaluación anual será una continuación lógica y un resultado de las anteriores. Antes de dicha entrevista:

- El evaluador revisará todas sus notas de las reuniones de seguimiento, los resultados de la definición de objetivos y todas las informaciones que tenga sobre el evaluado. Llevará a cabo su evaluación y convocará a la entrevista de evaluación al evaluado, con la antelación suficiente.
- El evaluado, por su parte, deberá llevar a cabo, con la misma minuciosidad, su autoevaluación, antes de la entrevista.
- El evaluador deberá crear un buen clima de comunicación durante la entrevista.

En la entrevista se tratarán los siguientes temas:

- El nivel de desarrollo que el evaluado ha mostrado en cada una de las competencias incluidas en el perfil de exigencias del puesto, resaltando

aquellos comportamientos en los que el evaluado ha demostrado tener necesidades de mejora.
- El grado de consecución, por el evaluado, de los objetivos fijados al principio del año, tanto de forma global, como en cada una de las áreas clave de resultados.
- Se establecerá el plan de mejora que se considere más adecuado para el evaluado.

Durante la entrevista de evaluación, el evaluador y el evaluado tratarán sus diferencias de opinión, siempre haciendo referencia a hechos y comportamientos observables, lo que facilitará el que lleguen a un acuerdo cuando partan de ideas u opiniones inicialmente diferentes.
La mejor forma de preparar la entrevista de evaluación, por parte del evaluador, es asegurarse, antes de la misma, de que conoce las respuestas a dos preguntas clave sobre el evaluado:

- ¿Qué hace en su trabajo? La respuesta a esta pregunta deberá indicar los comportamientos incluidos en el perfil de exigencias del puesto que está llevando a cabo el evaluado y cuales no. Es importante detectar posibles nuevos comportamientos que puedan llevar a mejorar la eficacia, eficiencia y/o seguridad del evaluado, sobre todo a causa de posibles cambios que se puedan haber ido produciendo en el trabajo o ante los nuevos problemas que hayan ido surgiendo en el día a día. Estos nuevos comportamientos deberán estudiarse para analizar la conveniencia o no de incluirlos en el perfil de exigencias del puesto.
- ¿Cuáles son las consecuencias de la actuación del evaluado? Esto es, hasta qué punto está consiguiendo los objetivos de eficacia, eficiencia y seguridad fijados; en definitiva, la respuesta a esta pregunta indicará hasta qué punto los comportamientos del evaluado están contribuyendo al éxito del negocio de la empresa.

Al utilizar la entrevista de evaluación, es preciso evitar una serie de errores que pueden introducir distorsiones sistemáticas en los resultados y como consecuencia, disminuir la validez de las evaluaciones, ya que al evaluar los comportamientos laborales del evaluado, el evaluador puede introducir elementos subjetivos que sesguen la objetividad del proceso.
Es necesario tener en cuenta que, en la medida en que una evaluación esté sesgada o distorsionada, la consecución de los objetivos fijados para su implantación se verá seriamente amenazada. Por ejemplo, el resultado puede ser promocionar o remunerar a empleados no merecedores de ello, ya que se aumenta significativamente la probabilidad de decisiones erróneas dentro del área de recursos humanos.

Los principales errores que es preciso prevenir a través de acciones formativas dirigidas a los evaluadores, que, durante las mismas, deben tener la oportunidad de experimentar sus propios errores y practicar las soluciones a los mismos, son:

- *Efecto de halo.* Es uno de los errores más frecuentes y se refiere a la tendencia a generalizar la evaluación de una persona a todos los aspectos de su rendimiento, a partir de la realizada en un aspecto determinado. Por ejemplo, hacer evaluaciones globales malas o buenas, simplemente porque el evaluado consigue unas buenas ventas.
- *Estimación temporalmente parcial.* Es la tendencia a evaluar el rendimiento obtenido durante el año evaluado, basándose sólo en lo observado en el periodo inmediatamente anterior a la evaluación.
- *Dureza o benevolencia.* Es el error cometido por los evaluadores para quienes todos los sujetos que evalúan son muy malos o muy buenos en todos los aspectos evaluados.
- *Medir la importancia de la tarea.* Algunos evaluadores pueden presentar la tendencia a evaluar a los sujetos en función de la importancia de la tarea que llevan a cabo, en lugar de hacerlo sobre el rendimiento obtenido en la misma.
- *Evaluar comparando.* Se produce cuando al evaluar a un trabajador se le compara con otro u otros empleados, en vez de hacerlo teniendo en cuenta únicamente sus comportamientos y resultados.

La entrevista de evaluación, por tanto, deberá facilitar:

- El acuerdo entre el evaluador y el evaluado en cuanto a los logros de este último.
- El acuerdo entre evaluador y evaluado sobre las áreas de mejora de éste último y las mejores formas de desarrollarlas al nivel adecuado.
- Una comunicación más fácil y fluida entre evaluador y evaluado.

2. *La evaluación de 360° (feedback de 360º).*

Es una técnica de evaluación que se apoya en la utilización de superiores, compañeros, subordinados e, incluso, clientes, para evaluar el rendimiento de una persona y definir sus necesidades de formación (ver figura 6.3).

Aunque es una técnica relativamente reciente y que, por su alto coste, se utiliza, fundamentalmente, para empleados que ocupan puestos medios y altos en la empresa, estamos de acuerdo con Wood y Payne (1998) cuando afirman que, por sus buenos resultados, se utilizará cada vez más, puesto que se adapta perfectamente al enfoque de competencias.

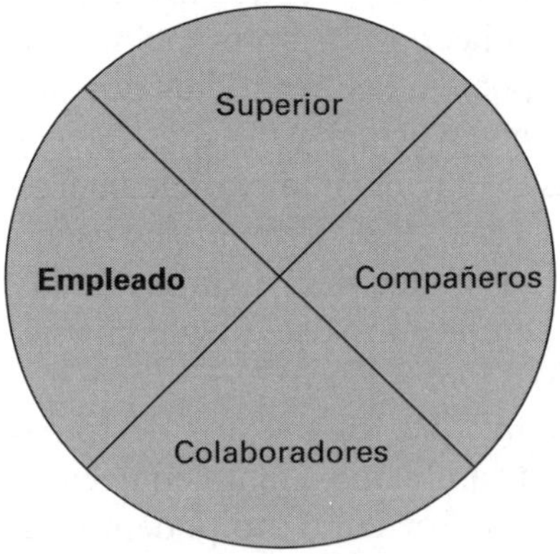

FIGURA 6.3. *La evaluación de 360°*

La evaluación de 360° consiste en llevar a cabo una reunión en la que los evaluadores emiten sus juicios sobre la persona evaluada y, posteriormente, se discuten las distintas opiniones hasta llegar a una evaluación común y a un plan de desarrollo, en función de las necesidades de formación que presenta, en su trabajo, el sujeto evaluado.

Posteriormente, se hace un informe único que, el superior directo del evaluado discute con él. Es importante que todos los aspectos incluidos en la evaluación se apoyen en comportamientos y hechos observables, de forma que las posibles discrepancias entre las opiniones de los evaluadores y el evaluado, se puedan analizar y discutir de forma objetiva.

6.2. LA EVALUACIÓN DEL POTENCIAL

Así como al hablar de la evaluación del rendimiento nos hemos estado refiriendo al juicio sobre la eficacia y la eficiencia con que un empleado realiza su trabajo actual, al abordar el tema de la evaluación del potencial, nos vamos a centrar en su futuro; esto es, *en lo que la persona puede llegar a hacer o ser dentro de la organización*. Por tanto, en este caso, nos introducimos en el campo de las predicciones, con el consiguiente riesgo de error, lo que obliga a trabajar de forma muy rigurosa.

Tradicionalmente, en muchas empresas sólo se hacían evaluaciones del potencial en aquellos casos en que se abordaba el tema de la sucesión de directivos, especialmente por el alto coste que suponía llevar a cabo estas evaluaciones de forma generalizada. Este coste, tanto temporal como económico, se reduce de forma significativa cuando en la empresa se lleva a cabo una gestión de recursos humanos apoyada en el enfoque de competencias.

Por otro lado, el planteamiento en el que los resultados de las evaluaciones de potencial se aplican sólo a las posibles promociones, puede resultar no sólo demasiado costoso, con respecto a los beneficios que produce, sino incluso inadecuado, en el mundo del trabajo actual, en el que, tal y como hemos explicado, los trabajos y las tecnologías evolucionan muy rápidamente, exigiendo, a los empleados una polivalencia funcional. Por ejemplo, ¿no estamos hablando de *potencial* cuando nos referimos a qué funciones, distintas de las que lleva a cabo actualmente, puede realizar un empleado? Este planteamiento nos obliga a analizar, en primer lugar, el concepto de *plan de carrera.*

Acabamos de comentar que los puestos de trabajo cambian rápidamente, pero las personas también cambiamos, tanto en nuestras competencias, como en nuestros intereses y valores. Por tanto, no podemos suponer que todos los empleados van a desear continuar y terminar su vida profesional en el mismo trabajo en que la comenzaron.

En función de todo esto, podemos definir el *plan de carrera* como *el programa para facilitar el desarrollo profesional de los empleados, dentro del marco definido por la estrategia de la empresa, en función de sus competencias, intereses y valores.*

Esta definición se refiere al *plan de carrera personal**. Sin embargo, el concepto de plan de carrera también debe referirse al *plan de carrera organizacional**, que se puede definir como *el programa que permite definir los caminos profesionales más probables que pueden seguir los empleados en función de los perfiles de exigencias de los puestos.*

De esta forma, el plan de carrera organizacional permitirá conocer cuáles son los puestos más próximos entre sí en cuanto a sus perfiles de exigencias y, por tanto, cuáles parecen ser los que más probablemente podrían ocupar en un futuro las personas que, en la actualidad, están realizando otro trabajo.

Una vez que disponemos de las informaciones proporcionadas por el plan de carrera organizacional, acudimos, de nuevo, al plan de carrera personal que, en estos momentos, se entiende de manera distinta a cómo se hacía hasta hace poco tiempo. Así, no se puede considerar que los conceptos de plan de carrera y promoción sean, hoy día, sinónimos, ya que nos podemos encontrar las siguientes situaciones:

a) *El puesto actual se modifica.* En este caso, la evaluación del potencial nos indicaría el de los empleados para hacer frente a las nuevas exigencias de sus puestos. Por tanto, el plan de carrera personal se referirá a las posibilidades de los empleados de seguir en su mismo puesto, aunque realizando funciones diferentes.
b) *El puesto actual desaparece.* Por tanto, será preciso tener en cuenta el potencial de los empleados que lo ocupan para tomar decisiones objetivas sobre su futuro y evolución en la empresa.

c) *Promoción*. En este caso, la evaluación del potencial indicará los empleados que podrán cambiar, con más facilidad, a otro puesto de superior categoría dentro de la empresa, bien dentro de su unidad funcional o en otra distinta.
d) *Cambio horizontal*. Se produce cuando el empleado desea redirigir su carrera profesional y, en la empresa, existen posibilidades de hacerlo, cambiando de puesto, pero no de nivel jerárquico. La evaluación del potencial nos indicará sus posibilidades de realizar el cambio.
e) *Cambio descendente*. Es un tipo de cambio que se utiliza muy poco en nuestras empresas, y que, si no se hace bien, puede dar lugar a problemas legales y de relación con los empleados. Sin embargo, pensamos que, cada vez, irá siendo más frecuente. Incluimos, en este apartado, aquellos cambios de puesto que implican un descenso en el nivel y estatus del trabajador (que puede ser temporal o definitivo) y que puede deberse a la desaparición de un puesto, a que el empleado quiera redirigir su carrera profesional, a solucionar un problema creado por una promoción equivocada, etc.

En todos estos casos, la evaluación del potencial no debe concebirse como un hecho puntual y aislado, sino como un proceso integrado con el resto de las funciones del área de recursos humanos. Más en concreto, el momento de la evaluación del rendimiento es una buena ocasión para recoger informaciones sobre el potencial de los empleados.

Es preciso, en primer lugar, disponer, en la empresa, de los perfiles de exigencias de los puestos, lo que permitirá elaborar el plan de carrera organizacional. A partir de esa información, las evaluaciones del potencial deberán tener en cuenta una serie de informaciones que se complementarán entre sí:

a) *Resultados psicométricos*. Los resultados obtenidos por los empleados en los exámenes psicométricos que hayan realizado, durante el proceso de selección o durante su permanencia en la empresa, proporcionarán información sobre sus aptitudes, intereses, personalidad, etc. Es claro que estos datos no proporcionarán información sobre si una persona posee o no unas determinadas competencias, pero sí indicarán el potencial de la persona para adquirirlas, desarrollarlas, activarlas y/o inhibirlas.
b) *Evaluaciones del rendimiento*. Ya hemos comentado anteriormente que los resultados de las evaluaciones del rendimiento no son una fuente de información decisiva a la hora de tomar decisiones sobre promociones o cambios de puesto. Sin embargo, dentro de un enfoque de competencias, los resultados de dichas evaluaciones proporcionan importantes informaciones sobre las competencias que poseen los empleados y su nivel en las mismas, lo que permite compararlas con las incluidas en el perfil de exigencias del puesto o puestos que podría ocupar el empleado.

c) *Estimaciones del potencial*. Son las estimaciones que, sobre el potencial de los empleados, hacen habitualmente sus superiores directos, siempre en base a los perfiles de exigencias de los puestos objetivo. Estas estimaciones del potencial deben hacerse siempre con total rigurosidad y con la máxima objetividad posible, siguiendo un procedimiento similar al explicado para la evaluación del rendimiento.
Las estimaciones del potencial deben hacerse teniendo en cuenta los intereses personales y profesionales del empleado, siendo de importancia crucial detectar sus puntos fuertes y débiles, así como sus posibilidades de desarrollo de las competencias que exige el puesto objetivo y que, en ese momento, el empleado no posee, o las tiene pero en un nivel inferior al exigido.

d) *Evaluación del potencial*. Son evaluaciones directas del potencial de los empleados que, en general, se llevan a cabo cuando se tratan de encontrar candidatos para puestos directivos o muy específicos. En general, para estas evaluaciones se suelen utilizar los centros de evaluación, que explicaremos en el capítulo siguiente.

El tema de la evaluación del potencial, en un primer momento, podría asustar por el esfuerzo y el coste que parece suponer. Sin embargo, cuando se incluye dentro del programa de actuación de una gestión integrada de recursos humanos y utilizando el enfoque de competencias, el esfuerzo y el coste económico se reducen significativamente, al tiempo que se obtienen importantes mejoras en la eficacia, eficiencia, seguridad y satisfacción de los empleados, lo que se traduce en que la evaluación del potencial se convierte en una rentable inversión para la empresa.

CONCLUSIONES

La evaluación del personal, el conocimiento de las personas que conforman la organización, es uno de los pilares en que se apoya la gestión de recursos humanos. Por ello, dos aspectos básicos en la misma es conocer el rendimiento, la eficacia y eficiencia de los empleados en su puesto de trabajo y evaluar su potencial, el desarrollo profesional futuro que los empleados pueden tener dentro de la empresa.

Los programas de evaluación del rendimiento tienen, entre otras, dos principales aplicaciones en las empresas. En primer lugar, ayudan a determinar el componente variable de los salarios de los empleados, en función de la eficacia y eficiencia con que realizan su trabajo; en segundo lugar, permiten conocer las carencias formativas que pueden tener los empleados para desarrollar su trabajo y, por tanto, facilitar la elaboración de programas formativos que permitan superarlas.

Por su parte, la evaluación del potencial permite determinar cuál parece ser el mejor camino profesional que cada empleado puede seguir dentro de la organización, al tiempo que proporciona información sobre las acciones formativas necesarias para que, en su momento, el empleado que ocupe un nuevo puesto pueda desempeñar con la necesaria eficacia, eficiencia y seguridad, las funciones incluidas en el mismo.

BIBLIOGRAFÍA BÁSICA

Gómez-Mejía, L. R., Balkin, D. B. y Cardy, R. L. (1998). *Gestión de recursos humanos*. Madrid: Prentice Hall.

Matute, E. (1974). *Guía para la calificación y promoción del personal*. Madrid: Ibérico Europea.

Puchol, L. (1993). *Dirección y gestión de recursos humanos*. Madrid: ESIC.

Quijano de Arana, S. D. (1992). *Sistemas efectivos de evaluación del rendimiento: Resultados y desempeños*. Barcelona: PPV.

PARA SABER MÁS

Berman, J. A. (1997). *Competence-based employment interviewing*. Westport: Quorum Books.

Cardy, R. L. y Dobbins, G. H. (1994). *Performance appraisal: Alternative perspectives*. Cincinnati, OH: Southwestern.

Gan, F., Alonso, B., Batalla, F., Casals, D., Fabra, G., Francisco, E. De, Puyol, S., Sardañés, E. y Urbano, M. A. (1996). *Manual de programas de desarrollo de recursos humanos*. Barcelona: Apóstrofe. Matute, E. (1974).

Capítulo 7

RECLUTAMIENTO Y SELECCIÓN DE PERSONAL

OBJETIVOS

En este capítulo, vamos a abordar el tema del reclutamiento y selección del personal, actividades dirigidas a la adquisición de las competencias que necesita la organización, en un momento y lugar concreto, para alcanzar sus objetivos, y que la permitirán disponer de un personal «satisfactorio» y «satisfecho», que desempeñe su trabajo con los niveles óptimos de rendimiento, comodidad, satisfacción y seguridad.

En concreto, después de la lectura del capítulo, se conocerán:

1. Las principales fuentes de reclutamiento tanto internas como externas a la organización.
2. Las informaciones que se deben incluir en el perfil de exigencias del puesto y el proceso de identificación y definición de las competencias relevantes para el desempeño del trabajo.
3. Las fases del proceso de selección, sus objetivos y los principales métodos y técnicas utilizados durante el mismo.
4. Los objetivos y fases en el desarrollo de la entrevista de selección de personal*.
5. Las diferencias entre la entrevista de selección basada en competencias y la entrevista «tradicional» o de «rasgos».
6. Las características, ventajas y exigencias que plantea el desarrollo de un Assessment Center* como proceso de evaluación de competencias.

INTRODUCCIÓN

Al llevar a cabo la planificación de recursos humanos, se habrán determinado qué cambios se van a producir en la composición tanto cuantitativa como cualitativa de la plantilla, debido a los cambios previstos en los puestos de trabajo (creación, modificación y/o eliminación), salida de trabajadores (jubilaciones, despidos, etc.) o imprevistos derivados de bajas, accidentes o enfermedades. Cambios que conllevarán la planificación de la adquisión, desarrollo, activación y/o inhibición de las competencias necesarias para que la organización pueda alcanzar sus objetivos en el plazo previsto

Los procesos de reclutamiento y selección del personal, como herramienta de gestión de recursos humanos para la adquisición de competencias, deberán partir del análisis minucioso de las necesidades de la organización, y tener en cuenta los plazos en los que los empleos vacantes deberán estar cubiertos, de forma que pueda optimizarse todo el proceso.

Debe tenerse en cuenta que las acciones de reclutamiento y selección son fases de un proceso más amplio que, tal y como puede observarse en la figura 7.1, comienza con el análisis de las necesidades de selección, y finaliza con la incorporación del candidato elegido al puesto de trabajo.

Durante el análisis de las necesidades de selección, los responsables del proceso, en función de las concretas de la organización, deberán tomar una serie de decisiones que marcarán el tipo de reclutamiento a realizar (interno o externo) y las características y fases concretas del proceso de selección.

La selección de personal tiene como objetivo principal encontrar al candidato más adecuado para un puesto de trabajo determinado, teniendo en cuenta tanto las necesidades y características de la organización como las del trabajador.

Por ello, el conocimiento de las exigencias de los puestos de trabajo, en particular, y de la organización, en general, permitirá seleccionar personal realmente adecuado para el puesto de trabajo en cuestión, que sea capaz de hacer frente a

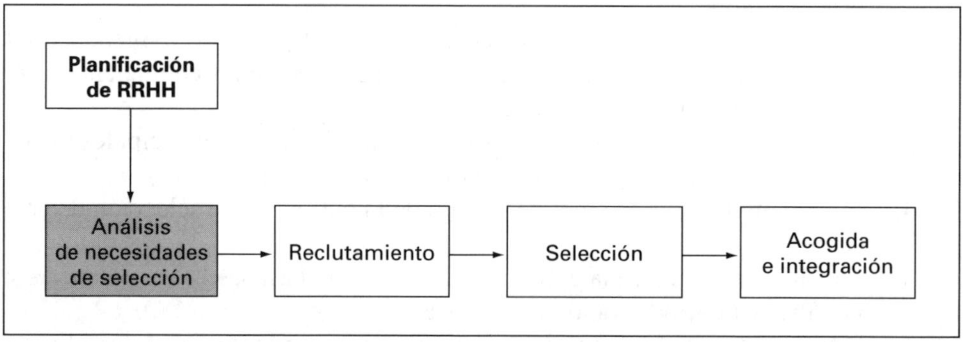

FIGURA 7.1. *Proceso de incorporación de un empleado a un puesto de trabajo*

las demandas de las funciones/tareas, del entorno físico, social y organizacional que plantee el mismo; y que, a su vez, el puesto se adecue a las necesidades, intereses y objetivos del trabajador.

Por tanto, los procesos y técnicas utilizadas para la selección de personal deben asegurar que el futuro empleado estará en disposición de desempeñar el trabajo con los niveles adecuados de rendimiento, satisfacción, comodidad y seguridad; es decir, que sabrá hacer, podrá hacer y querrá hacer su trabajo, siempre y cuando la organización le proporcione las condiciones y medios necesarios para su realización.

Las repercusiones negativas que puede tener para la organización, un posible error en la selección del personal, hace imprescindible diseñar procesos objetivos y sistemáticos, así como utilizar métodos e instrumentos que tengan las suficientes garantías sobre su fiabilidad y validez. Este aspecto se ve facilitado con el empleo del enfoque de competencias, tal y como expondremos a lo largo del capítulo.

7.1. ASPECTOS PREVIOS: LA ELABORACIÓN DEL PERFIL DE EXIGENCIAS DEL PUESTO DE TRABAJO

El paso previo a cualquier acción de reclutamiento y selección es conocer el contenido y condiciones del puesto de trabajo que es preciso cubrir; es decir, conocer los objetivos, funciones y/o tareas, responsabilidades y contexto físico, social y organizacional que implica su desempeño y en el cual se hallará inmerso su ocupante.

Estas informaciones, se recogen a través de las técnicas de análisis de puestos y son plasmadas en la descripción del puesto. Del análisis de las informaciones contenidas en la descripción del puesto se podrán extraer las exigencias formativas, de experiencia, de competencias, etc., que plantea éste a su ocupante; es decir, se podrá elaborar el perfil de exigencias del puesto, tal y como expusimos en el capítulo 2.

Asimismo, en el capítulo 5 explicamos el proceso para la elaboración del catálogo de competencias de la organización, información básica para poder llevar a cabo la planificación de recursos humanos, donde se incluyen los perfiles de exigencias de los puestos. Sin embargo, consideramos necesario volver a insistir sobre el tema, debido a su importancia para poder llevar a cabo programas de reclutamiento y selección efectivos.

El objetivo de todo proceso de selección es predecir el futuro desempeño de una determinada persona en un puesto de trabajo y una organización concreta; por tanto, la determinación del perfil de exigencias es un aspecto clave, ya que los factores contemplados en él actuarán como predictores a la hora de pronosticar que la adaptación del trabajador al puesto y, viceversa, será la adecuada.

Una de las grandes ventajas que aporta el enfoque de competencias, es que, por un lado, facilita la elaboración del perfil de exigencias del puesto y, por otro, facilita su posterior comparación con el perfil de competencias de los candidatos.

La utilización del enfoque de rasgos implica inferir a partir de la descripción del puesto, los rasgos que sería preciso que tuviera el futuro trabajador para poder llevar a cabo las funciones/tareas y responsabilidades del puesto y, posteriormente, predecir el futuro desempeño del candidato en base a los rasgos inferidos. Sin embargo, el enfoque de competencias evita el paso intermedio, atendiendo directamente a los comportamientos exigidos por el puesto, ya que estos configuran el perfil de exigencias del mismo, lo que elimina uno de los aspectos más conflictivos de todo el proceso, debido a que se evita tener que hacer extrapolaciones e inferencias, las cuales pueden estar sujetas a deformaciones subjetivas.

En el perfil de exigencias se suelen incluir las siguientes informaciones (ver figura 7.2):

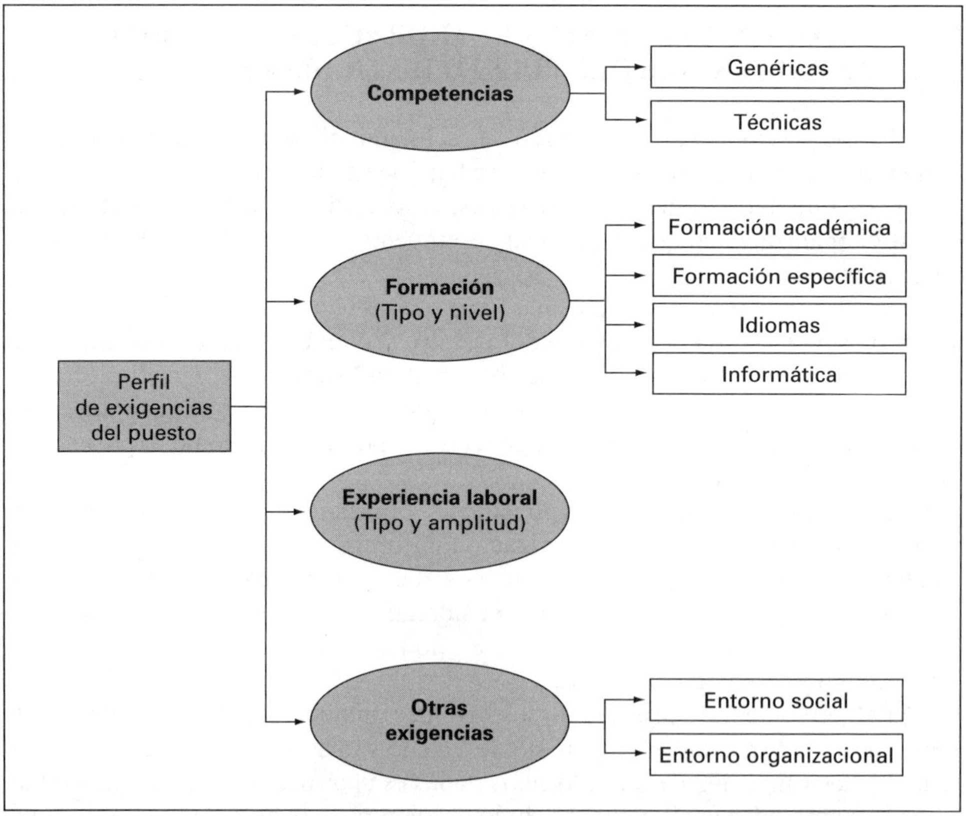

FIGURA 7.2. *Informaciones del perfil de exigencias del puesto de trabajo*

1. Competencias

En este apartado se especifican las competencias necesarias y relevantes para el desempeño eficaz, eficiente y seguro del puesto de trabajo.

En el caso de que la empresa no disponga del catálogo de competencias, un posible proceso que se puede seguir para su identificación, se presenta a continuación:

a) Análisis de las informaciones contenidas en la descripción del puesto de trabajo.
b) Analizar con el superior del puesto a seleccionar y/o con los actuales ocupantes del puesto, las competencias que ellos consideran relevantes para el desempeño óptimo del mismo, así como las que consideran claves para su integración en el equipo de trabajo o departamento.
c) Identificar a partir de las informaciones anteriores las competencias esenciales para el desempeño del puesto de trabajo.
Una competencia se puede detectar a partir de un conjunto de comportamientos que conducen a la consecución de un fin u objetivo determinado. Por ejemplo, mecanografiar, negociar, coordinar, organizar, etc.
d) Definir operativamente las competencias identificadas. Las definiciones deben ser claras y precisas, de tal forma que, posteriormente, cuando sean utilizadas durante el proceso de selección dejen el menor margen posible a las personas que intervendrán para suponer o interpretar a la hora de valorar al candidato.
e) Describir los comportamientos asociados a cada competencia.

Con respecto al tipo de competencias que van a formar parte del perfil de exigencias del puesto, diferenciamos entre:

- *Competencias genéricas.* Estas competencias pueden ser comunes a puestos muy distintos y, por tanto, algunos de sus comportamientos asociados son transferibles de unos puestos a otros, razón que las hacen especialmente importantes a la hora de valorar el potencial de los candidatos y pronosticar en base a ellas, su posible desarrollo profesional dentro de la organización. Ejemplos de competencias genéricas serían, iniciativa, colaboración, flexibilidad, etc. Estas competencias, fundamentalmente, se adquieren a través de la experiencia, si bien se pueden potenciar o desarrollar con la realización de acciones formativas específicas.
- *Competencias técnicas.* Son las competencias que están implicadas en la correcta ejecución de las funciones/tareas de un puesto de trabajo concreto, exigen la puesta en práctica de conocimientos y habilidades técnicas específicas y, por tanto, sus comportamientos asociados están directamente re-

feridos al área técnica y/o funcional donde se desempeña el trabajo. Por ejemplo, mecanografiar, soldar, conducir, elaborar un plan de emergencias, dominar la utilización de medios audiovisuales en formación, etc.
Por ello, estas competencias a diferencia de las genéricas son más difícilmente transferibles a otros puestos que no pertenezcan a la misma área técnica y/o funcional.
En este apartado, es preciso no olvidar que, actualmente, los puestos de trabajo cambian rápidamente y no permanecen estables durante mucho tiempo; razón por la cual, en la elaboración del perfil de exigencias además de determinar las competencias necesarias para el correcto desempeño del trabajo, en el momento presente, también habrá de tener en cuenta los cambios que se prevé que a corto, medio y largo plazo vayan a producirse, ya que modifican dicho perfil de exigencias.

2. *Formación y experiencia*

En este apartado se especifica la formación teórico-práctica y la experiencia laboral que debe poseer el futuro trabajador, informaciones que se obtienen a partir del análisis de las competencias exigidas por el puesto.

La formación y experiencia marcan el grado de cualificación del trabajador, informaciones que cuando se van a utilizar para la selección del personal facilitan acudir a las fuentes más adecuadas de reclutamiento y la posterior preselección de los candidatos.

a) *Formación*, tanto para la formación académica como para la específica es preciso indicar el tipo y nivel de los conocimientos exigidos.
A la hora de determinar la formación básica (reglada), lo importante no es identificar el título que debe tener el futuro trabajador, sino el contenido de la formación que ha debido seguir y que sea imprescindible para un desempeño adecuado de las funciones y tareas del puesto. A excepción, lógicamente, de aquellos casos en los que las limitaciones legales existentes obligan a que sea así. Por ejemplo, las titulaciones con las que se puede acceder al puesto de técnico en recursos humanos son múltiples (psicología, derecho, económicas, administración de empresas, etc.); sin embargo, para poder extender una receta médica es preciso estar licenciado en medicina y estar colegiado.
Con respecto a la formación específica, al igual que en el caso anterior, lo que importa es el tipo de conocimientos y el nivel en el que se deben poseer; por tanto, no se trata de especificar que el candidato posea un título o una especialización, sino señalar el conjunto de conocimientos específicos que no pueden ser obtenidos a través de la formación reglada, y que

van a permitir o facilitar que el trabajador pueda realizar las funciones y/o tareas encomendadas. En este caso, también existen excepciones; por ejemplo, para trabajar como técnico en prevención de riesgos laborales además de poseer unos determinados conocimientos específicos, se debe poseer el título de especialización que lo acredite.
En este apartado, también se incluyen exigencias relacionadas con conocimientos de idiomas o informática.

b) La *experiencia profesional* es otro de los requerimientos básicos que se establecen en el perfil. Hemos comentado que, por ejemplo, las competencias denominadas genéricas, fundamentalmente, se adquieren a través de la experiencia. Por ello, es necesario establecer el tipo de experiencia requerida y su amplitud. Por ejemplo, el puesto de encargado de mantenimiento en la empresa «X» puede exigir una experiencia de 3 años como técnico de mantenimiento y 1 año como responsable de equipo, realizando determinadas funciones.

Los criterios de formación y experiencia están muy relacionados y, este aspecto debe tenerse en cuenta a la hora de definir el perfil. Por ejemplo, una persona podría acceder al puesto de mecánico del automóvil, a través de una F.P. II, o con una formación de graduado escolar y una experiencia profesional de tres años como mecánico ayudante.

3. *Otras exigencias*

Además de las exigencias señaladas hasta el momento, existen otras que van a estar marcadas por el entorno social y organizacional en el que se haya inmerso el puesto. Nos estamos refiriendo a disponibilidad para dedicaciones especiales (viajes, desplazamientos u horarios), condiciones salariales, carnet de conducir, etc., factores que pueden afectar directamente al grado de adaptación entre el individuo, el puesto y la organización.

4. *Recomendaciones*

Aunque las informaciones de este apartado no forman parte del perfil de exigencias del puesto, en ocasiones, se incluyen recomendaciones sobre características personales de los ocupantes de los puestos como edad, sexo, etc. Estas características personales en ningún momento se deben tomar como una acción discriminatoria hacía ningún tipo de grupo, siendo imprescindible que cada una de ellas esté justificada objetivamente.

Por ejemplo, pensemos en un puesto que exige la manipulación frecuente de objetos con un peso de aproximadamente 20 Kg., para la realización de esta tarea, sería recomendable que la realizaran hombres con una edad comprendida entre los 18 y 35 años, pero esta recomendación, no significa que no se pueda seleccionar a mujeres o varones con una edad distinta que posean las condiciones físicas necesarias para llevar a cabo la tarea. Otro caso, podría ser cuando la empresa se quiere beneficiar de determinadas ventajas fiscales por la contratación de personas que pertenecen a colectivos específicos (discapacitados, mayores de 45 años, etc.), y para acogerse a estas ventajas se establecen este tipo de recomendaciones.

En resumen, en el perfil del puesto deberán quedar claramente identificadas las exigencias a nivel de conocimientos, experiencia, competencias, disponibilidad, etc., diferenciando las que son un requisito imprescindible, de las que son recomendables.

7.2. EL RECLUTAMIENTO

Cuando es preciso cubrir una vacante (producida por la baja de un empleado, por la creación de un nuevo puesto, por incremento de la plantilla,...) se puede hacer incorporando una persona del exterior de la empresa o con una que ya pertenezca a la misma. Sea cual sea la decisión que se tome, es preciso buscar y captar posibles candidatos para ocupar el puesto; esto es, es preciso llevar a cabo un proceso de *Reclutamiento.*

El Reclutamiento es el *proceso por medio del cual,* los responsables de la selección, contratación y/o promoción, *consiguen candidatos suficientes que, en principio, parecen reunir las competencias exigidas por el puesto, de forma que, posteriormente, pueda/n seleccionarse a la/s persona/s más idónea/s para cubrir las vacantes existentes en la organización.*

Una pregunta que suele surgir cuando se está planificando un programa de reclutamiento es precisar cuál es el número de candidatos que se puede considerar *suficiente.* Sin embargo, es prácticamente imposible dar un número generalizable a cualquier puesto y situación, habrá ocasiones en que las propias características del puesto, harán que sea muy bajo el número de candidatos potenciales, por lo que conseguir dos o tres, ya sería un éxito.

Por otro lado, debemos tener en cuenta que un número elevado de candidatos no garantiza el éxito del proceso de reclutamiento. Así, en ocasiones, un anuncio en prensa puede proporcionar muchas candidaturas; sin embargo, después de llevar a cabo la preselección de los curricula, se puede encontrar que ninguno de los candidatos reúne los requerimientos mínimos exigidos por el puesto. En este caso, el número de candidaturas habrá sido muy alto pero no se habrán conseguido los resultados esperados. Lo más probable, en este caso, es que el error haya estado en la elección de la fuente de reclutamiento (el periódico, en este caso particular).

Por tanto, una fuente de reclutamiento no es mejor o peor sólo en función del número de candidatos que proporciona, sino que este aspecto cuantitativo, está modulado por otro cualitativo, que los candidatos posean la cualificación exigida por el puesto.

El proceso de reclutamiento, una de las fases de mayor importancia para conseguir que la empresa disponga de las personas con las competencias necesarias en el momento preciso, generalmente, ha recibido muy poca atención, limitándose, en numerosas ocasiones, los responsables de su realización, a insertar anuncios de empleo en prensa, independientemente de las características del puesto a cubrir.

Al llevar a cabo la planificación de recursos humanos, se especificarán los empleos que se prevé se podrán cubrir con trabajadores de la propia organización *(reclutamiento interno**)*, así como aquellos que será conveniente cubrir con contrataciones del exterior de la empresa (*reclutamiento externo**) y, como consecuencia, es necesario estudiar las posibles fuentes de reclutamiento que, más probablemente, proporcionarán candidatos cualificados.

7.2.1. Reclutamiento externo

El reclutamiento externo se refiere a la búsqueda, fuera de la empresa, de candidatos para ocupar un puesto de trabajo. Su objetivo es captar personas que estén interesadas en incorporarse a la organización y reúnan el nivel de cualificación exigido por el trabajo.

Aunque en este apartado vamos a exponer las principales fuentes de reclutamiento externo, es necesario tener en cuenta que dichas fuentes pueden tener más o menos importancia en cada localidad y/o sector laboral y que pueden cambiar a causa de modificaciones en la legislación (por ejemplo, en 1994 se legalizaron en España las Empresas de Trabajo Temporal).

Con estas premisas, se puede decir que las principales fuentes, dentro del reclutamiento externo, son (ver figura 7.3):

1. *Las oficinas del INEM*, aunque es una fuente que tradicionalmente se ha utilizado para el reclutamiento de personal de baja cualificación, sin embargo, puede proporcionar candidatos, que en la actualidad están en situación de desempleo, para cualquier tipo de puesto y sector.
2. *Facultades y Escuelas Universitarias,* es una fuente de reclutamiento especialmente indicada para Titulados Medios y Superiores sin experiencia. Cada vez es más habitual encontrar en las Universidades los COIE (Centro de Orientación e Información de Empleo), que actúan como intermediarios entre las organizaciones ofertantes de empleo y los estudiantes.

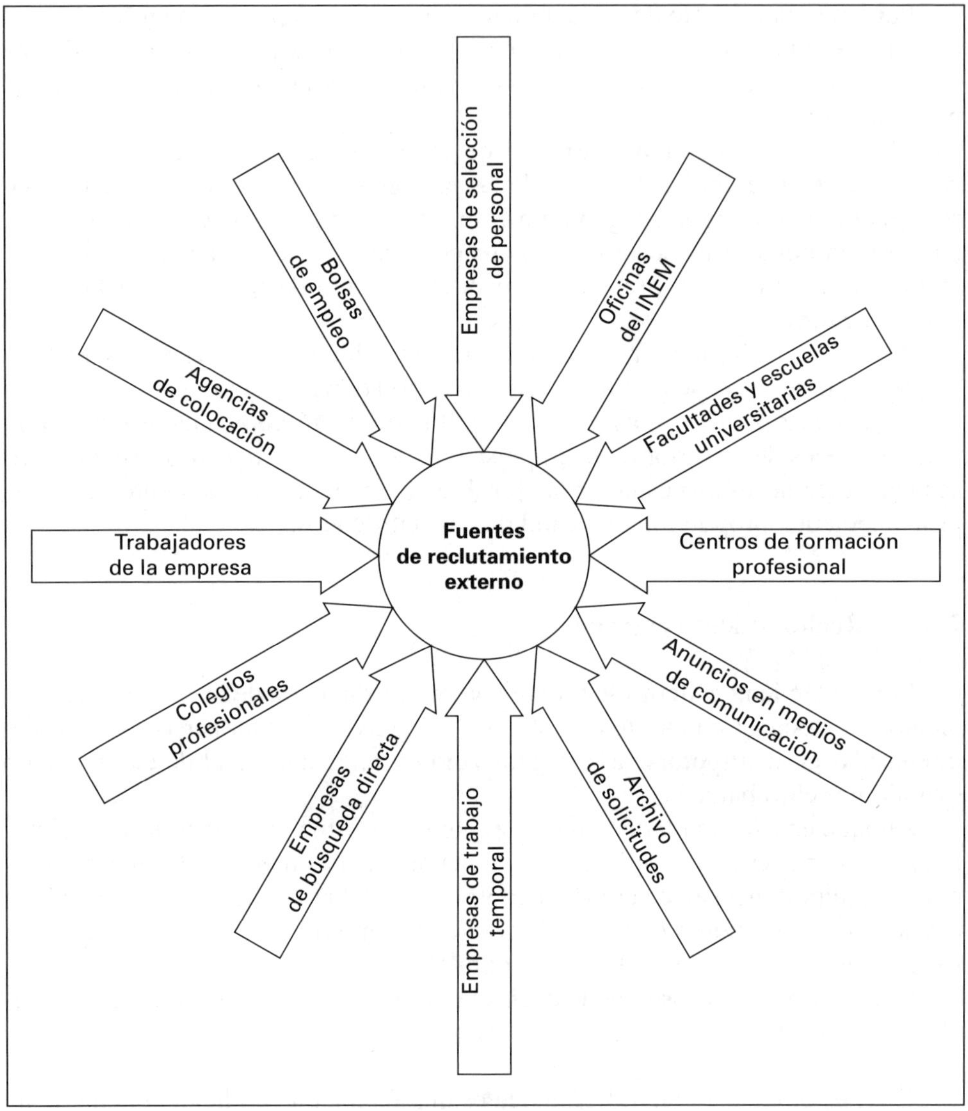

FIGURA 7.3. *Fuentes de reclutamiento externo*

Con respecto a este tipo de fuentes es preciso señalar que, cada vez son más frecuentes los convenios entre empresas y universidades, a través de los cuales, aquellas disponen de alumnos becarios que, durante un determinado período, hacen prácticas en las organizaciones. Esto puede facilitar la posterior elección del candidato más adecuado para un puesto determinado, después de haberle visto desenvolverse en el «mundo real».

También, son cada vez más habituales las presentaciones y foros de empleo organizados por las universidades y las organizaciones de alumnos, en los que, las empresas interesadas, pueden impartir conferencias de presentación, repartir folletos informativos, mantener entrevistas preliminares con posibles candidatos, recoger curricula, etc.

3. *Centros de Formación Profesional.* Muy útiles para reclutar candidatos para puestos administrativos, especialistas y técnicos jóvenes sin experiencia.

   Además de los centros de Formación Profesional, están los Institutos de Formación Ocupacional que han creado numerosas Administraciones Autonómicas y Municipales y que, imparten formación especializada y actualizada, en función de las necesidades detectadas en el mercado empresarial.

4. *Anuncios en medios de comunicación,* aunque el anuncio en prensa es el medio tradicionalmente más utilizado, recientemente, han ido adquiriendo cada vez más importancia otros medios como la radio, la televisión e internet. Es una fuente de reclutamiento que permite obtener en un breve plazo de tiempo, un alto número de candidaturas. Sin embargo, tal y como ya hemos comentado, un elevado número de candidaturas no asegura el éxito en el proceso de selección, por lo que habrá que analizar minuciosamente las informaciones que deben incluir los anuncios para que estos sean eficaces y únicamente sean contestados por candidatos que cumplan los niveles de cualificación requeridos.

   Asimismo, los distintos medios de comunicación disponen de secciones donde los candidatos ofrecen sus servicios. Por ejemplo, en internet existen páginas web donde se puede acceder a los curricula de personas que se ofrecen para trabajar para un amplio abanico de puestos y de muy distintas procedencias geográficas.

5. *El archivo de solicitudes,* una de las fuentes de reclutamiento más útiles y económicas, si la organización dispone de un buen sistema de archivo de candidaturas, que le permita en un breve periodo de tiempo acceder a la información.

   Es conveniente que en la base de datos estén incluidos:

   a) Candidatos que anteriormente participaron en algún proceso de selección y no fueron elegidos, pero que pueden ser válidos para otros puestos.
   b) Candidatos que contestaron a alguna acción de reclutamiento anterior y de los que sólo se posee su curriculum.
   c) Candidatos presentados espontáneamente en la empresa.
   d) Antiguos empleados que estuvieron contratados temporalmente y que tuvieron que dejar la empresa por falta de vacantes.

Para que esta fuente sea eficaz, es necesario mantener actualizada la base de datos, de forma que, periódicamente, se confirmen los datos de los candidatos e, incluso, su interés por seguir ingresando en la empresa. Esta fuente de reclutamiento, si está bien estructurada y organizada, deberá ser, siempre, la primera a la que acudir, ya que si se encuentran, en la misma, los candidatos necesarios, se ahorrará tiempo, esfuerzo y dinero, a la vez que incidirá positivamente sobre la imagen de la empresa.

6. *Las Empresas de Trabajo Temporal,* con una corta trayectoria todavía en nuestro país (Ley 14/1994, de 1 de junio) y que, pueden proporcionar trabajadores que se necesitan sólo durante un período relativamente corto de tiempo.
   Es una fuente de reclutamiento especialmente utilizada para puestos operativos y administrativos, aunque su actividad se va extendiendo a otros tipos de puestos, ya que su utilización permite a las empresas usuarias, por un lado, disminuir el tiempo y los costes asociados al reclutamiento y a la selección y, por otro, comprobar, sin ningún compromiso, cómo trabaja un empleado antes de hacerle un contrato temporal o indefinido.
7. *Empresas de búsqueda directa* (head hunting), útiles para reclutar candidatos para puestos muy concretos, de difícil acceso por otros medios, generalmente se suele utilizar para puestos directivos, aunque es preciso considerar el alto coste que puede tener su empleo.
8. *Los colegios profesionales*, a través de sus bolsas de trabajo pueden ser muy útiles cuando el puesto requiere que su ocupante posea una determinada titulación.
9. *Los propios trabajadores de la empresa*, pueden hacer una importante labor de reclutamiento, proporcionando candidaturas procedentes de familiares, amigos y conocidos que sean adecuados para los puestos que se necesitan cubrir. Para utilizar esta fuente, sin embargo, es preciso que se conozcan las «reglas de juego» y que las recomendaciones, no van a tener ningún efecto sobre la decisión de contratar o no al candidato, sea cual sea el nivel que ocupa en la empresa la persona «recomendante».
   Si esto no es así, es preferible no utilizar esta fuente, porque lo único que se favorecería sería el «amiguismo» y la creación de «clanes», con las evidentes consecuencias negativas para la posterior eficacia de la empresa.
10. *Agencias u oficinas de colocación*. Se refieren a *cualquier persona física o jurídica que sirva de intermediario para procurar un empleo a un trabajador o un trabajador a un empleador* (OIT).
    En España, además de los organismos públicos que actúan como agencias de colocación, a partir de la entrada en vigor del Real Decreto 735/1995, de 5 de mayo, se regula la actuación de las agencias de colocación sin fines lucrativos.

Estas agencias de colocación pueden ser tanto personas físicas como jurídicas, y el hecho de que no tengan fines lucrativos no significa que sus servicios sean gratuitos, ya que pueden recibir una remuneración (del empresario o del trabajador) que debe limitarse a los gastos ocasionados por los servicios prestados.
Las agencias deben estar autorizadas por el INEM, por lo que es necesario firmar un convenio de colaboración con el mismo y restringir su ámbito de actuación, tanto territorial como funcional, a lo que se especifique en el mismo.

11. *Bolsas de empleo,* además de las comentadas, existen también bolsas de empleo en numerosas instituciones tanto públicas como privadas; ayuntamientos, cámaras de comercio e industria, escuelas de negocio, centros de formación especializados, etc.
12. *Empresas de selección de personal,* muchas organizaciones recurren a ellas para llevar a cabo el reclutamiento y el proceso de selección o algunas de sus fases. Son especialmente útiles cuando se busca personal con un alto grado de cualificación o muy específica. Generalmente cobran por sus servicios, a la empresa solicitante, una comisión o porcentaje del salario que recibirá el nuevo empleado.

En definitiva, el responsable del reclutamiento, deberá estudiar y conocer todas estas fuentes, para poder decidir rápida y eficazmente, en cada caso, a cuál acudir para tener las máximas garantías de que va a poder reclutar personas con las competencias exigidas para poder conseguir los objetivos empresariales y de recursos humanos.

7.2.2. Reclutamiento interno

Los candidatos para ocupar un determinado puesto de trabajo, se pueden conseguir, también, dentro de la empresa; es decir, se pueden buscar entre los propios trabajadores que deseen ocupar otro puesto distinto del actual.

Generalmente, cuando se habla de reclutamiento interno, se piensa automáticamente en promoción interna y, por tanto, que éste implica un cambio a un nivel jerárquico superior. Sin embargo, también se pueden realizar cambios horizontales, esto es, cuando un empleado cambia a otro puesto que está incluido en la misma categoría laboral.

En general, con este tipo de actuaciones se consigue aumentar la motivación de los trabajadores, al mismo tiempo que permite disminuir los costes del reclutamiento y del proceso de selección (Goméz-Mejía, Balkin y Cardy, 1998), siempre y cuando la empresa disponga de evaluaciones del personal actualizadas, así como del tiempo de adaptación del trabajador al puesto y a la organización.

Sin embargo, si se quiere realizar bien y que los cambios internos tengan éxito, es imprescindible que se lleven a cabo rigurosamente y se siga un proceso objetivo en el que:

- Se informe, por los canales adecuados, de la política de promociones y de las vacantes que se produzcan.
- Se tomen las decisiones en base a un estudio de las competencias de los posibles candidatos, tan riguroso o más que cuando se lleva a cabo un reclutamiento externo.
- Se apoye a los trabajadores con los necesarios programas de formación, que les permitan hacer frente con éxito a las exigencias de su nuevo puesto.
- Se programe su incorporación al nuevo empleo, de la misma forma que con cualquier persona contratada del exterior; esto es, con el apoyo y la formación necesarios.

Por consiguiente, este tipo de reclutamiento tendrá éxito siempre que sea una política de la empresa conocida por todos; cuando las decisiones se apoyen en criterios objetivos; y cuando el trabajador reciba todo el apoyo que necesita cualquier persona que se incorpora a un nuevo empleo.

Será tarea del equipo de recursos humanos, utilizando los datos de que dispone, a partir de la comparación del perfil de exigencias de los puestos y el perfil de competencias de los trabajadores, determinar qué personas son promocionables, a qué puestos y en qué plazo, así como las acciones formativas necesarias para que los cambios tengan éxito, especificando el momento de llevarlas a cabo.

Con estos datos, el equipo de recursos humanos, podrá determinar hasta qué punto podrán cubrirse las necesidades de personal, exigidas para conseguir los objetivos empresariales, en el momento preciso, a través de acciones de reclutamiento interno.

En concreto, lo que hemos tratado de reflejar en este apartado, es la necesidad de buscar una concordancia entre los planes de carrera de los individuos que componen la organización, y las necesidades de recursos humanos de la misma. Si se hace esto, es seguro que los aspectos motivacionales y de satisfacción estarán mucho mejor atendidos.

Por tanto, al planificar las acciones de adquisición de competencias, el proceso será, siempre:

1. Comprobar si las necesidades se pueden satisfacer a través del reclutamiento interno.
2. Adquirir las restantes a través de acciones de reclutamiento externo.

7.3. LA SELECCIÓN DE PERSONAL

Durante el reclutamiento se habrán conseguido candidatos (internos y/o externos) para ocupar la/s vacante/s que se desea/n cubrir. Una vez finalizada la fase de reclutamiento, se pasa, a la selección propiamente dicha, que se puede definir como *el proceso sistemático a través del cual se elige, de entre todos los candidatos reclutados, el más adecuado para ocupar el puesto vacante.*

De esta definición, podemos extraer las principales características de la selección de personal:

a) *Proceso sistemático.* La selección de personal no es un acto puntual, sino que se hace a lo largo de un proceso formado por un conjunto de fases; es más, este proceso es completamente sistemático, en el que no se deja nada al azar y en el que en cada una de sus fases se deben tomar una serie de decisiones en base a los resultados obtenidos al aplicar, en cada caso, las técnicas más adecuadas.

b) *Persona más adecuada.* El objetivo del proceso de selección no es elegir al «mejor» candidato, entendiendo por tal, aquella persona que obtiene los resultados más altos en todas las pruebas a las que son sometidos. Sino determinar, de la forma más rigurosa y válida posible, cuál es el candidato cuyas competencias son más adecuadas; esto es, con la selección se trata de asegurar el éxito de la persona una vez incorporada al puesto de trabajo.

7.3.1. El proceso de selección de personal

Es obvio que, en función del puesto de trabajo a cubrir y del número de candidatos reclutados se llevarán a cabo todas las fases del proceso de selección que se van a comentar, se eliminará alguna o se alterará el orden en que se presentan.

La configuración concreta de cada proceso de selección dependerá de un conjunto de variables, de las que las más significativas son (Pereda, 1997):

- Las exigencias planteadas por el puesto de trabajo.
- El convenio colectivo entre la empresa y los trabajadores, que puede obligar a llevar a cabo la selección de una forma previamente definida.
- El presupuesto disponible.
- El coste que suponga para la empresa un error en la selección.

Ahora bien, una vez finalizado el reclutamiento, las fases que, por lo general, se van a seguir en un proceso de selección son las siguientes (ver figura 7.4.):

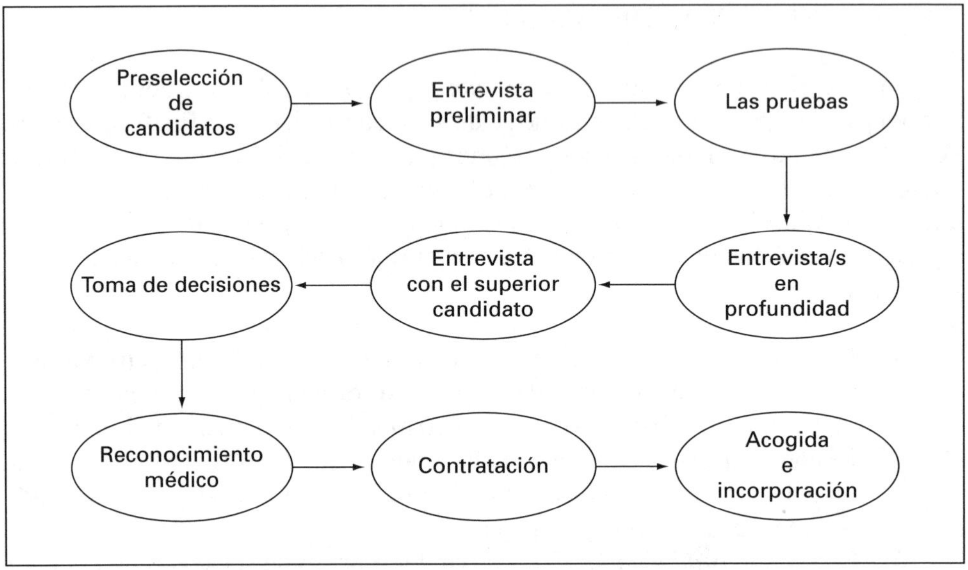

FIGURA 7.4. *Fases del proceso de selección*

7.3.1.1. Preselección de los candidatos

Esta fase supone el análisis comparativo entre el tipo y nivel de cualificación de cada uno de los candidatos y la requerida por el puesto a cubrir, y que se especifica en el perfil de exigencias del mismo.

En función de los datos disponibles de cada candidato, obtenidos a partir del curriculum, solicitud de ingreso y/o expediente personal, cuando el candidato es un empleado de la organización, se clasifica a los candidatos en diversos grupos:

a) *Aptos*. Son aquellos que parecen cumplir las exigencias mínimas exigidas por el puesto a cubrir.
b) *Dudosos*. No se dispone de datos suficientes para poder tomar una decisión. En esta preselección, conviene rechazar sólo a aquellos candidatos que claramente parezcan no encajar en el puesto de trabajo a cubrir, debido a que los datos disponibles en este momento sobre cada aspirante, son incompletos y pueden conducir a errores.
c) *Rechazados*. Está claro que su nivel de cualificación no se adecua a la exigida por el puesto. Este grupo, a su vez, se puede subdividir en otros dos:

    c_1) Válidos para otro puesto de trabajo, por lo que serán incluidos en el archivo de la empresa para tenerlos en cuenta en futuros procesos.
    c_2) No válidos para la organización.

7.3.1.2. La entrevista preliminar

En el caso de ser candidatos externos, esta entrevista es su primer contacto directo con la organización, por tanto, además de recoger toda la información necesaria para poder determinar su grado de cualificación para ocupar el puesto de trabajo, se les facilitarán datos sobre la organización y el puesto de trabajo que se les ofrece, intentando producir una buena impresión, tanto de la organización como de su modo de tratar al personal.

Si los candidatos se han obtenido a través del reclutamiento interno, la única diferencia es que no es preciso informarles sobre la empresa, pero sí, sobre las condiciones de su cambio de empleo.

Esta entrevista puede hacerse cara a cara o telefónicamente. Su duración suele ser corta, entre cinco y quince minutos, ya que el objetivo que se persigue con su realización es fundamentalmente comprobar que:

- El candidato cumple los requisitos básicos del puesto, generalmente relacionados con la formación teórico-práctica y/o su experiencia laboral.
- Muestra una actitud positiva hacia el puesto y la organización.
- Tiene disponibilidad para incorporarse a la organización en el caso de que fuera seleccionado.

Los sujetos entrevistados se pueden clasificar en los mismos tres grupos que se han comentado anteriormente, en la fase de preselección.

Es recomendable que independientemente del puesto de trabajo a cubrir, se tuviera este pequeño contacto con los candidatos, ya que consideramos que es preferible tener un primer contacto personal como es la entrevista, antes de llegar a la situación mucho más impersonal que representan las pruebas, sobre todo cara a la imagen que la organización da a sus posibles futuros trabajadores, aunque el tiempo que se emplee en el proceso de selección sea mayor.

Sin embargo, en la práctica, son muchas las empresas que obvian esta fase, cuando el número de candidatos es muy elevado, y la sustituyen por alguna de las pruebas que comentaremos en el siguiente apartado.

7.3.1.3. Las pruebas

La decisión sobre el tipo de pruebas más adecuadas está mediatizada por las exigencias particulares del puesto a cubrir y de la organización, por lo que durante la planificación del proceso de selección, habrá que determinar qué pruebas se adecuan mejor a cada situación, si realmente se quiere que éstas sean útiles y válidas.

Los distintos tipos de pruebas que se utilizan en selección de personal las podemos agrupar en:

a) *Psicológicas*. Son pruebas específicamente diseñadas para evaluar características o rasgos psicológicos de los individuos. En general, este tipo de pruebas se agrupan tradicionalmente en función de las características psicológicas que permiten evaluar: inteligencia, aptitudes, rasgos de personalidad, intereses y motivaciones.
La adopción del «enfoque de competencias» en la gestión de recursos humanos, así como las múltiples críticas que han recibido este tipo de pruebas a lo largo de los últimos años, en cuanto a su validez y fiabilidad (Ghiselli, 1966, 1973; Schmitt, Gooding, Noe y Kirsch, 1984; Landy, 1989) han hecho que muchas empresas hayan dejado de utilizarlas, sobre todo aquellas con una alta influencia americana.
Sin embargo, se ha podido comprobar que las bajas correlaciones entre las pruebas y el rendimiento posterior en el puesto de trabajo, en numerosas ocasiones son debidas a problemas de diseño de los estudios de validación, metodológicos e incluso en los propios criterios utilizados (Schmidt y Hunter, 1981; War, 1993).
Además, no podemos olvidar que son pruebas muy útiles para valorar el potencial de los candidatos, aspecto básico si tenemos en cuenta la rapidez con la que cambian los puestos de trabajo, así como medir aspectos subyacentes de las competencias difícilmente evaluables por otros medios, siempre y cuando sean elegidas cuidadosamente, en función del perfil del puesto, cumplan los criterios necesarios de fiabilidad y validez y sean utilizadas por profesionales que conozcan perfectamente cómo aplicarlas e interpretarlas.
b) *Conocimientos*. Este tipo de pruebas, no son muy habituales en los procesos de selección actuales, si exceptuamos las oposiciones a la Administración Pública. Su objetivo es, lógicamente, conocer el nivel de conocimientos de los candidatos sobre un tema o un área específica; en concreto, se estaría evaluando el componente «saber» de las competencias.
c) *Profesionales*. El objetivo de las pruebas profesionales es determinar si el candidato posee las competencias técnicas necesarias para poder desempeñar las funciones y/o tareas exigidas por el trabajo.
Las pruebas profesionales son un tipo de prueba situacional; en concreto, estarían incluidas dentro de los ejercicios de ejecución laboral, donde el candidato tiene que realizar una tarea laboral concreta, de principio a fin. Es importante si realmente se quiere que sean efectivas, que el diseño de la prueba refleje las condiciones reales del trabajo, maquinaria, restricciones temporales, materiales, etc.
Es conveniente disponer de una serie de pruebas «tipo» para que se puedan ir estudiando, con el fin de analizar aspectos como su fiabilidad y validez. Esto será muy útil para hacer el seguimiento de los candidatos

contratados, y de esta manera, poder comparar los resultados del examen profesional con los resultados de la persona cuando tiene que realizar su trabajo.

Por ejemplo, si estamos seleccionando a un carnicero, y el puesto requiere conocer las partes de una vaca, las herramientas utilizadas en el puesto, el proceso más efectivo para su correcto despiece y las medidas de prevención de riesgos a utilizar, se puede utilizar una prueba profesional donde los candidatos demuestren que poseen las competencias técnicas específicas requeridas.

d) *Situacionales*. El objetivo que se pretende con su utilización es determinar si el candidato posee las competencias genéricas y/o técnicas exigidas por el puesto y determinar el nivel en que las posee.

Por tanto, durante el desarrollo de las pruebas situacionales, los candidatos tendrán que poner en práctica los conocimientos, habilidades y/o actitudes necesarios para solventar el problema o situación concreta que se les plantea.

Dentro de las pruebas situacionales, *se incluyen todas aquellas técnicas y ejercicios que permiten simular total o parcialmente, una situación, en la que los candidatos tienen que poner de manifiesto las competencias que exige el desempeño eficaz de una actividad laboral concreta* (Le Boterf, 1991).

La elaboración de las pruebas situacionales es costosa en tiempo, energía y recursos. Por ello, durante su diseño y elaboración se debe ser sistemático en todo momento, para confirmar que se están cumpliendo los criterios de validez, fiabilidad y utilidad necesarios (Smith y Merchant, 1990).

Para asegurar su validez, las pruebas situacionales, deben reunir una serie de características:

- El diseño de las situaciones deben ser muestras del trabajo o simulaciones de aspectos del mismo, que permitan evaluar las competencias objetivo.
- En las situaciones deben reproducirse en la medida de lo posible las variables relevantes en la ejecución de la tarea, considerando aspectos como duración, complejidad, disponibilidad de ayudas, etc.
- Establecer claramente los aspectos de las competencias que se pretenden evaluar (conocimientos, habilidades y/o actitudes).
- Los conocimientos, habilidades y/o actitudes deben ser observables, de esta forma se podrá comprobar la medida en que los candidatos los poseen.

Las principales pruebas situacionales, exceptuando las pruebas profesionales, ya comentadas, las podemos agrupar en (Berrocal, 1996):

- *Juego de roles*. Consiste en preparar una situación, en la que los candidatos deberán representar personajes y aspectos de una actividad laboral.
  En cuanto a las competencias que permite evaluar son: orientación al cliente, comunicación oral, análisis y solución de problemas, flexibilidad, conocimientos y habilidades técnicas.
- *Estudio de casos*. Se presenta a los candidatos por escrito la descripción de una situación concreta obtenida del contexto laboral del puesto a desempeñar, en la que se incluyen todos los datos y detalles para que los candidatos analicen el problema que se les presenta y den una solución al mismo.
  Al final de la prueba el/os candidato/s presenta/n la solución al problema planteado y explica/n como ha/n llegado a ella.
  El método del caso permite la evaluación de competencias de análisis, organización, planificación, toma de decisiones, solución de problemas y conocimientos técnicos.
  Si el ejercicio se realiza grupalmente también pueden evaluarse las competencias de comunicación, iniciativa, trabajo en equipo y liderazgo.
- *Bandeja de llegada (in basket)*. La técnica consiste en presentar a los candidatos una serie de materiales y documentos (cartas, informes, mensajes telefónicos, etc.) típicos del puesto de trabajo y que representan aspectos significativos del mismo.
  El candidato debe evaluar el contenido de los distintos materiales y tomar decisiones sobre las acciones que debe realizar para darles salida en el tiempo fijado.
  Entre las competencias que se pueden evaluar destacan las de planificación, organización, toma de decisiones y delegación.
- *Ejercicios de presentación*. Consisten en la realización por parte de los candidatos de la presentación de un tema.
  En función de las competencias que se deseen evaluar los temas pueden ser muy variados. Por ejemplo, se puede solicitar al candidato que elabore un determinado proyecto, que planifique una determinada acción, que explique el desarrollo de una fórmula, etc., o que presente un tema que requiera improvisación.
  En la fase de preparación las competencias que pueden evaluarse son: planificación, organización, creatividad (si el tema planteado es la resolución de un problema nuevo, improvisado o absurdo) y conocimientos técnicos; mientras que en la fase de presentación se evalúan las de comunicación oral, tolerancia a la tensión y flexibilidad.

Hasta ahora normalmente las pruebas situacionales se utilizaban casi exclusivamente en los assesment o development centers* (centros de evaluación o desarrollo), sin embargo, hoy en día, en mayor o menor medida, forman parte de la mayoría de los procesos de selección, ya que permiten evaluar las competencias que actualmente poseen los candidatos, así como su potencial.

e) *Discusiones de grupo*. Al igual que las pruebas situacionales, permiten evaluar a varios candidatos simultáneamente. Las principales razones que apoyan su utilización, cada vez mayor, en los procesos de selección son, por un lado, el poder observar cómo interactúan distintos candidatos en una situación competitiva y/o de trabajo en equipo y, por otro, abaratar los coste de selección (en aproximadamente hora y media o dos horas, se pueden evaluar seis u ocho candidatos).
No las hemos incluido dentro de las pruebas situacionales ya que, en el sentido más estricto de la palabra no podemos decir que lo sean, si bien es cierto, que la mayor parte de las pruebas situacionales, cuando éstas se realizan grupalmente van seguidas de una discusión de grupo, con el fin, por ejemplo, de que los sujetos expliquen el proceso que han seguido hasta alcanzar las conclusiones.
Consisten en la discusión libre y abierta de un tema o problema más o menos definido. Por ejemplo, se pueden desarrollar discusiones sobre cuestiones específicas que impliquen problemas de seguridad, técnicos, de relación, etc.
Las discusiones de grupo permiten evaluar, dependiendo del tema, competencias de análisis y solución de problemas, comunicación, iniciativa, planificación, organización, colaboración, flexibilidad, liderazgo, trabajo en equipo...
Si el tema requiere la resolución de problemas técnicos se podrán evaluar competencias técnicas.

El empleo de diversas técnicas y herramientas en selección tiene como objetivo evitar posibles errores en la elección del candidato más adecuado, por eso no se debe tomar una decisión a partir de los resultados en una única prueba. Unos resultados mediocres o malos en una prueba, pueden ser debidos a un «mal día» del candidato, y no a un bajo nivel competencial de éste. Por ello, es conveniente que cada competencia sea evaluada al menos por dos tipos de pruebas o técnicas diferentes, con el fin de contrastar la información y poder asegurar que el candidato posee o no la competencia en el nivel requerido.

7.3.1.4. Entrevista en profundidad

Esta segunda entrevista, al realizarse, generalmente, en un momento posterior a las pruebas profesionales, psicológicas, etc., el entrevistador dispone de una serie de datos que le permiten dirigir la entrevista hacia los puntos dudosos y conflictivos, que hayan podido aparecer en los resultados de las distintas pruebas realizadas.

Cada vez es más usual con el objeto de aumentar la objetividad y fiabilidad de la entrevista, que se realicen más de una con el candidato y por entrevistadores distintos.

En líneas generales en esta/s entrevista/s se analizan en profundidad aspectos como la formación, experiencia, competencias, intereses, etc., del candidato. Tras ella/s, no debe quedar ninguna duda sobre la idoneidad o no del candidato para el puesto que se trata de cubrir.

Posteriormente a esta entrevista, los responsables del proceso de selección, tomarán la decisión final, sobre qué candidatos presentarán al superior inmediato o director de la persona que se contrate.

7.3.1.5. La entrevista con el superior inmediato

Habitualmente se presentan, al superior o director de quién va a depender la persona contratada, un trío de candidatos, aquel se entrevistará con ellos, con el fin de conocerlos personalmente y poder llegar conjuntamente con los responsables de selección, a una decisión final sobre el candidato más idóneo para el puesto.

Uno de los objetivos fundamentales de esta entrevista es asegurarse que el futuro trabajador podrá adaptarse a su nuevo equipo y a la cultura y valores específicos, no solamente de la organización, sino también del departamento en concreto donde desempeñará su trabajo.

7.3.1.6. Toma de decisiones: Elección del candidato

Reunidos los responsables del proceso de selección y el director correspondiente, compararán sus datos y opiniones para decidir conjuntamente, el candidato que parezca reunir las condiciones más adecuadas para ocupar el puesto de trabajo.

La interpretación de los datos engloba el análisis de aspectos relacionados con:

- La persona.
- El puesto.
- La organización.

El objetivo de los responsables de la selección es analizar el grado de convergencia de los tres factores a través de la complementariedad de sus necesidades y ofrecimientos, para conseguir la mayor satisfacción, tanto de la organización como del individuo (ver figura 7.5).

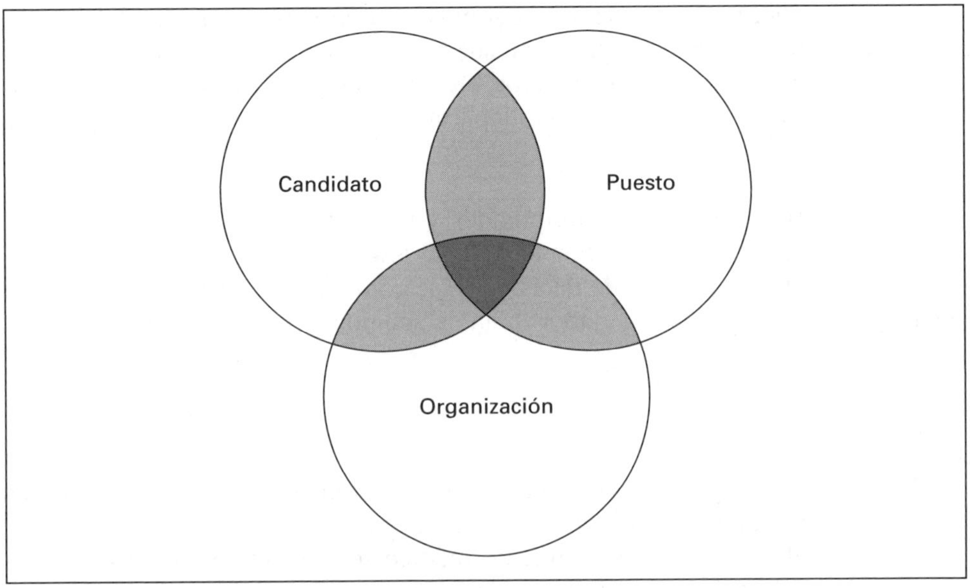

FIGURA 7.5. *Factores de análisis para la toma de decisiones en la elección del candidato*

A lo largo de todo el proceso de selección se van poco a poco, recopilando y encajando todas las informaciones hasta completar el puzzle que nos proporcionará una visión global del candidato, y comparar sus competencias, intereses, necesidades, etc., con los que demandan la organización y el puesto.

Antes de tomar cualquier tipo de decisión, los responsables de la selección deberán calibrar los riesgos de cometer un error en la contratación, analizando sus posibles consecuencias. Es inevitable que siempre se corra un riesgo de fracaso al adscribir nuevo personal a un puesto, porque no existe ningún método, técnica o instrumento que permita predecir con un 100% de seguridad el futuro éxito del sujeto en la organización, lo importante es tratar de reducir al mínimo dicho riesgo.

Por ello, los responsables de la selección, antes de tomar la decisión final, deberán responder a las siguientes preguntas:

- *¿El candidato, puede desempeñar el puesto?* Es decir, determinar si posee las competencias y el potencial necesarios.
- *¿El candidato querrá hacer su trabajo?* El candidato además de poseer las competencias requeridas por el puesto, debe estar motivado para ponerlas en práctica, por tanto, habrá que analizar si las motivaciones e intereses del sujeto podrán ser cubiertas por la organización.
- *¿El candidato se adaptará a la organización?* Los hábitos y forma de trabajo del candidato deben ser compatibles con el estilo, valores, cultura de la organización, de tal forma que se pueda integrar fácilmente en ella.

- *¿El candidato, se adaptará al equipo de trabajo existente?* Se debe analizar cómo se considera que serán sus relaciones y actitudes hacia sus superiores, subordinados, compañeros, etc.; es decir, si se adaptará a las normas y estilo de trabajo del grupo o departamento donde vaya a desempeñar el puesto.

En definitiva, se trata de comprender y predecir el futuro rendimiento de una persona partiendo de su presente y su pasado.

En esta reunión de toma de decisiones, se comenzará a planificar el proceso de integración del futuro trabajador (plan de acogida, programa formativo, etc.).

7.3.1.7. Reconocimiento médico

El candidato elegido, pasa al reconocimiento médico de ingreso, según las normas y costumbres vigentes en la organización.

Si los resultados del reconocimiento médico son favorables, se procede a la contratación del candidato y al diseño de su proceso de acogida e integración.

En ocasiones, cuando las condiciones físicas de individuo son básicas para el correcto y seguro desempeño del puesto, el reconocimiento se suele realizar previamente a cualquier otro tipo de pruebas.

7.3.1.8. Contratación

Antes de llegar a esta fase, dependiendo del puesto de trabajo, existe una fase de negociación tanto de condiciones del trabajo (horario, vacaciones, etc.) como salarial.

Cuando ambas partes están de acuerdo con las condiciones laborales, se pasa a la contratación.

7.3.1.9. Acogida e integración

Aspectos que muchas veces se dejan fuera del proceso de selección, pero que, en realidad, forman parte del mismo, son los procesos de acogida y seguimiento de los nuevos empleados.

La recepción o acogida es el conjunto de procedimientos programados para facilitar, al recién incorporado, todas las informaciones necesarias para conocer mejor la organización en la cual acaba de ingresar (estructura, organigrama, valores, normas, etc.) y el contexto en el que va a desempeñar su puesto de trabajo (funciones/tareas, relaciones, etc.).

Con la recepción del nuevo trabajador se pretende evitar la desorientación inicial, facilitar su adaptación a la organización y acelerar su participación activa en la vida de la misma; es decir, su integración.

Con respecto al periodo de prueba, este debe entenderse como una fase de orientación, formación y adaptación para el nuevo empleado. Este intervalo de tiempo sirve para comenzar a controlar y evaluar los resultados obtenidos con el proceso de selección. Este período, no es una fase que se deba aprovechar exclusivamente para detectar los puntos débiles del nuevo trabajador, para tener bases objetivas en las que apoyar su despido, sino como un período en el que se deben planificar todas las acciones necesarias para eliminar dichos puntos débiles y potenciar los puntos fuertes.

Una vez que la persona contratada ha superado el período de prueba, se considera concluido definitivamente el proceso de selección.

7.3.1.10. La evaluación del proceso de selección

Finalizado el proceso de selección, es necesario mantener un constante seguimiento, evaluación y actualización de los procedimientos, técnicas e instrumentos utilizados en el mismo, con el objeto de analizar su validez y su fiabilidad, así como su utilidad a la hora de predecir el futuro desempeño de los candidatos.

7.3.2. La entrevista de selección

La entrevista de selección es *un proceso de comunicación interpersonal entre uno o varios entrevistadores y uno o varios candidatos, durante el cual, el entrevistador, por una parte, informa al candidato sobre el puesto de trabajo y la organización a la que desea incorporarse y, por otra, recoge información del candidato, que le permitirá evaluar sus competencias y determinar tanto sus posibilidades de desarrollar el trabajo de forma correcta, como de proyección futura dentro de la organización.*

Sin embargo, aunque la entrevista es una de las principales herramientas de que se dispone en el proceso de selección, las múltiples críticas y objeciones, fundamentalmente referidas a su baja validez predictiva y escasa fiabilidad (Schmitt, 1976; Arvey y Campion, 1982; Reilli y Chao, 1982; Zedeck, Tziner y Middlestadt, 1983; Harris, 1989) en comparación con otros métodos de evaluación, han sido y siguen siendo constantes.

Por ello, la entrevista de competencias* (basada en la metodología de la entrevista conductual y de incidentes críticos) es utilizada en un intento de mejorar la objetividad, fiabilidad y validez de la misma, como instrumento de selección de personal.

Tradicionalmente, mediante la entrevista «tradicional» o de «rasgos», se ha intentado determinar la presencia o ausencia en los candidatos, de aquellos rasgos necesarios para el desempeño eficaz del puesto de trabajo. Por ejemplo, si para un puesto de comercial se requiere un cierto grado de extroversión, durante el proceso de selección se intentará apreciar esa característica, y de esta forma, predecir la capacidad del candidato para comportarse extrovertidamente durante el desempeño del puesto de trabajo.

La entrevista de competencias difiere fundamentalmente de la entrevista tradicional, en que está focalizada en la obtención de «ejemplos conductuales», es decir, el candidato describe hechos específicos de su vida laboral y/o personal, descripciones que muestran comportamientos pasados del candidato, susceptibles de ser utilizados como predictores de comportamientos futuros en el mundo laboral y a través de los cuales se intenta verificar que el candidato posee las competencias requeridas por el puesto de trabajo.

Por consiguiente, se parte del principio de que «el mejor predictor del comportamiento futuro, es el comportamiento pasado», ya que no se dispone de más datos objetivos para ello. Esto no significa que la conducta pasada sea un predictor infalible para las conductas futuras, ya que las personas cambian con el tiempo. Pero emplear este método ofrece menores probabilidades de error, ya que un determinado patrón de conductas es muy probable que se repita en una situación similar.

Este tipo de entrevista con un alto grado de estructura y desarrollada a partir del análisis de las competencias que se consideran esenciales para el eficaz, eficiente y seguro desempeño del puesto permite aumentar significativamente su validez y fiabilidad (Pursell, Campion y Gaylord, 1980; Hunter y Hunter, 1984; Latham y Saari, 1984; Arvey, Miller, Gould y Burch, 1987).

Por tanto, para poder llevarla a cabo es preciso disponer del perfil de exigencias del puesto, donde se hayan incluido las definiciones operativas de estas competencias, ya que las preguntas de la entrevista estarán basadas en estas definiciones y en los comportamientos asociados a las mismas. Al emplear los mismos comportamientos como predictores que los utilizados en la medida del criterio de desempeño en el trabajo, tal y como ya hemos comentado, evita tener que hacer inferencia de rasgos y el efecto de las diferencias en las características personales de los distintos entrevistadores a la hora de evaluar a los candidatos (War, 1993).

En el apartado siguiente se explican las principales fases de la entrevista de selección de personal.

7.3.2.1. Fases de la entrevista

La entrevista es un proceso aparentemente poco estructurado, pero que sin embargo se desarrolla siguiendo una serie de fases perfectamente delimitadas (ver figura 7.6):

FIGURA 7.6. *Fases de la entrevista de selección de personal*

1. Preparación

Es la primera fase y la base sobre la que se construirá posteriormente toda la entrevista. Una inadecuada planificación y preparación puede suponer que al final se obtenga escasa información sobre el candidato, y no se pueda tomar una decisión acertada sobre su adecuación o no al puesto de trabajo.

La preparación del contenido de la entrevista supone:

a) Analizar el perfil de exigencias del puesto y las competencias incluidas en el mismo.
b) Delimitar qué información se desea obtener del candidato.
c) Realizar una guía de entrevista.

El entrevistador cuenta con una serie de datos sobre el sujeto, que ha obtenido a través de la hoja de solicitud de empleo, del curriculum, de las pruebas que se hayan pasado, etc. Estos datos están incompletos y desorganizados; el entrevistador debe estudiarlos y organizarlos para saber qué informaciones le faltan, cuáles están incompletas y cuáles son confusas.

Con todos estos datos, el entrevistador, no saca ninguna conclusión definitiva, sino que realiza una serie de hipótesis que confirmará o refutará durante la entrevista. Una vez que el entrevistador tiene clara la información que posee y la que necesita obtener, realizará la «guía de la entrevista».

La *guía de la entrevista* consiste en organizar el contenido de la misma y anotarlo en una ficha o guión para evitar que se olvide obtener información sobre alguna competencia en concreto o algún área, lo que supondría después volver a contactar con el candidato para completar esta información.

2. *Acogida de candidatos e inicio de la entrevista*

Es uno de los momentos más delicados. La entrevista supone para el candidato una situación incómoda y de examen que, como todas las de este tipo, genera ansiedad. El objetivo de esta fase, consiste en ayudar al candidato a vencer su sensación de incomodidad y crear un clima agradable entre él y el entrevistado.

Para conseguir esto, no existe una técnica o fórmula ideal, sin embargo, sí hay una serie de aspectos que debe tener en cuenta el entrevistador para intentar disminuir la ansiedad del candidato y que la entrevista se desarrolle en el ambiente adecuado. Para conseguirlo, normalmente, la entrevista comienza con el siguiente esquema:

- *Presentación del entrevistador* (nombre y puesto que ocupa en la organización) *y de la empresa*, de tal forma que el candidato pueda situarla en el mapa empresarial y tener una nociones básicas sobre ella.
- *Crear un adecuado rapport**. El rapport es la familiarización de la persona con la situación de la entrevista. El objetivo que se persigue es crear un ambiente que facilite la comunicación entre entrevistador y entrevistado.

Durante esta fase el entrevistador debe explicar el propósito de la entrevista e indicar al candidato que hay una serie de preguntas preparadas que es necesario formular.

Por último, resaltar la importancia de comentar que, durante la entrevista, se irán tomando notas, para no olvidar información que pueda ser relevante en la toma de decisiones finales.

3. *Desarrollo de la entrevista*

Durante esta fase, el entrevistador recoge información, fundamentalmente, sobre el nivel de conocimientos, trayectoria profesional, nivel de competencias, intereses y motivaciones del candidato, con el fin de compararlos con los exigidos por el puesto de trabajo, y para contrastarlas con los resultados de las distintas pruebas, si es que se han realizado.

La utilización de la entrevista de competencias requiere que el entrevistador formule preguntas sobre hechos específicos del pasado del sujeto, es decir, que se hayan producido en su vida laboral, formativa, familiar, etc., relacionados con las competencias requeridas en el puesto de trabajo. Por ejemplo *«cuénteme una situación en la que haya tenido que trabajar estrechamente con una persona difícil en su trabajo»*, debiéndose evitar preguntas del tipo *«qué piensa sobre...», «en el caso de encontrarse en la siguiente situación ....»*, etc.

Normalmente, se debe comenzar con preguntas abiertas y generales para, posteriormente, ir formulando otras, cada vez más específicas, hasta que el entrevistador tiene evidencias de que el candidato posee o no las competencias que se estén evaluando.

Un posible ejemplo de la secuencia que se sigue en este tipo de entrevista podría ser el siguiente:

P. ¿Cuáles considera que son sus características más representativas en el trabajo?
R. Soy una persona independiente, honesta, cortés y trabajadora.
P ¿Por qué considera que es una persona cortés?
R. Bueno, yo creo que soy una persona agradable y amable con la gente.
P. Deme un ejemplo de cómo es usted agradable y amable con la gente.
R. Mis amigos suelen decir que soy una persona con la que es fácil conversar y que soy amigo de mis amigos. Además en mi trabajo anterior yo estaba en el servicio de atención al cliente y me era fácil tratar con los clientes «difíciles».
P. Deme algún ejemplo de alguna vez en que haya tenido que tratar con un cliente «difícil».
R. Por ejemplo, en marzo, un cliente llamó maldiciendo a nuestra compañía y diciendo que íbamos a tener que resarcirle por la pérdidas que pudiera ocasionarle el no llegar a una reunión que tenía ese mismo día en Barcelona. Para tranquilizarle, le ofrecí verificar su reserva al menos tres veces, y pude comprobar que la reserva la habían realizado en otra sucursal y que, además, estaba hecha para la primera hora de la tarde y no de la mañana. Cuando se lo expliqué, se disculpó y me dio las gracias por el trato recibido.
...

Para que los ejemplos conductuales sean útiles y el entrevistador pueda valorar la competencia, deben ser lo suficientemente detallados. Para obtener estos ejemplos el entrevistador no puede olvidar que:

- Un simple ejemplo puede estar reflejando varias competencias.
- Si el entrevistado se encuentra incómodo con este tipo de entrevista, se le deberá explicar la importancia de los ejemplos para poder tomar la decisión sobre su adecuación o no al puesto de trabajo.
- Tolerar los silencios, es preciso estar callado mientras el candidato piensa sus respuestas a las preguntas formuladas, el buscar ejemplos representativos exige un tiempo que el entrevistador tiene que saber proporcionar al candidato y no presionarle.

4. Finalizacion y despedida

Se pondrá fin a la entrevista cuando:

- El candidato se revela claramente como no idóneo para el puesto de trabajo.
- El entrevistador considera que ha recogido toda la información que pretendía.
- Se poseen todos los elementos de juicio necesarios para decidir si el candidato pasa a una fase posterior del proceso de selección, o para tomar una decisión definitiva sobre su ingreso en la organización.

Antes de terminar, al candidato se le dará un periodo de tiempo para que pueda preguntar por todas las dudas que tenga sobre el puesto, tareas a desempeñar, la organización, etc.

Independientemente del resultado de la entrevista, el entrevistado debe quedar con una excelente imagen de la organización; para ello, se debe emplear la misma cortesía con los candidatos que se consideran adecuados como con los que no lo son.

7.4. LOS ASSESSMENT CENTERS

La utilización de los «Assessment Centers» (centros de evaluación) como herramienta para la selección del personal están cobrando cada día mayor importancia en nuestro país, debido a que su realización aporta información objetiva, fiable y actualizada sobre la experiencia, potencial, motivación y competencias de los candidatos.

Además se considera que es uno de los procesos más exhaustivos y completos que pueden emplear las organizaciones a la hora de evaluar competencias, ya que están expresamente diseñados para minimizar los posibles sesgos que se pueden producir durante su evaluación, permitiendo que los participantes demuestren el nivel en el que poseen sus competencias a lo largo de un amplio abanico de situaciones.

GUÍA DE LA ENTREVISTA
- Comentarios de apertura y enganche de bases.
- Preguntas de 1º y 2º sondeo
- Técnicas de escucha activa.

INFORME DE LA ENTREVISTA

INFORME DEL CANDIDATO.

→ Escuela oficial de Idiomas.

un *proceso estandarizado*
a utilización de varias téc-
os, en parte, en situaciones

considerado como A.C., es

en las técnicas y procedi-

incluyendo como mínimo

aptarse a las competencias
abajo en cuestión; es decir,
n función de las caracterís-
.

por un mínimo de dos téc-

ormación conjunta de eva-

dores diferentes, durante la

La utilización cada vez mayor de los A. C. se debe fundamentalmente a las ventajas que presentan, entre las cuales podemos destacar las siguientes:

- Permiten evaluar un rango amplio de competencias.
- Permiten la evaluación de varios candidatos simultáneamente.
- Tienen una alta validez aparente para los candidatos, ya que las técnicas y ejercicios utilizados están directamente relacionadas con las exigencias del puesto de trabajo.
- Si están correctamente diseñados tienen una alta validez y fiabilidad (Ansorena, 1996), ya que las competencias evaluadas están directamente relacionadas con los comportamientos exigidos por el puesto de trabajo y las evaluaciones se realizan a partir de los juicios conjuntos realizados por varios evaluadores, especialmente formados, a través de sus observaciones en distintos ejercicios.
- Los resultados obtenidos pueden aplicarse con distintos objetivos: selección, evaluación del potencial, planificación de carreras, detección de necesidades de formación, etc.

Sin embargo, aunque las ventajas son múltiples y muy valiosas, no debe olvidarse que su desarrollo conlleva un alto coste, por lo que previamente a su puesta en marcha, cada organización deberá responder, entre otras, a las siguientes preguntas:

- ¿Qué objetivo se persigue con el A. C.?
- ¿A quién se va a evaluar?
- ¿Quiénes van a tener acceso a los resultados?
- ¿Con qué personal es necesario contar para su desarrollo?
- ¿Cuál es el presupuesto con el que se cuenta para su realización?, etc.

El objetivo de dar respuesta a estas preguntas reside en la necesidad de sopesar la conveniencia de llevarlo a cabo o, por el contrario, decidir si sería más adecuado realizar otro tipo de proceso.

7.4.1. Etapas en el desarrollo de un assessment center

Las principales etapas en el diseño y desarrollo de un A. C. son (ver figura 7.7):

1. *Definición de objetivos.* El punto de partida, antes del diseño de un A. C., es la identificación del objetivo o propósito del proceso de evaluación, ya que éste condicionará el diseño del proceso, el tipo de ejercicios a emplear, los costes, etc.

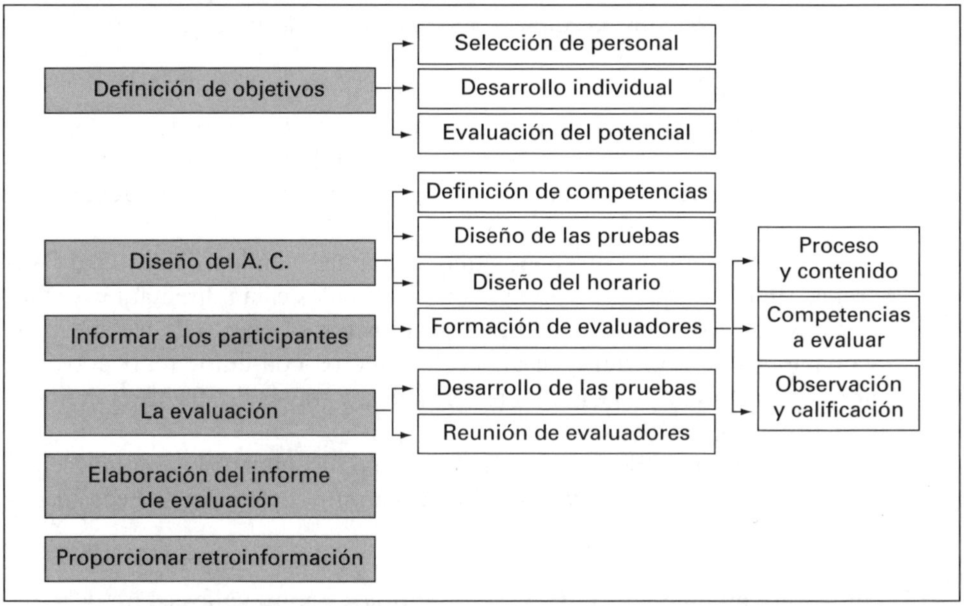

FIGURA 7.7. *Etapas en el diseño y desarrollo de un assessment center*

Los objetivos de un A. C. los podemos englobar en tres grandes grupos (Consultores Españoles, 1991):

- *Selección de personal.* Es el objetivo más habitual y se suele utilizar fundamentalmente para puestos de junior y de mandos intermedios.
- *Desarrollo individual.* Es cuando se utiliza como herramienta para facilitar la planificación del desarrollo individual de los empleados en la organización. En este caso, se suele denominar Development Center (Centro de Desarrollo).
- *Evaluación del potencial directivo.* Su uso para esta finalidad surge ante la dificultad que entraña el evaluar con criterios objetivos, por parte de los superiores inmediatos, a sus distintos colaboradores, en cuanto a su potencial de carrera dentro de la organización.

2. *Diseño del A. C.* Una vez definido el objetivo u objetivos del A. C., es decir, clarificadas las aplicaciones que se darán posteriormente a los resultados obtenidos con su desarrollo, se procederá a su diseño. El proceso y aspectos básicos a tener en cuenta durante el mismo, son los siguientes:

a) *Identificación y definición de las competencias* y los comportamientos asociados a las mismas que se consideran relevantes para el desempeño del puesto. Esta fase es clave, ya que una incorrecta definición puede conducir a errores durante la evaluación y, por consiguiente, a tomar decisiones equivocadas. Asimismo, dependiendo de las competencias definidas se eligen y diseñan específicamente las técnicas y/o ejercicios que mejor se adecuan para su evaluación.
Generalmente, se considera que el número óptimo de competencias a evaluar no debe superar el de ocho, debido a que un número mayor, además de aumentar el tiempo necesario para la realización del A. C., así como los costes asociados, puede dar lugar a que se produzcan solapamientos entre ellas, lo que podría restar objetividad a las observaciones y, por tanto, a los resultados.

b) *Diseño de las pruebas.* La validez y utilidad de un A. C. radica en gran medida en las pruebas utilizadas, pudiendo combinarse entrevistas, pruebas situacionales y pruebas psicológicas.
Para cada competencia definida se deben decidir las técnicas más apropiadas para evaluarlas y diseñar el tipo de ejercicios más adecuados, ya que cada una debe ser evaluada al menos por medio de dos técnicas, en el caso de no ser así, se deberán añadir nuevas pruebas o modificar las existentes.
No debe olvidarse que una misma prueba puede evaluar varias competencias a la vez. Por ejemplo, si se quisieran evaluar las compe-

tencias de planificación y toma de decisiones, se podrían utilizar conjuntamente la bandeja de llegada y el estudio de un caso, ya que ambas técnicas permiten su evaluación.

Generalmente, a lo largo de todo el proceso de evaluación se realizan entre ocho y doce ejercicios. El tipo de pruebas más utilizadas son:

- *Entrevistas.* Pueden durar entre quince minutos y dos horas. El formato que se emplea es de entrevista semiestructurada y suelen estar focalizadas en las competencias objetivo del puesto de trabajo. Por medio de ellas también se puede recoger información sobre motivaciones, objetivos e intereses de los candidatos.
- *Pruebas situacionales,* entre las cuales las más utilizadas son la bandeja de llegada, estudio de casos, juegos de roles y los ejercicios de presentación.
- *Discusiones de Grupo.*
- *Pruebas psicológicas.* Son empleadas para evaluar, fundamentalmente, aptitudes y determinados rasgos de personalidad, difícilmente apreciables por otros métodos. En ocasiones, también se utilizan test proyectivos como el T.A.T., el Rorscharch, los escritos autobiográficos, etc.

Para el diseño de cada uno de los ejercicios, es preciso que se establezcan los comportamientos concretos que deberán poner en práctica los participantes durante su realización y que permitirán evaluar el nivel en el que poseen cada una de las competencias.

Una vez establecidos los comportamientos que se van a evaluar, se debe prestar especial atención a la elaboración de las escalas de observación, ya que serán la base sobre las que los evaluadores registrarán sus observaciones y otorgarán sus calificaciones, siendo éstas las informaciones en las que se apoyarán posteriormente para unificar sus conclusiones y tomar las decisiones oportunas con respecto a cada uno de los participantes, durante la reunión de evaluadores.

Asimismo, es preciso determinar los criterios de evaluación de la calidad del resultado final; es decir, de la solución planteada, de la utilización de la herramienta, de la decisión tomada, etc., de tal forma que se facilite la posterior toma de decisiones por parte de los evaluadores.

c) *Diseño del horario.* Durante el diseño del programa, es fundamental el uso efectivo del tiempo, para la optimización tanto de los recursos humanos (participantes y evaluadores) como de las instalaciones. Un buen diseño tratará de conseguir que no existan innecesarios tiempos improductivos.

Generalmente, los A. C. se desarrollan en régimen de internado y su duración es de dos o tres días.

d) *Formación de los evaluadores.* Para eliminar posibles sesgos en los juicios emitidos, es preciso formar a los futuros evaluadores en el proceso y contenido del A. C., las competencias a evaluar, y cómo observar y calificar los comportamientos de los participantes en cada uno de los ejercicios.

3. *Informar a los participantes.* Para que un A. C. sea efectivo, debe proporcionarse información clara y precisa a los participantes sobre los objetivos, características del proceso de evaluación, tipo de información que recibirán al final del mismo, duración, etc., de forma que se eliminen o minimicen las posibles resistencias que puedan tener y que afectarían directamente al proceso y sus resultados.
4. *El proceso de evaluación.* Podemos establecer dos fases claramente diferenciadas:

   a) *Desarrollo de las pruebas.* Para cada prueba o ejercicio se sigue el siguiente proceso básico:

   - Observación de los comportamientos. Cada evaluador observa a uno o dos participantes.
   - Calificación de los comportamientos observados en cada una de las competencias según las escalas diseñadas.

   Durante la realización de los ejercicios no se permite que los evaluadores se comuniquen impresiones o datos sobre los participantes, con el objeto de eliminar posibles sesgos.

   b) *La reunión de los evaluadores.* Una vez finalizados todos los ejercicios, el grupo de evaluadores se reúne para hacer la recopilación de toda la información sobre cada participante y para llevar a cabo la toma de decisiones en función de sus puntos fuertes y puntos débiles.

5. *Elaboración del informe de evaluación.* Cuando el objetivo es la selección de personal, se hace un informe breve de cada uno de los candidatos o de aquellos considerados como más adecuados para cubrir el puesto de trabajo, donde no solamente se indica qué candidato «pasa» sino que también se incluyen los criterios utilizados a la hora de tomar las decisiones.
6. *Proporcionar retroinformación a los participantes.* El tipo y cantidad de información proporcionada al final del proceso a cada uno de los partici-

pantes sobre sus resultados en el mismo, depende, fundamentalmente, del objetivo por el que se llevó a cabo.
Cuando el objetivo es la selección de personal, generalmente se limita a la exposición de los puntos fuertes y débiles que ha tenido el candidato durante el desarrollo de las pruebas y que justifica su no continuidad en el proceso o si es la última fase, su no contratación. Mientras que cuando los candidatos son internos a la organización, o se les considera adecuados para el puesto, también es conveniente proporcionarles información sobre las acciones que deberían desarrollar para mejorar sus puntos débiles y potenciar los fuertes.

CONCLUSIONES

Cuando la organización necesita adquirir nuevas competencias, para alcanzar sus objetivos, puede hacerlo contratando personas del exterior o promocionando a algún empleado que ya forma parte de la misma. En uno u otro caso, será preciso llevar a cabo programas de reclutamiento y selección de personal.

A través del reclutamiento se consiguen, de dentro o de fuera de la empresa, candidatos que, en principio, parecen reunir las competencias exigidas por el puesto que se desea cubrir. Posteriormente, se lleva a cabo el proceso de selección donde se decide cuál/es de los candidatos reclutados es/son el/los más adecuado/s para el puesto en cuestión.

Existen numerosas herramientas de selección, entrevistas, pruebas psicológicas, profesionales, situacionales, etc. La decisión de cuále/s emplear, vendrá determinada por las exigencias del puesto de trabajo concreto a cubrir y de las características de la organización, así como de su grado de fiabilidad y validez. Sin olvidar que la aplicación e interpretación de los resultados de las pruebas deberán ser realizadas por profesionales adecuadamente formados y experimentados.

La adopción del enfoque de competencias ha tenido como consecuencia que los perfiles de exigencias de los puestos se definan en función de los comportamientos que es preciso que lleven a cabo los empleados, que ocupan un puesto, para tener éxito en el mismo, aspecto que facilita la comparación entre las exigencias del puesto y las competencias de los candidatos, al utilizar los mismos comportamientos como predictores y criterios, así como elegir las pruebas más adecuadas para determinar la adecuación entre persona, puesto y organización.

BIBLIOGRAFÍA BÁSICA

Ansorena, A. De (1996). *15 Pasos para la selección de personal con éxito. Método e instrumentos*. Barcelona: Paidós.

Catalá, V. (1991). *Manual de selección de personal.* Bilbao: Deusto.
García, M., Hierro, E. y Jiménez, J. J. (1997). *Selección de personal. Sistema integrado.* Madrid: Esic.
Guth, A. (1994). *Reclutamiento, selección e integración de recursos humanos.* México: Trillas.
Merino, M. D., Forteza, J. A. (1991). Los centros de evaluación: descripción y crítica. *Psicología del Trabajo y de las Organizaciones,* 7, 18, 43-50.
Olleros, M. (1997). *El proceso de captación y selección de personal.* Barcelona: Gestión 2.000.
Saavedra, I. (1998). *Planificación y selección de recursos humanos.* Madrid: Pirámide.

PARA SABER MÁS

Cook, M. (1998). *Personnel selection: Adding value through people.* New York: Wiley.
Janz, T., Hellervik, L. y Gilmore, D. C. (1986). *Behavior descripción interviewing: New, accurate, cost effective.* New Jersey: Englewood Cliffs.
Levy-Leboyer, C. (1991). *Evaluación del personal.* Madrid: Díaz de Santos.
Walley, L. y Smith, M. (1998). *Deception in selection.* New York: Wiley.
Wood, R. y Payne, T. (1998). *Competency based recruitment and selection. A practical guide.* Chichester: John Wiley & Sons.

Capítulo 8

EL DESARROLLO DE LAS COMPETENCIAS

OBJETIVOS

La formación es una de las principales armas estratégicas de que disponen tanto la empresa como los empleados. Al finalizar el capítulo, se conocerán:

1. El concepto de formación en la empresa.
2. Las implicaciones que conlleva aplicar el concepto de calidad a la formación.
3. El enfoque de cliente en la formación.
4. La formación como sistema.
5. El proceso de formación en la empresa.
6. La evaluación de la formación.

INTRODUCCIÓN

El objetivo de la dirección de recursos humanos es conseguir que la organización disponga, en todo momento, de las competencias que necesita, en el nivel adecuado y en el momento y lugar oportunos. Para ello, será necesario adquirir, desarrollar, activar y/o inhibir las competencias que se precisan en cada momento. En este capítulo, vamos a abordar el tema del desarrollo de las competencias, para lo que nos centraremos en el tema de la formación en la empresa.

La formación tiene su utilidad en los cuatro aspectos que acabamos de citar:

- *Adquisición*. La formación permite conseguir que los empleados adquieran competencias de las que carecen.
- *Desarrollo*. Cuando los empleados disponen de las competencias que necesitan para su trabajo, pero a un nivel inferior al que éste exige, la formación permite que consigan el nivel de competencias necesario para desempeñarlo con eficacia, eficiencia y seguridad.
- *Activación*. La formación, cuando está bien diseñada, tiene un importante efecto motivador sobre los empleados.
- *Inhibición*. En muchas ocasiones, competencias que han sido útiles para la empresa, a causa de un cambio en los objetivos, la cultura o los valores de la misma, no sólo dejan de ser necesarias, sino que, incluso pueden dificultar la eficacia, eficiencia y/o seguridad empresarial. La formación, en este caso, puede ayudar a inhibir estas competencias.

Por ello, la formación puede llegar a tener un gran *valor estratégico*, tanto para la organización como para las personas. Al hablar de «valor estratégico» nos estamos refiriendo a la aportación de la formación a la consecución de los objetivos, de las metas, de las empresas y de las personas (ver figura 8.1).

Así, en capítulos anteriores, hemos explicado cómo las empresas se mueven en un mundo en el que la competencia es cada vez más amplia y más agresiva. En este ambiente, la formación tiene una incidencia directa sobre una serie de aspectos que son importantes cara a la consecución de los objetivos estratégicos de la organización:

FIGURA 8.1. *Valor estratégico de la formación*

a) *Productividad.* La productividad depende, entre otras variables, de que el trabajador posea las competencias que le exige su trabajo; como consecuencia, no es de extrañar que los niveles de productividad de los empleados, adecuadamente formados, sean superiores a los de los que no lo están.
b) *Calidad.* Trabajar con calidad exige que todas las personas de la empresa, sea cual sea su trabajo, tengan las competencias que exige la toma de decisiones necesaria para llegar a los niveles de calidad exigidos por los clientes.
Ahora bien, las competencias exigidas por el trabajo pueden ser diferentes en distintos momentos, a causa de los cambios, profundos y continuos, que se producen en el mundo el trabajo. Sólo si dispone de la formación adecuada, el empleado podrá adquirir, mantener y aplicar las competencias que necesita en cada momento.
c) *Salud Laboral.* Mejorar la salud laboral se consigue a través de los diseños adecuados de los puestos y ambientes de trabajo y de la utilización de las adecuadas medidas preventivas y protectoras. Todo ello, sin embargo, tiene una eficacia muy limitada si los trabajadores no disponen de la formación que les permita conocer los riesgos y reaccionar adecuadamente a los mismos, anticipándolos, incluso, siempre que sea posible.
d) *Conflictividad.* Una organización en la que se valora la formación, es una organización con una cultura propia del enfoque de recursos humanos; como consecuencia, en dicha empresa, las relaciones de la dirección con los sindicatos y con los trabajadores en general, serán de cooperación, por lo que la conflictividad disminuirá de forma significativa. Además, la formación demuestra a los empleados que en la empresa existe una verdadera preocupación por ellos, por su desarrollo personal y profesional, por lo que los sentimientos de satisfacción aumentan y, como consecuencia, la conflictividad disminuye.
e) *Imagen de la empresa.* La imagen de la organización mejora, tanto desde un punto de vista intraorganizacional, al comprobar los empleados que no sólo es importante su rendimiento, sino también su desarrollo personal y profesional; como desde un punto de vista extraempresarial, ya que la empresa es más valorada por los profesionales y por el conjunto de la sociedad.

Todo lo que acabamos de explicar, permite un significativo aumento de la *competitividad* de la empresa, entendida ésta como *la capacidad de la organización para prever y adaptarse a las condiciones de un entorno continuamente cambiante*.

Ahora bien, para que la empresa sea realmente competitiva, debe estar formada por *personas competentes*; esto es, por personas que dispongan de un *saber* (los conocimientos exigidos por el trabajo), de un *saber hacer* (aplicar los conocimientos a la resolución de los problemas planteados por el trabajo), de un *saber estar* (integrarse en la cultura, normas y costumbres de la organización), y que, además, estén dispuestas a aplicar dichos «saberes» (*querer hacer*).

En definitiva, hoy día lo que las empresas competitivas necesitan son personas *competentes*, entendiendo el término en el sentido de que sean *expertas*, tengan un alto nivel de competencia profesional en las tareas que llevan a cabo; pero que, además, sean capaces de intervenir en varias tareas o actividades dentro de su profesión (*multivalencia**), y de ampliarse profesionalmente hacia actividades y tareas de una segunda profesión u oficio, a partir de la suya básica (*polivalencia*).

Por ejemplo, a un psicólogo que trabaja en la dirección de recursos humanos de una empresa, y se encarga de llevar a cabo actividades de selección de personal, se le exigirá que conozca las técnicas e instrumentos que deba utilizar en cada caso y que los utilice correctamente (experto). Es muy posible que este psicólogo deba, en distintos momentos, asesorar a diferentes directores sobre el tipo de contrato más adecuado en cada caso, lo que es un tema referido al derecho laboral (polivalente). Asimismo, también, en ocasiones, es probable que tenga que participar en actividades de formación (multivalente).

En definitiva, si la empresa, para ser competitiva, necesita disponer de personas competentes, es absolutamente necesario que invierta en formación.

Por otro lado, la formación también tiene un importante valor estratégico para las personas:

a) *Competencia*. La formación será el instrumento fundamental para que la persona pueda mantener el nivel de experto en su trabajo, manteniéndose constantemente al día en su área; asimismo, será la formación la que le permita aumentar su multivalencia, facilitándole la adquisición y el desarrollo de las competencias que le exige la realización de distintas tareas y actividades dentro de su profesión; por último, también será la formación la que le aporte los conocimientos, habilidades y actitudes necesarios para poder desempeñar tareas y actividades en áreas distintas de su profesión original (polivalencia).
b) *Empleabilidad*. Si la formación ayuda a que la persona mantenga su competencia, es claro que, en un mundo laboral en el que los trabajos y los empleos cambian rápidamente, también ayuda a que la persona mantenga un alto nivel de empleabilidad, tanto en lo que se refiere al aumento de la seguridad de mantener su empleo, como que, en caso necesario, puede encontrar otro distinto, en una empresa diferente, porque tiene las competencias que exige el mercado laboral.
c) *Satisfacción*. La existencia de buenos programas de formación en la empresa, permite a los empleados darse cuenta de que se les valora, lo que produce un aumento de su autoestima, incide sobre su confianza, se sien-

ten competentes,...; en definitiva, la formación actuará directamente sobre las necesidades superiores de la persona, por lo que aumentarán sus sentimientos de satisfacción.

d) *Salud laboral.* La razón es que, tal y como explicábamos antes, la formación es uno de los aspectos básicos para mejorar la salud laboral, al permitir conocer los riesgos existentes en el trabajo y saber cuáles son los comportamientos seguros más adecuados.

Como conclusión, podemos decir que la formación tiene un importante valor estratégico tanto para las organizaciones como para las personas; es más, a causa de las características del mundo del trabajo actual, es hoy todavía más importante que hace algunos años.

Sin embargo, para que la formación adquiera este valor estratégico es necesario que entendamos el concepto en toda su amplitud y riqueza; es necesario entender la formación como un proceso continuo, no como una serie de acciones puntuales, y es preciso que se plantee desde un punto de vista estratégico.

El concepto de competencia, facilita, como explicaremos en los apartados siguientes, el que la formación pueda adquirir el valor estratégico que hemos estado comentando hasta ahora.

8.1. CONCEPTO DE FORMACIÓN

Ya hemos explicado que, debido a los cambios producidos en el mundo del trabajo y, como consecuencia, en el de la gestión empresarial y de la de recursos humanos, las personas han adquirido gran importancia como principal recurso competitivo de las empresas. Podemos recordar aquí las palabras de Le Boterf (1991), cuando afirma que las empresas deberán incorporar cada vez más inteligencia para hacer frente a las exigencias que plantea la necesidad de innovación y flexibilidad.

Ahora bien, en un ambiente competitivo en el que la innovación, la flexibilidad y el cambio son variables fundamentales, es claro que la *formación del personal* juega un papel no sólo necesario, sino imprescindible, para mantener y mejorar la competitividad de la empresa.

Cuando hablamos de formación, ¿cómo entendemos el concepto?

En la bibliografía sobre formación en la empresa, aunque todos los autores destacan, como es lógico, su importancia, son pocos los que, como Buckley y Caple (1991) se aventuran a dar una definición de la misma. Para nosotros, formación es: *El proceso sistemático y continuo a través del cual se tratan de modificar o desarrollar las competencias y comportamientos de los formandos, a través de distintas acciones formativas, dentro del marco definido por los objetivos y planes estratégicos de la empresa.*

Dentro de esta definición, podemos destacar las principales características de la formación en la empresa y que están explicitadas en ella:

- *Proceso sistemático.* La formación no se puede entender como un conjunto de acciones aisladas, por lo general cursos y seminarios, sino como un proceso complejo, dividido en fases, cada una de las cuales exige tomar una serie de decisiones y llevar a cabo un conjunto de acciones.
  El proceso comienza con la definición de las exigencias y necesidades de formación existentes en la organización; la delimitación de los objetivos a corto, medio y largo plazo que se pretenden conseguir; el diseño de las acciones formativas que es preciso llevar a cabo; la puesta en práctica de dichas acciones formativas; la evaluación de la formación; la gestión de los presupuestos disponibles; etc.
  La formación no se refiere al aprendizaje incidental o informal que llevan a cabo día a día los superiores y compañeros de cada trabajador, aunque, por supuesto, dicho aprendizaje pueda llegar a ser extraordinariamente positivo para las personas y la organización. Por el contrario, es un proceso sistémico y sistemático, en el que existen unos objetivos perfectamente definidos de aprendizaje y, por tanto, exige una rigurosa gestión, que comenzará con una buena planificación y finalizará con unas posteriores actividades de evaluación, para confirmar que se han alcanzado las metas fijadas.
- *Proceso continuo.* Lo que acabamos de explicar, nos lleva directamente a la segunda característica de la formación en la empresa. Ésta no se puede entender como un conjunto de acciones, por muy planificadas que estén, que se llevan a cabo en un determinado plazo temporal y que, después, por una u otra razón, no tienen continuidad.
  La formación, para convertirse en una verdadera inversión, para adquirir el valor estratégico que hemos comentado, es preciso que sea un proceso continuo, integrado dentro de la estrategia de la empresa y que incluye la definición de objetivos, la planificación, la implantación y la evaluación.
  Por tanto, una de las características de la formación en la empresa, será la delimitación de los plazos temporales en que se deben conseguir los objetivos que se fijan a los programas y acciones formativas.
  Como consecuencia, en los planes a largo plazo, será preciso incluir acciones evaluativas intermedias, de forma que informen de hasta qué punto el plan estratégico de formación va consiguiendo los objetivos fijados o, por el contrario, es preciso introducir acciones correctoras.
- *Competencias y comportamientos.* Los objetivos de formación* se refieren a las competencias que es preciso que los formandos adquieran, desarrollen, activen y/o inhiban, en función de los objetivos estratégicos de la empresa.
  La formación se puede referir, a los distintos componentes de las competencias:

— Los conocimientos que son necesarios para llevar a cabo el trabajo (*saber*). En general, cuando los programas de formación se refieren sólo a este componente de las competencias, se suele hablar de *Instrucción**.
— *Saber hacer*; esto es, la formación se refiere a cómo aplicar los conocimientos a la solución de problemas prácticos concretos.
— Cuando la formación se dirige al cambio de actitudes (*saber estar*), se suele hablar de *Adoctrinamiento**.
— La formación también se debe dirigir a los aspectos motivacionales (*querer hacer*) de las competencias.

Por otro lado, la formación puede dirigirse a la adquisición o desarrollo de competencias básicas (*Entrenamiento*); y/o a la adquisición o desarrollo de competencias complejas, que exigen procesamiento de informaciones y toma de decisiones (*Capacitación**).
También existen programas y acciones formativas que no se dirigen directamente a la adquisición o desarrollo de competencias exigidas por el trabajo, sino que tienen como objetivo facilitar el desarrollo personal de los empleados; en este caso, se suele hablar de *Desarrollo**.
Ahora bien, un programa de formación, o unas acciones formativas, pueden conseguir su objetivo al adquirir o desarrollar, los formandos, determinadas competencias; sin embargo, para que se pueda decir que han tenido éxito, es preciso algo más, es necesario que los formandos hayan cambiado voluntariamente su *comportamiento* a partir de las actividades de formación.
Por tanto, el objetivo último de los programas y acciones formativas que se llevan a cabo en la empresa es conseguir que *los formandos modifiquen voluntariamente su comportamiento para mejorar su eficacia, eficiencia y/o seguridad en el trabajo*.

- *Formandos*. El centro de todo el proceso formativo no es el monitor, ni el programa de la acción formativa, sino los asistentes a la misma. Será preciso, por tanto, tener muy en cuenta sus necesidades y expectativas a la hora de diseñar y llevar a la práctica una acción formativa, si se quiere que ésta tenga éxito.
- *Distintas acciones formativas*. La formación no se puede, ni se debe, entender como un conjunto de cursos o seminarios a los que asisten, durante uno o varios días u horas, los sujetos. La formación puede ser presencial o a distancia; puede ser en un aula o en el propio lugar de trabajo; puede ser individual o colectiva; en suma, al hacer el plan de formación, se debe atender a todas las posibilidades existentes para, de esta forma, elegir las más eficientes y eficaces en cada caso, en función de la situación concreta, de los objetivos perseguidos, de las características de los formandos, etc.
- *Objetivos y planes estratégicos de la empresa*. La formación no es una actividad aislada y desligada del resto de las funciones del área de recursos

humanos y de la empresa. Muy al contrario, debe planificarse y llevarse a cabo, siempre, dentro del marco definido por la estrategia de la empresa. Esto es así, hasta el punto que las organizaciones que realmente valoran la formación en su justa medida, han comenzado a incluir entre los objetivos personales y grupales de sus empleados y equipos, los objetivos de formación, cuya consecución o no, influirá en el salario variable de los empleados, de la misma forma que ocurre con los de producción o ventas, por ejemplo.

Por tanto, vemos que el concepto de formación es algo más complejo de lo que se entiende habitualmente por el mismo. Así, para que la función adquiera todo su valor y toda su importancia es preciso entenderla con un *planteamiento sistémico**, con un enfoque *orientado al cliente* y con un objetivo de *calidad.*

8.2. LA CALIDAD DE LA FORMACIÓN

Constantemente oímos a los responsables de los departamentos de formación, a los profesionales de la formación e, incluso, a los asistentes a acciones formativas, hablar de la calidad de la formación; y, sin embargo, en muchas ocasiones, cuando se refieren a la calidad lo hacen desde un punto de vista equivocado o, por lo menos, incompleto. Así nos encontramos con que, en ocasiones, se restringe el concepto de calidad de la formación a aspectos relacionados con:

a) *La impartición de cursos.* En ocasiones, la expresión «calidad» se refiere sólo a la realización de las acciones formativas (las documentaciones del curso son excelentes, utilizamos medios audiovisuales de primera calidad, los asistentes al curso no paran un momento, etc.) y, por lo general, se centran sólo en la satisfacción de los formandos con el ambiente y el desarrollo de la acción formativa.
Sin embargo, el contenido, los medios, el desarrollo de la acción formativa, el ambiente, pueden haber sido excelentes y, sin embargo, los formandos pueden no haber aprendido nada útil para su trabajo. ¿Se puede hablar, en este caso, de calidad de la formación?, obviamente no, el concepto es mucho más amplio.
b) Hay otro planteamiento, también muy extendido, que defiende la idea de que la formación es de calidad cuando, con las acciones formativas, *se consiguen los objetivos que se habían fijado a las mismas*; esto es, cuando los formandos han adquirido o desarrollado las competencias que se pretendían conseguir.
Sin embargo, este planteamiento, aún estando muy extendido, es también incompleto, debido a que concibe la formación no como un proceso sis-

temático, sino como un conjunto de acciones formativas, más o menos relacionadas entre sí, pero sin estar integradas dentro de un plan general. Hay distintas situaciones que nos demuestran que este planteamiento es incompleto:

- Las acciones formativas pueden haber conseguido que los formandos hayan adquirido y/o desarrollado las competencias previstas. Sin embargo, dichas competencias pueden no ser aplicables a su trabajo, o aún siendo aplicables, no permitir aumentar la eficacia, eficiencia y/o seguridad de los trabajadores.
  En estos casos, cuando las competencias adquiridas y/o desarrolladas en la acción formativa no son aplicables al trabajo (no son *transferibles*), y/o no permiten mejorar la eficacia, eficiencia y/o seguridad de los empleados (no son *relevantes*), ¿se puede hablar de calidad de la formación?
- Las acciones formativas pueden haber conseguido sus objetivos y, sin embargo, el coste económico o temporal de las mismas puede haber sido excesivo, mayor de lo necesario.
  En este caso (por ejemplo, cuando una acción formativa se contrata más por el nombre o el prestigio de la consultora, sin tener en cuenta otras variables) las acciones de formación pueden haber sido eficaces, pero, desde luego no han sido *eficientes*. ¿Se puede hablar de calidad de la formación cuando no se ha sido eficiente, aunque se haya sido eficaz?
- En ocasiones, las acciones formativas son eficaces; esto es, consiguen que los formandos adquieran las competencias que se pretendía; sin embargo, puede ocurrir que el diseño de los programas de formación se haya llevado a cabo de forma que los sujetos adquieran las competencias demasiado pronto (con lo que al ir a aplicarlas en su trabajo habrán perdido un cierto nivel en las mismas) o, por el contrario, demasiado tarde (por lo que durante un cierto periodo de tiempo, los trabajadores habrán sido menos eficaces de lo deseado en su trabajo). Esta última situación, por ejemplo, es muy habitual en las organizaciones en las que la formación se emplea con un enfoque reactivo y sólo responde ante las peticiones de los mandos que detectan carencias en sus subordinados.
  Así pues, ¿podemos hablar de calidad cuando los objetivos de las acciones formativas se han conseguido, pero en un *plazo temporal distinto* al adecuado?
- Otras veces, se consiguen los objetivos fijados a una acción formativa y, sin embargo, el nivel de las competencias adquiridas y/o desarrolladas por los formandos ha sido demasiado alto o demasiado bajo, con respecto al que exige su trabajo.

Por tanto, ¿se puede hablar de calidad de la formación cuando el *nivel de las competencias* adquiridas y/o desarrolladas *no es el exigido* por el trabajo y, como consecuencia, por la empresa?

- Las acciones formativas pueden conseguir su objetivo y los sujetos alcanzan el nivel deseado en las competencias necesarias. Sin embargo, éste parece ser el final de la responsabilidad de formación, olvidándose que es preciso reciclar y mantener las competencias de las personas; esto es, cuidar que éstas se mantengan, en todo momento, en los niveles exigidos por el trabajo.

  En otras palabras, ¿se puede hablar de calidad de la formación cuando no hay una preocupación por el *mantenimiento* o el *reciclaje* de las competencias?
- Las acciones de formación pueden haber conseguido los objetivos previstos, pero nadie en la empresa sabe si realmente ha sido así, o no se conoce la aportación de la formación a la empresa, o su rentabilidad. En definitiva no existen programas de evaluación de la formación.

  Por tanto, ¿se puede hablar de calidad de la formación cuando no hay *programas de evaluación* que informen de su aportación de valor a la empresa?

Para poder hablar realmente de *calidad de la formación*, es preciso atender a todo el *proceso de la función*, de forma que todos los clientes de la misma consigan satisfacer sus necesidades. Para ello, es preciso atender a un conjunto de aspectos, todos ellos incluidos en el concepto de *calidad*:

a) *Eficacia*. Se refiere a que las actividades formativas permitan adquirir, desarrollar, activar y/o inhibir las competencias que precisa la organización en los niveles, momentos y lugares adecuados. Este aspecto se refiere a la *calidad del producto final* de la formación.

b) *Eficiencia*. Asegurar que los resultados se obtienen con el menor coste y utilización de recursos posible. Este aspecto, lógicamente, se refiere a la *calidad del proceso* de formación.

c) *Continuidad*. Si realmente se desea que la formación pueda considerarse de calidad, es preciso atender al reciclaje y el mantenimiento de las competencias; esto es, es absolutamente necesario concebir la formación como una actividad continua y no como un mero conjunto de actividades aisladas.

   Por otro lado, es necesario que la formación adopte un enfoque proactivo, completamente integrado dentro de la gestión de recursos humanos de la empresa y, en consecuencia, de la estrategia de la misma. En suma, nos estamos refiriendo a la *calidad de la concepción* de la formación.

En suma, podemos decir que la formación es de calidad cuando *las acciones que se llevan a cabo permiten que la organización disponga de las competencias que precisa, en el nivel, lugar y momento oportunos, al menor coste posible*.

Ahora bien, para conseguir las cotas deseadas de calidad, es preciso atender a varios aspectos:

- Adoptar un *enfoque de cliente* en la concepción de la formación.
- Adoptar un *planteamiento sistémico* para la función de formación.
- Considerar la formación como un *proceso continuo* y no como una serie de acciones puntuales.

8.3. EL ENFOQUE DE CLIENTE EN LA FORMACIÓN

Al igual que las empresas competitivas presentan como una de sus características básicas un enfoque centrado en el cliente, la formación, si desea ser realmente de calidad y aportar valor a la organización, también deberá adoptar dicho enfoque, siendo, en este caso, sus clientes (ver figura 8.2):

a) La *dirección estratégica* de la empresa como responsable de definir los objetivos y planes estratégicos de la organización.
Para conseguir dichos objetivos, de la forma y en la fecha previstas, habrá trabajos que se mantendrán iguales, otros que se modificarán, algunos desaparecerán y aún habrá otros que se crearán. Como consecuencia, las competencias que necesita la empresa para alcanzar sus objetivos, también cambiarán a lo largo del tiempo.
Por tanto, habrá situaciones en que algunos de los empleados deberán adquirir determinadas competencias para un momento determinado; habrá otro grupo que deberán desarrollar competencias que ya tienen, para alcanzar un nivel diferente en las mismas; es posible que, en otros casos, sea preciso inhibir competencias que, hasta entonces, han sido útiles para la empresa y que, ahora, podrían dificultar su marcha. En todos los casos, será necesario activar las competencias que exigen las funciones incluidas en cada trabajo.
La dirección estratégica, como cliente, va a exigir a la función de formación que se alcancen las cotas de eficacia y eficiencia fijadas en los objetivos y planes estratégicos de la empresa.

b) Los *directivos y mandos intermedios* de la empresa, van a ser otro grupo de clientes de la función de formación. En este caso, las peticiones de acciones formativas que solicitan suelen responder a problemas de eficacia,

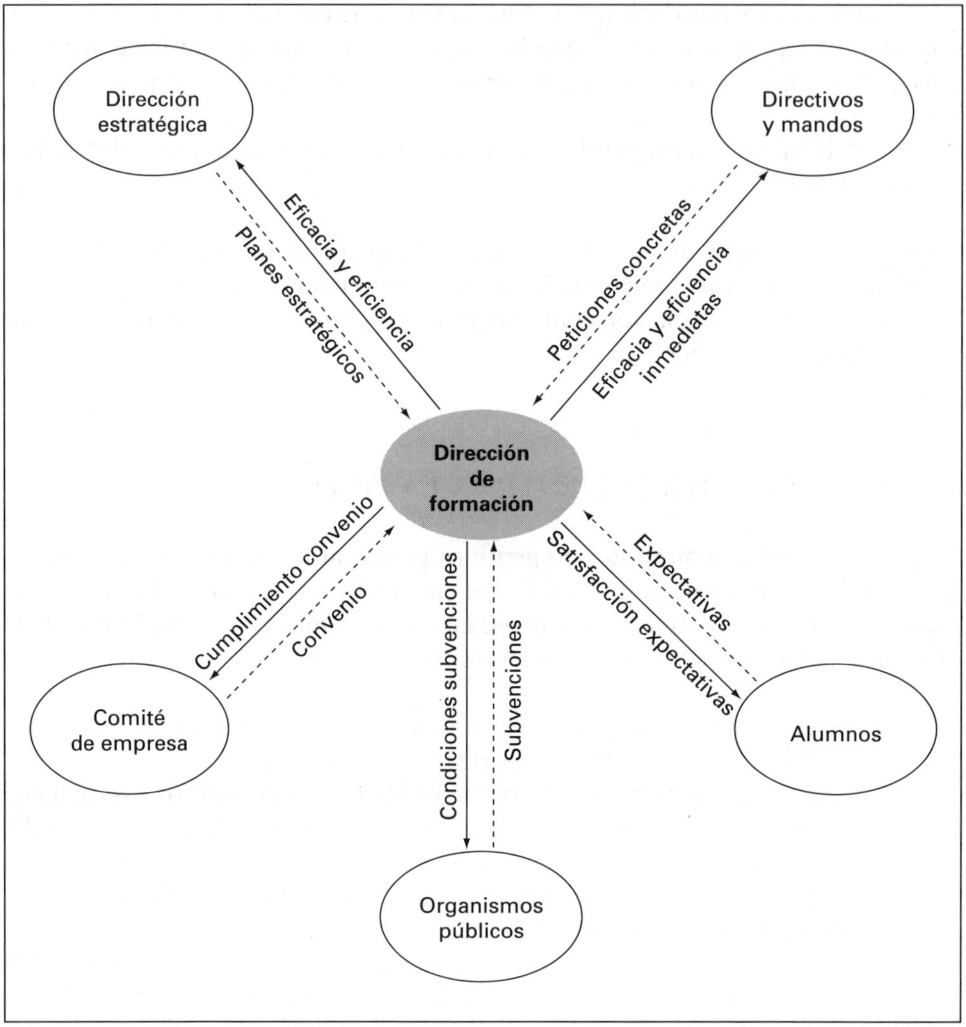

FIGURA 8.2. *Los clientes de la función de formación*

eficiencia y/o seguridad ya planteados en sus respectivas direcciones y departamentos.

En estos casos, cuando se adopta el enfoque de cliente, la primera tarea de los responsables de la formación será ayudar al directivo o al mando correspondiente, a determinar cuáles son sus verdaderas necesidades de formación. Así, en ocasiones, el directivo o el mando pueden estar convencidos de que un simple curso será lo que solucionará el problema que tienen planteado. Sin embargo, el responsable de formación, al analizarlo, puede darse cuenta de que esa no es la solución más adecuada y, como consecuencia, deberá proponer la alternativa que considere más efectiva.

Por otro lado, al hacer las evaluaciones del rendimiento o del potencial de sus colaboradores, los directivos y mandos detectarán carencias formativas en ellos, bien para realizar su trabajo actual, o cara a una futura promoción.

En todo caso, los directivos y mandos son clientes de la función de formación que harán sus peticiones, por lo general a corto plazo y, a lo sumo, a medio, con el propósito de que ésta les solucione los problemas de eficacia, eficiencia y/o seguridad que tienen planteados.

c) Los *sindicatos* de todos los países occidentales consideran la formación como uno de los más importantes beneficios sociales que debe proporcionar la empresa a sus empleados y, como consecuencia, presionan en los convenios colectivos para conseguir mayores presupuestos para la función.

Sin embargo, muchas de las necesidades formativas que perciben los representantes de los trabajadores son diferentes de las que se derivan de los planes estratégicos de la organización.

Por ello, los representantes de los trabajadores son otro cliente que debe atender la función de formación de la empresa, ya que deberá satisfacer los acuerdos firmados en los convenios.

d) Los *formandos*, sea cual sea su nivel jerárquico en la empresa, incluidos en los programas y acciones formativas, cada uno de ellos con sus respectivas necesidades y expectativas.

Estos clientes directos de la función de formación, deberán tener claro el motivo de su inclusión en las acciones formativas, si se desea que éstas tengan la eficacia esperada.

e) Los *organismos oficiales*. En muchas ocasiones, los organismos oficiales (como por ejemplo la FORCEM) proporcionan apoyos económicos a las actividades de formación que se llevan a cabo en las empresas.

Estos organismos, por tanto, son, también clientes de la función de formación y, a cambio del dinero que proporcionan, exigirán el cumplimiento de las condiciones fijadas en las subvenciones.

Como podemos apreciar, cuando se adopta el enfoque de cliente en la formación, éste es bastante más complejo de lo que se plantea en los textos clásicos relacionados con el tema, que se suelen limitar a los directivos, a los mandos y a los asistentes a las acciones formativas.

Sin embargo, aún se podría ampliar más el abanico de clientes de la función, si incluyésemos entre los mismos a los proveedores y clientes de la empresa, tal y como hacen ya bastantes organizaciones.

Es importante, al adoptar el enfoque de cliente, evitar lo que Levitt (1960) denominó *miopía del marketing*, para referirse a las empresas que, en lugar de tener en cuenta las necesidades de sus clientes, se centraban en vender su producto. Una cierta miopía del marketing se ha dado, tradicionalmente, en los departamentos de formación que, en lugar de centrarse en detectar las necesidades formativas realmente existentes en la organización, ofertan, año tras año, un conjunto de cursos y seminarios que ellos consideran importantes, pero cuyos contenidos pueden tener una aplicación difícil o nula en la vida laboral diaria de los empleados y, por tanto, una influencia similar sobre la eficacia y/o eficiencia de la empresa.

Un enfoque verdaderamente de cliente se centrará, en primer lugar, en detectar y definir las necesidades formativas de cada uno de sus clientes y, después, en el diseño, aplicación y evaluación de los programas y acciones formativas más adecuadas para satisfacer dichas necesidades.

8.4. PLANTEAMIENTO SISTÉMICO DE LA FORMACIÓN

Uno de los aspectos que permite llegar a alcanzar el concepto completo de calidad de la formación, es utilizar un planteamiento sistémico de la función; esto es, considerar la formación desde el punto de vista de la teoría de sistemas.

De esta forma, el departamento de formación se considera como un subsistema de otro sistema más amplio, la dirección de recursos humanos, que, por su parte, es otro subsistema del sistema general que es la empresa.

El proceso dentro del que se incluye la función de formación, en un planteamiento sistémico, sería el siguiente:

1. El sistema general, la empresa, tendrá unas metas que se desean alcanzar en un plazo de tiempo determinado; estas metas serán los *objetivos estratégicos de la empresa*, del sistema total.
2. Para conseguir alcanzar sus objetivos, la empresa definirá unos planes; esto es, la forma en que se prevé que se podrán alcanzar las metas fijadas en los plazos previstos. En definitiva, se habrá elaborado la *planificación estratégica* del sistema general.
3. La planificación estratégica de la empresa es la base para la definición de los *objetivos de recursos humanos*; esto es, la meta del subsistema de recursos humanos será conseguir que el sistema general disponga, en todo momento y lugar, de las personas y competencias que necesita para alcanzar sus objetivos en los plazos previstos.
4. Para lograr alcanzar sus objetivos, la dirección de recursos humanos elaborará sus propios planes, la *planificación de recursos humanos*; esto es, se definirán las formas en que el subsistema alcanzará sus objetivos en los plazos fijados, que no son otros que adquirir, desarrollar, activar y/o in-

hibir las competencias que precisa el sistema, la empresa, en el nivel, momento y lugar adecuados.

5. La planificación de recursos humanos será el punto de partida para la definición de los objetivos de los distintos subsistemas que componen la dirección de recursos humanos; esto es, de sus distintas unidades funcionales, selección, formación, salud laboral, etc.
   De esta forma, los *objetivos de formación*, quedarían definidos como *las competencias que será preciso adquirir, desarrollar, activar y/o inhibir, a través de acciones formativas, para que el sistema total, la empresa, pueda alcanzar sus objetivos en los plazos fijados.*
6. Para conseguir alcanzar sus objetivos en los plazos previstos, el subsistema formación deberá decidir los programas y acciones formativas que deberán llevarse a cabo, determinar los destinatarios de los mismos, las fechas de realización, el presupuesto, etc.; en definitiva, será preciso *planificar la formación.*
7. Posteriormente, el subsistema formación deberá llevar a la práctica lo que se había planificado; esto es, llega el momento de la *implantación* de la formación.
8. Es preciso, también, *evaluar* todo el proceso que se ha seguido. Así, será necesario conocer si:

   - Se han conseguido alcanzar los objetivos del subsistema formación.
   - La consecución de los objetivos de formación, en los plazos fijados, ha contribuido a lograr alcanzar los del subsistema de recursos humanos.
   - La consecución de los objetivos del subsistema formación ha contribuido a que el sistema general, la empresa, haya alcanzado los suyos en los plazos fijados.

   Asimismo, la evaluación permitirá conocer, además de la eficacia del subsistema formación, cuál ha sido su eficiencia, así como la satisfacción de los clientes del mismo.

Por tanto, el funcionamiento del subsistema formación debe entenderse dentro del marco definido por el sistema general, la empresa, y por el subsistema de recursos humanos.

8.4.1. Funciones del subsistema de formación

Las funciones básicas de cualquier sistema, se suelen definir como (ver figura 8.3):

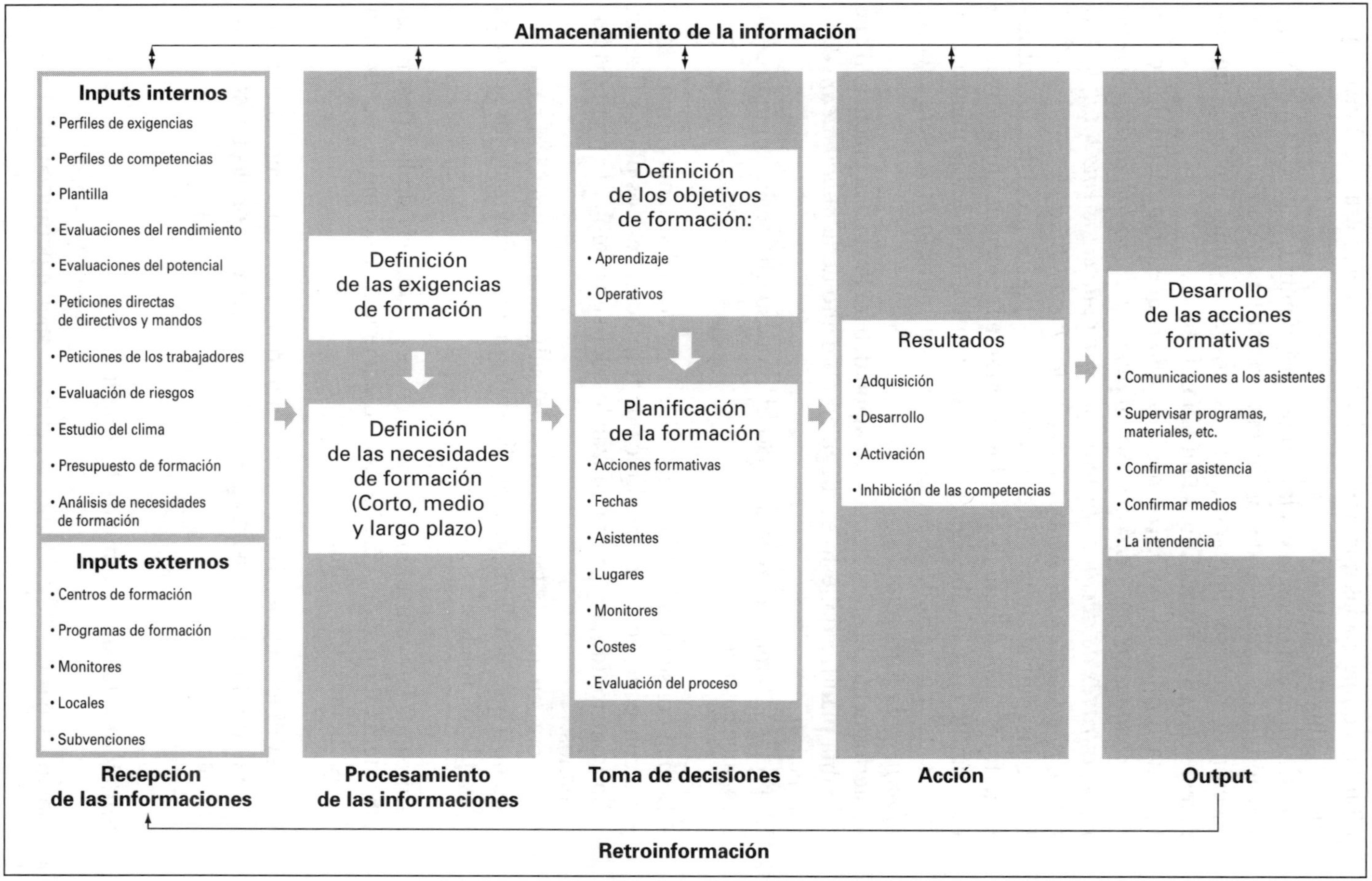

FIGURA 8.3. *Funciones del subsistema de formación*

1. Recepción de informaciones

Todo sistema, para funcionar, debe recibir una serie de inputs de información o de materias primas. En el caso del departamento de formación, los inputs que se recibirán, serán informativos, tanto internos como externos a la organización:

a) *Inputs internos*. Son las informaciones que el departamento de formación necesita recibir desde dentro de la organización, para actuar con la eficacia y eficiencia exigidas:

- Los *perfiles de exigencias de los puestos* existentes en la empresa, a partir de los cuales se podrán definir las *exigencias de formación* de cada uno de ellos. Desde un planteamiento estratégico, se necesitarán tanto los perfiles de los puestos actuales, como los que se prevé que existirán en el futuro, a causa de las modificaciones que sufrirán las funciones y actividades incluidas en los mismos, como consecuencia de la puesta en práctica de los planes estratégicos de la empresa.
- Los *perfiles de competencias de los trabajadores* de la empresa; esto es, las competencias que posee cada una de las personas que conforman la organización.
- La *plantilla* actual y futura de la empresa, que proporcionará información sobre el número de personas necesarias en cada momento y unidad funcional, en función de la aplicación de los planes estratégicos de la empresa.
- Los resultados de las *evaluaciones del rendimiento*, informaciones que pueden indicar problemas de eficacia, eficiencia y/o seguridad que pueden ser debidos a carencias formativas de los empleados.
- Los resultados de las *evaluaciones del potencial*, que pueden proporcionar informaciones sobre las necesidades formativas que presentan los empleados cara a posibles promociones o cambios de puesto en su carrera profesional. Estas necesidades de formación, deberán tenerse en cuenta en función de los plazos temporales en que estén previstos los cambios.
- Las *peticiones directas de directivos y mandos*, generalmente referidas a los problemas puntuales que ellos mismos, o sus subordinados, encuentran en el trabajo y que pueden superarse con programas o acciones formativas.
- Las *peticiones de los trabajadores*, bien porque se les consulte directamente, o a través de sus representantes, sobre problemas en su trabajo diario y que se pueden superar con programas o acciones formativas; bien porque sus peticiones hayan sido incluidas en el convenio colectivo de la empresa.

- Los resultados de las *evaluaciones de riesgos** que indicarán las áreas de la empresa y las personas que deberán recibir formación sobre el tema.
  Asimismo, los *informes sobre accidentabilidad** permitirán detectar situaciones de inseguridad que se podrán solucionar, en muchas ocasiones, con programas y acciones formativas.
  Mientras que los resultados de las evaluaciones de riesgos nos permiten actuar de forma proactiva, los de los informes de accidentabilidad indicarán problemas ya existentes que es preciso resolver inmediatamente.
- Los resultados de los *estudios de clima* proporcionan, en muchas ocasiones, informaciones válidas para el departamento de formación que, a partir de las mismas, podrá detectar la existencia de posibles necesidades de formación en determinadas áreas de la empresa. Estas informaciones serán sólo indicaciones indirectas, por lo que será necesario confirmar la existencia o no de necesidades reales de formación.
- El *presupuesto* del que dispone el departamento de formación y que será una variable fundamental a la hora de elaborar los planes y programas formativos.
- Los resultados obtenidos a partir de los *análisis de necesidades de formación**, que proporcionarán información, fundamentalmente, sobre las actualmente existentes en la empresa, o sobre las que se prevé que existirán en un futuro inmediato.

b) *Inputs externos*. Son las informaciones que llegan al departamento de formación desde fuera de la empresa, y que éste deberá procesar para poder diseñar e implantar programas y acciones formativas eficaces y eficientes. Las más relevantes son las referidas a:

- Los *centros de formación*, tanto públicos como privados que, entre sus actividades, incluyen la impartición de programas y acciones formativas que puedan ser de interés para la empresa.
- Las *áreas o programas de formación* desarrollados por dichos centros, así como la calidad y precio de sus actividades, de forma que rápidamente se puedan tomar decisiones sobre cuál puede ser más adecuado cuando se necesiten.
- Los *monitores* de los centros de formación anteriores o que trabajen por su cuenta, con los datos disponibles sobre la calidad y el precio de sus actividades. Es preciso tener en cuenta que una misma acción contratada a un centro determinado puede tener resultados muy diferentes en función del monitor encargado de la misma.

- Los *locales* en los que se pueden llevar a cabo actividades formativas, incluyendo los medios, salas, etc. disponibles, así como los precios de sus servicios.
- Las *subvenciones* europeas, estatales, autonómicas y/o municipales que se pueden solicitar para apoyar los programas y acciones formativas que se lleven a cabo en la empresa y que servirán para aumentar los presupuestos de formación existentes en la organización y, como consecuencia, para fijar y poder conseguir objetivos más ambiciosos.

2. *Procesar las informaciones recibidas*

Una vez que se han recibido todas las informaciones, el sistema, en este caso el departamento de formación, deberá procesarlas, lo que permitirá conocer:

a) Las *exigencias de formación* existentes en la empresa; esto es, las competencias que se van a necesitar y el nivel necesario en cada una de ellas, así como el número de puestos en los que son necesarias dichas competencias, en función de los planes estratégicos de la empresa.
b) Las *necesidades de formación* existentes en la empresa. Para ello, se trabajará con las informaciones procedentes de distintas fuentes:

   - La comparación entre las exigencias de formación de los trabajos y los perfiles de competencias de los empleados, permitirán determinar las que es preciso que adquieran, desarrollen, activen y/o inhiban a través de acciones formativas, tanto en el momento actual como en el futuro. En suma, esta comparación permitirá conocer las necesidades de formación existentes en la empresa y en qué fecha deberán estar satisfechas.
   - Los resultados de las evaluaciones del rendimiento, las peticiones directas de los directivos, mandos y trabajadores, y los informes de accidentabilidad, proporcionarán informaciones valiosas que permitirán conocer necesidades de formación inmediatas.
   - Los resultados de las evaluaciones del potencial y los planes de carrera facilitarán informaciones que permitirán determinar necesidades de formación a medio y largo plazo.
   - Los resultados de los análisis de necesidades de formación que se lleven a cabo en la empresa, también serán informaciones que permitirán conocer las existentes a corto y medio plazo en la organización.

   Todas estas informaciones permitirán al responsable de formación pasar a la toma de decisiones, teniendo en cuenta que las necesidades de formación existentes en la empresa, se podrán organizar en tres grandes grupos:

- Necesidades de formación *a corto plazo*; esto es, las carencias formativas que es preciso superar de forma inmediata para mejorar el rendimiento, la satisfacción y/o la seguridad de los empleados. Estas necesidades se pueden denominar, también inmediatas y se deberán haber superado en un plazo no superior a un año.
- Necesidades de formación *a medio plazo*; es decir, las carencias formativas que se prevé que presentarán los empleados, fundamentalmente porque se introducirán modificaciones en sus trabajos actuales o porque esté previsto que cambien de trabajo. Son necesidades que, por lo general, será preciso superar en un plazo comprendido entre uno y dos años.
- Necesidades de formación *a largo plazo*; esto es, las que se prevé que presentarán los empleados a causa de los cambios que, por la aplicación de los planes estratégicos de la empresa, se producirán en las funciones y responsabilidades que deberán asumir las personas. Son necesidades que, por lo general, se deberán superar en un plazo superior a los dos años.

Este planteamiento facilitará el que el departamento de formación pueda adoptar un enfoque proactivo y, como consecuencia, pueda participar de forma significativa en el mantenimiento y aumento de la competitividad de la empresa, en lugar de seguir el sistema tradicional que, por ser meramente reactivo, reduce la formación, como ya hemos dicho, a un simple papel de solución de problemas urgentes ya planteados.

De igual forma, los responsables de formación deberán procesar todas las informaciones externas recogidas anteriormente.

3. Toma de decisiones

Una vez que el departamento de formación ha recibido las informaciones que necesita, y las ha procesado, llega el momento de tomar decisiones. Esta función del sistema, tiene dos fases:

a) Las necesidades de formación se transformarán en los *objetivos de formación* que se deberán alcanzar con los programas y acciones formativas. En estos momentos, nos encontramos con una de las ventajas que tiene, para la formación, trabajar dentro de un enfoque de competencias; ya sabemos que, en la gestión de recursos humanos facilitaba, por un lado, utilizar un lenguaje común y, por otro, orientar todas las actividades de la empresa hacia los resultados.

En formación, las necesidades, y las exigencias anteriormente, se habrán definido en forma de conocimientos y comportamientos que los empleados necesitan adquirir o desarrollar para mejorar la eficacia, la eficiencia y/o la seguridad en su trabajo. Por tanto, los objetivos de los programas y acciones formativas se definirán, también, de la misma forma, por lo que se podrán tomar decisiones mucho más válidas y operativas con respecto a los contenidos de los mismos, así como facilitar su posterior evaluación.

Los programas y acciones formativas deberán incluir la definición de dos tipos de objetivos:

- Objetivos *de aprendizaje**. Son los que en el enfoque clásico, se definen habitualmente, y se refieren a las competencias que los formandos deberán adquirir, desarrollar, activar y/o inhibir con los programas y acciones formativas que se llevan a cabo.
- Objetivos *operativos**. Son los referidos a las consecuencias que las competencias adquiridas, desarrolladas, activadas y/o inhibidas con los programas y acciones formativas deberán tener sobre el rendimiento, la seguridad y/o la satisfacción de los formandos cuando éstos las apliquen a su trabajo diario.

  Los objetivos operativos se refieren al *para qué* se llevan a cabo los programas y acciones formativas y, por tanto, serán los que, posteriormente, permitirán evaluar aspectos importantes dentro de la eficacia de la formación, tales como la rentabilidad de la misma.

  Para definir los objetivos de formación, habrá que tener en cuenta, además de las informaciones disponibles sobre las necesidades, las que se hayan recogido y procesado sobre:

  - El *presupuesto* del que dispone el departamento de formación, que va a delimitar las metas que se podrán definir para cada periodo temporal.
  - Las *informaciones externas* sobre costes, calidad, etc., de las acciones y actividades formativas que llevan a cabo consultoras, centros oficiales y profesionales libres.
  - Las informaciones sobre posibles *subvenciones y ayudas* a la formación que se pueden recibir de los organismos oficiales y que podrían aumentar el presupuesto disponible y permitirían fijar objetivos más ambiciosos.

b) La *planificación de la formación**, Una vez definidos los objetivos de formación, es preciso planificar la forma en que se podrán conseguir

dichas metas en los plazos previstos; así, será necesario que los responsables de la función definan los programas y acciones formativas que se deberán llevar a cabo, decidir los contenidos de los mismos, las fechas más adecuadas para impartirlos, los asistentes, etc.
Cuando se trabaja desde un punto de vista estratégico, la planificación de la formación se hace a corto, medio y largo plazo, pudiéndose llegar, de este modo, al verdadero concepto de *formación continua*, evitando la sucesión de cursos y seminarios impartidos, con poca o ninguna relación entre ellos.
Para ello, será preciso decidir:

- Las *acciones formativas* que será preciso llevar a cabo, determinando si serán presenciales y/o a distancia, si se llevarán a cabo en el aula o en el lugar de trabajo, si serán individuales o en grupo, etc.
- Las *fechas* en que se van a llevar a cabo las distintas actividades formativas, para lo que será necesario tener en cuenta las fechas de aplicación de las competencias al trabajo, la relación entre los contenidos de las distintas acciones formativas, los periodos punta del trabajo, los periodos de vacaciones en la empresa, etc.
- Los *asistentes* a cada acción formativa, para poder hacer los grupos más adecuados (para aquellas que sean grupales) en función de las competencias previas de los formandos, su lugar geográfico de trabajo, su nivel dentro de la empresa, etc., de forma que se puedan maximizar la eficacia y la eficiencia de cada acción formativa.
- Los *lugares* donde se vayan a llevar a cabo las distintas actividades formativas, de forma que se optimicen los costes y la eficacia de las mismas.
- Los *monitores*, internos o externos, que se responsabilizarán de cada acción formativa y que deberán ser elegidos en base a sus conocimientos y experiencia sobre el tema que aborda la acción formativa, sobre la empresa y sobre el sector al que pertenece ésta.

  En este caso, los *monitores internos* tienen, sobre los externos, la ventaja de conocer mucho mejor la organización, su cultura y sus peculiaridades. Sin embargo, las personas elegidas, por lo general, no son profesionales de la formación, por lo que suelen aparecer una nueva exigencia y necesidad de formación: *formar como formadores* a los futuros monitores internos en la preparación de programas, materiales, uso de técnicas de formación, etc.

  Asimismo, es preciso determinar la remuneración que van a recibir los empleados por su actividad como formadores. En este punto, es preciso resaltar que nunca se debe acudir a los monitores internos, simplemente porque sean «más baratos», sino porque se esté seguro de que su intervención va a mejorar la eficacia y/o la eficiencia de la formación.

- Los *costes* asociados a cada acción formativa. En este apartado, habrá que tener en cuenta que no se puede superar el presupuesto del que se dispone. Por ello, en ocasiones, después de hacer un primer plan, será preciso volver atrás y reajustar algunas de las decisiones que se hayan tomado anteriormente, para conseguir la concordancia metas/presupuesto. Obviamente, el hecho de gestionar adecuadamente las ayudas y subvenciones, que hemos comentado anteriormente, permitirá al departamento de formación, conseguir alcanzar unas metas más ambiciosas.
- La *evaluación* de todo el proceso formativo, no sólo la evaluación final de las acciones que se lleven a cabo, con la determinación de los momentos e instrumentos necesarios para llevarla a cabo.

Aquí terminaría la fase de *planificación de la formación*; sin embargo, es preciso seguir desarrollando el modelo, para poder considerar el proceso de formación completo, así como el funcionamiento total del sistema formación.

4. Acción

Una vez tomadas todas las decisiones anteriores, el siguiente paso es llevar a la práctica lo decidido, lo planificado en el caso del departamento de formación. En estos momentos, es fundamental:

a) *Comunicar* a todos los empleados que van a participar en algún programa o en alguna acción formativa su inclusión en la misma, informándoles de las razones y los objetivos que se persiguen.

b) *Supervisar* todos los programas, materiales y documentaciones, de forma que realmente se correspondan con los objetivos que se desean conseguir con las acciones formativas.
Este aspecto, que es importante en la formación presencial, es aún más importante en la formación a distancia, en la que el formando va a trabajar solo, con el apoyo de un tutor, con los materiales que reciba (sean estos escritos, on line, en CD ROM, etc.).
Asimismo, en las acciones formativas que se lleven a cabo en el lugar de trabajo habrá que confirmar que el programa formativo que se va a seguir está perfectamente comprendido y preparado por la/s persona/s encargada/s de la formación.

c) *Confirmar* con la antelación suficiente que los empleados convocados a las distintas acciones formativas no van a tener problemas de asistencia a causa de su trabajo, problemas personales, u otros motivos.

d) Cuando se inicie cada actividad formativa, habrá que asegurarse de que todos los *medios* precisos para el óptimo desarrollo de la misma estén dispuestos y en perfectas condiciones de uso.
e) Un aspecto que a veces se descuida y que, sin embargo, es básico para el correcto desarrollo de la acción formativa, es *la intendencia*; esto es, alojamientos de los formandos, comidas, viajes, etc. No se puede dejar que una acción formativa fracase a causa de la mala previsión de estos aspectos.
   En definitiva, en esta fase es cuando todas las acciones formativas, sean del tipo que sean, se llevan a la práctica.

5. *Output*

Se refiere al resultado final que obtiene el sistema; en nuestro caso, será la adquisición, desarrollo, activación y/o inhibición de una serie de competencias, como consecuencia de las acciones formativas llevadas a cabo.

6. *Retroinformación*

La información que recibe el sistema sobre los resultados que se están obteniendo con las acciones que se llevan a cabo; esto es, información sobre hasta qué punto los resultados reales se corresponden con los esperados. A partir de esta información, se iniciará un nuevo ciclo de recepción de información, procesamiento de la misma, toma de decisión y acción, con el fin de continuar mejorando la eficacia y la eficiencia del sistema.

En el caso de la formación, estaríamos hablando de su evaluación, aspecto más importante y complejo de cómo se ha tratado habitualmente y al que, por su importancia, dedicamos el apartado siguiente de este capítulo.

Las informaciones recogidas con la evaluación de la formación servirán a los responsables de la misma para conocer no sólo hasta qué punto se están consiguiendo los objetivos previstos, sino que serán fundamentales para seguir mejorando constantemente la calidad de todo el proceso formativo.

7. *Almacenamiento de la información*

Esta función del sistema, no se asocia con las restantes de forma secuencial, como ocurre con las otras seis sino que interactúa con todas ellas.

Así, en el caso de la formación, es preciso diseñar un sistema de almacenamiento de la información, que permita disponer, rápidamente, de las referidas a:

- La evolución de las necesidades de formación de la empresa.
- La evolución de los objetivos de formación de la empresa.
- Las programaciones efectuadas y los resultados obtenidos con las mismas.
- Las informaciones sobre las acciones formativas que llevan a cabo los centros oficiales y privados, su calidad y coste.
- Las informaciones referidas a los monitores, fechas y lugares de las acciones formativas, asistentes a las mismas, etc.
- Los resultados de todos y cada uno de los aspectos incluidos en la evaluación de la formación.

Todas estas informaciones deberán ser tenidas en cuenta por los responsables de formación al llevar a cabo la planificación de la misma, ya que será la forma de mejorar constantemente la calidad de sus decisiones.

Por otro lado, no podemos olvidar que las informaciones recogidas y almacenadas por el departamento de formación son sólo una parte de las que maneja la dirección de recursos humanos que, en su mayoría, también serán útiles para el responsable de la función.

8.5. LA EVALUACIÓN DE LA FORMACIÓN

El objetivo de la evaluación de la formación, tal y como se ha explicado antes, es conocer hasta qué punto, con los programas y acciones formativas, se han alcanzado tanto los objetivos de aprendizaje como los operativos definidos previamente. Por tanto, la evaluación de la formación se debe diseñar y llevar a cabo en dos momentos diferentes:

1. Evaluación inmediata

Es la que se lleva a cabo al finalizar cada acción formativa y tiene como principal objetivo conocer la opinión de los asistentes a la misma sobre distintos aspectos:

- Monitor.
- Documentación.
- Contenido de la acción formativa.
- Medios empleados.
- Horario.
- Duración de la acción formativa.
- Utilidad de lo aprendido en la acción formativa.
- Ambiente entre los participantes en la acción formativa.

- Organización general de la acción formativa.
- Sugerencias de mejora de los asistentes a la acción formativa.

En general, con esta evaluación, se obtienen informaciones útiles para juzgar la satisfacción de los formandos con la acción formativa que se ha llevado a cabo. No suele, por el contrario, proporcionar informaciones relevantes para poder conocer la aportación de la formación a la empresa; esto es, con esta evaluación no se puede conocer la mejora profesional que se producirá como consecuencia de la aplicación de lo aprendido a su trabajo diario.

2. *Evaluación a corto/medio/largo plazo*

Es, por desgracia, la evaluación que menos frecuentemente se lleva a cabo en las empresas españolas y, sin embargo, es la que proporciona datos más reales, válidos y fiables sobre la aplicabilidad, utilidad y rentabilidad de las acciones formativas.

Es esta evaluación, la que proporcionará datos sobre la transferibilidad de la formación*; esto es, sobre su aplicabilidad al trabajo diario de los formandos cuando éstos regresan a sus actividades diarias tras la finalización de la acción formativa.

Para llevar a cabo esta evaluación, se deberá disponer de datos objetivos, tales como:

- Resultados de las evaluaciones del rendimiento.
- Informes sobre accidentabilidad.
- Datos sobre productividad.
- Datos sobre ventas.
- Promociones.
- Salarios.
- Etc.,

que serán los criterios para la evaluación de la consecución de los objetivos operativos de formación.

Cuando no se han definido dichos objetivos operativos y/o no se han determinado los criterios de evaluación, sólo se pueden obtener estimaciones sobre la transferibilidad de la formación, a través de las opiniones de los formandos sobre la aplicabilidad y utilidad de los contenidos de las acciones formativas; así como a partir de las opiniones de sus superiores sobre las consecuencias que han apreciado que han tenido dichas acciones formativas sobre el rendimiento, la seguridad y/o la satisfacción de sus colaboradores.

Obviamente, un aspecto clave de cualquier función empresarial, y la de formación no es una excepción, es conocer su aportación de valor a la organización, y, en este caso, sólo se podrá calcular con precisión si previamente se han definido los objetivos operativos y los criterios de evaluación.

Por otro lado, un sistema de evaluación debe estar diseñado de forma que no sólo informe sobre la eficacia y eficiencia del proceso evaluado, sino que también permita hacer las oportunas sugerencias de mejora.

Por tanto, cuando se plantea el tema de la evaluación de la formación en una empresa, es preciso atender a todas las fases del proceso formativo:

- La evaluación del proceso de definición de exigencias de formación, ya que al ser éstas el punto de partida de todo el proceso, el primer paso de la evaluación de la formación deberá ser comprobar si las exigencias se han definido correctamente.
- La evaluación del proceso de detección de las necesidades de formación existentes en la empresa y, como consecuencia, de definición de los objetivos de los programas y acciones formativas que se llevan a cabo en la organización.
- La evaluación del proceso de planificación y programación de la formación seguido en la empresa.
- La evaluación de la eficacia de las acciones formativas que se llevan a cabo.
- La evaluación de la rentabilidad de las acciones formativas.
- La evaluación de la satisfacción de los clientes del departamento de formación con su actuación.

En definitiva, un sistema de evaluación de la formación debe permitir responder a preguntas tales como, las acciones formativas que se están llevando a cabo:

- ¿Promueven el desarrollo profesional y personal de los empleados de la empresa?
- ¿Están permitiendo mejorar la competitividad de la empresa?
- ¿Están permitiendo no sólo adaptar los recursos humanos de la empresa a las innovaciones tecnológicas y a los cambios del mercado, sino ir por delante de los mismos?
- ¿Están permitiendo mejorar el rendimiento, la seguridad y/o la satisfacción de los empleados?
- ¿Están facilitando el desarrollo de nuevas actividades económicas por parte de la empresa?

Un sistema de evaluación de la formación debe informar de *hasta qué punto está siendo eficaz y eficiente el proceso de formación* seguido en la empresa, desde la definición de exigencias, hasta los resultados de las acciones formativas, pasando por el proceso de planificación y programación seguido (ver figura 8.4).

8.5.1. La evaluación de la eficacia de la formación

La *eficacia* de la formación se debe analizar desde varios puntos de vista, tratando de conocer hasta qué punto, las acciones formativas han contribuido a:

- Mejorar *la competitividad* de la empresa.
- Facilitar la *adaptación de los recursos humanos* a las innovaciones tecnológicas y a los cambios de mercado.
- Facilitar *el desarrollo profesional y personal* de los empleados.
- Al desarrollo de *nuevas actividades económicas* por parte de la empresa.

En definitiva, al evaluar la eficacia de la formación, lo que interesa saber es hasta qué punto se han conseguido alcanzar los objetivos de aprendizaje y operativos fijados a los programas y acciones formativas. De esta forma, será preciso atender a los siguientes aspectos:

1. *Evaluar el proceso de definición de exigencias y necesidades de formación.* Es necesario conocer la forma en que se definen los perfiles de exigencias de los puestos de la empresa y si éstos están actualizados, ya que, en definitiva, son el punto de partida de todo el proceso de formación.

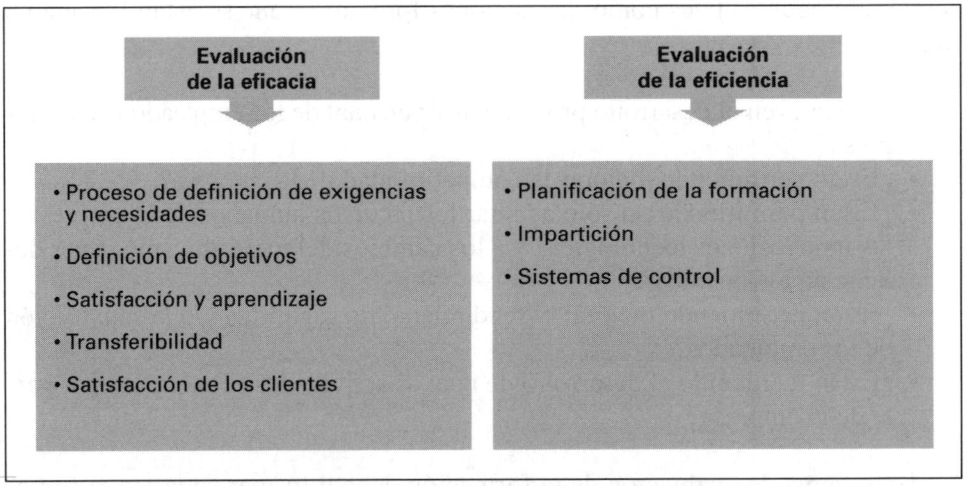

FIGURA 8.4. *La evaluación de la eficacia y de la eficiencia de la formación*

Asimismo, habrá que conocer hasta qué punto el sistema de análisis y definición de necesidades de formación existente en la empresa, permite detectar las generadas por los planes estratégicos de la organización.
En definitiva, en este caso, se estudiará el proceso seguido para definir las necesidades de formación existentes en la empresa, con el fin de concluir si el mismo ha permitido detectar las realmente existentes para que la organización pueda alcanzar sus objetivos estratégicos, al facilitar el desarrollo profesional y personal de sus empleados, de forma que éstos puedan responder de manera eficaz, eficiente y segura a las exigencias de su trabajo.

2. *Evaluar la definición de los objetivos de formación.* Se tratará de conocer hasta qué punto los objetivos fijados a los programas y acciones formativas desarrollados en la empresa, se corresponden con las exigencias y necesidades previamente definidas.
Es preciso comprobar que en todos los programas y acciones formativas se han incluido los dos tipos de objetivos anteriormente explicados (de aprendizaje y operativos).
3. *Evaluar la satisfacción y el aprendizaje de los asistentes a las acciones formativas.* En este caso, lo más habitual es evaluar la satisfacción de los asistentes a las acciones formativas, de la forma que se ha indicado anteriormente.
Asimismo, aunque no es lo habitual, pueden existir situaciones en las que sea conveniente conocer las competencias adquiridas por los asistentes durante las acciones formativas, bien a través de exámenes de conocimientos, pruebas situacionales, etc.
4. *Evaluar la transferibilidad de la formación.* En este caso, se trata de conocer hasta qué punto las competencias adquiridas, desarrolladas, activadas y/o inhibidas a través de los programas y acciones formativas se han podido aplicar, por los formandos, a su trabajo diario y, como consecuencia de ello, si han mejorado su eficacia, eficiencia y/o seguridad.
En definitiva, en este caso se tratarán de evaluar la aplicabilidad y utilidad de los contenidos formativos al trabajo diario de la empresa.
Será preciso trabajar tanto a corto, como a medio y largo plazo, para conocer no sólo el impacto inmediato de la formación, sino también su estabilidad y mantenimiento en el tiempo.
Es claro que para hacer esta evaluación se necesita disponer de datos objetivos, aspecto que conlleva partir de los objetivos operativos de formación previamente definidos, ya que de no ser así, sólo se podrá acudir a informaciones subjetivas de los formandos y/o de sus superiores directos, sin ningún dato anterior con el que comparar.
Las evaluaciones del rendimiento y del potencial son instrumentos que permiten conocer la transferibilidad de las competencias adquiridas, por los asistentes a programas y acciones formativas, a su trabajo diario.

5. *Evaluar la rentabilidad de la formación.* En este caso, se trata de conocer la relación entre los costes de formación y los beneficios aportados por la función a los resultados de la empresa, para poder calcular, de esta forma, la relación costes/beneficios.
   Obviamente, para llevar a cabo esta evaluación, también es preciso disponer de objetivos operativos previamente definidos para los programas y acciones formativas, ya que si no es así, sólo se dispondrá de datos subjetivos que permitirán hacer estimaciones más o menos ajustadas sobre la rentabilidad de la formación.
6. *Evaluar el grado de satisfacción de los clientes del departamento de formación.* Desde este punto de vista, los programas y acciones formativas, para ser eficaces, no sólo deben conseguir sus objetivos, sino que, también, deberán incidir directamente sobre la satisfacción de los clientes de la función, considerando como clientes a todos los grupos que hemos enumerado anteriormente.

Para conseguir resultados significativos en la evaluación de la eficacia de la formación es preciso, como hemos ido comprobando, contar con datos objetivos referidos a los aspectos en los que la formación deberá incidir.

Así, habrá ocasiones en que dichos datos estén ya disponibles, a través de evaluaciones del rendimiento y del potencial, de los informes sobre accidentabilidad, de los informes de ventas, de productividad, etc.

Sin embargo, en otras ocasiones habrá que diseñar cuidadosamente los sistemas de recogida de datos que se utilizarán para poder conocer la eficacia de la formación.

8.5.2. Evaluación de la eficiencia de la formación

Es claro que si queremos hablar de calidad de la formación deberemos conocer, además de su eficacia, todos los aspectos referidos a la eficiencia del proceso, de forma que se pueda llegar a saber si los objetivos de formación se están consiguiendo con una optimización de los costes. En este caso, es preciso atender a los siguientes aspectos:

1. *Evaluar la planificación de la formación.* Para ello, se analizará todo el proceso de planificación seguido desde la definición de las exigencias de formación hasta la evaluación de la misma. En definitiva, será preciso revisar todos los aspectos referidos a:

   - La selección de los asistentes a las acciones formativas.
   - La elección de los monitores.

- El diseño de los programas y acciones formativas.
- La forma y el diseño de las documentaciones.
- Los medios y métodos de formación empleados.
- Las comunicaciones a los asistentes.
- La adecuación de las fechas de impartición de las acciones formativas.
- Los costes de las acciones formativas.

En función de los resultados de este análisis, se podrán detectar todas aquellas situaciones que puedan ser modificadas para mejorar la eficiencia de todo el proceso de formación.

2. *Evaluación de la impartición de la formación*. En este caso, se analizan dos aspectos:

   - Hasta qué punto en las acciones formativas se ha cumplido lo planificado en el momento de la impartición.
   - El grado de satisfacción de los asistentes a las acciones formativas con el contenido de las mismas, complementando la utilización de la evaluación inmediata que ya hemos comentado al hablar de la evaluación de la eficacia.

3. *Evaluar los sistemas de control de la formación*. Éste es un aspecto aparentemente accesorio y que, como consecuencia, en muchas ocasiones, no recibe toda la atención que merece. Sin embargo, disponer de unos buenos sistemas de control y unas adecuadas bases de datos facilita a los responsables de la formación mantener actualizadas las informaciones que, posteriormente, les permitirán trabajar en la mejora de la eficacia y la eficiencia de todo el proceso formativo. Por ello, es preciso estudiar dichos sistemas de control y bases de datos para comprobar que están adecuadamente diseñados y que permiten obtener las informaciones que se precisan de forma rápida y sencilla.

8.5.3. Metodología de la evaluación

Al llevar a cabo la evaluación de la formación de una empresa, tan importantes son los datos duros (objetivos y cuantitativos), como los blandos (cualitativos y referidos a las opiniones, actitudes y sensaciones). Por ello, la metodología que se debe seguir, al llevar a cabo dicha evaluación, es una metodología cuantitativa-cualitativa, apoyándose en informaciones referidas a:

- Informaciones y documentaciones de la empresa.
- Evaluaciones del rendimiento y del potencial.

- Cuestionarios.
- Entrevistas individuales.
- Reuniones de grupo.
- Pruebas situacionales.

Estas informaciones estarán disponibles, en ocasiones, en la dirección de recursos humanos de la empresa, mientras que, en otros casos, será preciso diseñar y llevar a cabo cuidadosamente la recogida de los datos pertinentes a la evaluación de la formación.

En general, podemos decir que las fuentes de información son los clientes del departamento de formación; esto es:

- Asistentes a las acciones formativas.
- Miembros de la dirección de recursos humanos y del departamento de formación.
- Directivos, mandos y empleados.
- Comité de empresa.
- Proveedores y clientes.

CONCLUSIONES

Las empresas necesitan, en la actualidad, disponer de empleados expertos, polivalentes y multivalentes, para poder mantener y mejorar su competitividad; por ello, la formación se ha convertido en una de las principales armas estratégicas de que disponen las organizaciones.

Ahora bien, para que la formación pueda tener dicho valor estratégico es preciso que adopte un enfoque de cliente y adopte un planteamiento sistémico. Asimismo, la formación debe estar integrada con las restantes funciones que conforman el área de recursos humanos.

El enfoque de competencias facilita la elaboración e implantación de programas de formación adaptados a las necesidades de la empresa, así como la posterior evaluación de la eficacia, eficiencia y rentabilidad de dichos programas.

Asimismo, la formación debe considerarse como una actividad continua dentro de las actividades de recursos humanos, superando el planteamiento tradicional, muchas veces enfocado a la impartición de cursos sin continuidad y sin una relación directa con los objetivos estratégicos de la empresa.

BIBLIOGRAFÍA BÁSICA

Buckley, R. y Caple, J. (1991). *La formación. Teoría y práctica*. Madrid: Díaz de Santos.

Gómez-Mejía, L. R., Balkin, D. B. y Cardy, R. L. (1998). *Gestión de recursos humanos*. Madrid: Prentice Hall.

IFES (1994). *La formación continua de los trabajadores*. Madrid: IFES.

PARA SABER MÁS

Birkenbihl, M. (1990). *Formación de formadores*. Madrid: Paraninfo.

Gan, F., Alonso, B., Francisco, E. De, Puyol, S. (1995). *Manual de técnicas e instrumentos de formación en la empresa*. Barcelona: Apóstrofe.

Kirkpatrick, D. L. (1999). *Evaluación de acciones formativas. Los cuatro niveles*. Barcelona: Epise.

Le Boterf, G. (1991). *Ingeniería y evaluación de los planes de formación*. Bilbao: Deusto.

Le Boterf G., Barzucchetti S. y Vincent F. (1993) *Cómo Gestionar la Calidad de la Formación*. Barcelona: Gestión 2000.

Medrano, G. (1993). *Nuevas tecnologías en la formación*. Madrid: Eudema.

Pineda, P. (1995). *Auditoría de la formación. Barcelona*: Gestión 2000.

Pozo, P. Del (1993). *Formación de formadores*. Madrid: Eudema.

Capítulo 9
LOS PLANES SALARIALES

OBJETIVOS

Las recompensas que la organización tiene establecidas para sus empleados y la forma de definirlas, son aspectos importantes cara no sólo a mejorar la eficacia, la eficiencia y la seguridad de los empleados y equipos, sino también para conseguir atraer, motivar y retener a los profesionales que la organización necesita, en cada momento, para mantener y mejorar su competitividad.

De esta forma, al finalizar la lectura de este capítulo, se conocerán:

1. El concepto de salario, así como los componentes del mismo.
2. Las características que debe tener la política salarial de la organización.
3. Los distintos tipos de estructura salarial que pueden existir en la organización.
4. Las formas de definir cada uno de los componentes del salario de los empleados.

INTRODUCCIÓN

El tema de las recompensas que la organización ofrece a sus empleados es, a la vez, importante y difícil de resolver. Es un tema importante porque los salarios que la empresa ofrece a sus empleados:

a) Es el coste más importante en la mayoría de las empresas, ya que en las manufactureras puede llegar a suponer el 40 ó 50 % de los costes totales de la organización, mientras que en las de servicios, dicho coste puede llegar a alcanzar entre el 75 y el 80 % del total de los costes organizacionales.

b) Toda organización trata de *atraer* y *retener* a las personas que necesita para conseguir sus objetivos estratégicos; esto es, trata de atraer y retener a las personas con las competencias más adecuadas en función de las exigencias que plantean los distintos trabajos que es preciso llevar a cabo en la organización. Nos encontramos aquí, con lo que podríamos denominar *problemática externa* del tema salarial, y que se puede plantear en forma de pregunta como: *¿qué salarios se debe ofrecer a los distintos empleados para que aquellos que necesita la organización quieran ingresar en la misma y quedarse en ella*?

   Ahora bien, lo que se desea es que esos empleados que han ingresado en la organización lleven a cabo sus funciones y tareas, y asuman sus responsabilidades, de la forma más eficaz, eficiente y segura; es decir, no sólo queremos que estos empleados se queden en la empresa (retenerlos), sino que también, como acabamos de decir, deseamos que trabajen con un máximo de eficacia, eficiencia y seguridad; en definitiva, estamos hablando de *motivar* a los empleados. De esta forma, hemos llegado a la *problemática interna* de los salarios, que, también podríamos plantear en forma de pregunta: *¿Cómo se debe distribuir el dinero del que dispone la organización para el salario de los empleados, para que éstos estén motivados y satisfechos, de forma que se esfuercen por trabajar con eficacia, eficiencia y seguridad*?

Lo expuesto plantea una doble problemática (ver figura 9.1):

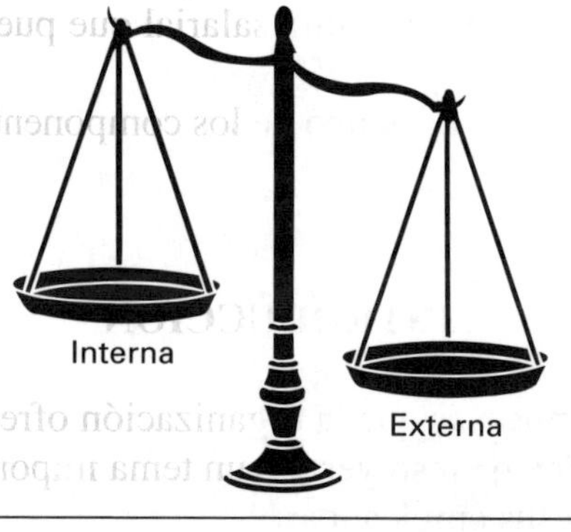

FIGURA 9.1. *Equidad interna y equidad externa*

a) *Externa*. Es el aspecto que, habitualmente, se denomina *equidad externa* y que se refiere a la posición que se desea que ocupen, los salarios de la organización, en relación a la escala de los que pagan las empresas del sector. Este problema, aparentemente simple, se complica cuando lo ponemos en relación con el coste que puede suponer, para la organización, pagar determinados salarios en función de los empleados que necesita y que puede no ser asumible por la empresa a causa de su situación financiera.
En este caso, ¿qué debemos hacer?, ¿contratamos profesionales menos cualificados y que exijan salarios más bajos?; pero, en ese caso, ¿vamos a conseguir alcanzar nuestros objetivos estratégicos en el plazo fijado? Podríamos seguir desarrollando esta idea, pero pensamos que estas preguntas bastan para comprobar que solucionar el tema de la equidad externa no es tan simple como podría parecer a simple vista: *no basta con conocer los salarios del sector y decidir, sin más, en qué nivel queremos estar*.

b) *Interna*. Es el aspecto de los salarios que se refiere a su *equidad interna*. Estamos hablando, por tanto, de justicia distributiva, ya que la equidad interna se refiere a la forma en que se distribuye el *fondo de salarios** de la organización entre todos los empleados.
En este caso, nos encontramos con un problema que, aparentemente, es relativamente sencillo de resolver desde el punto de vista técnico; sin embargo, también plantea cuestiones conflictivas.
Así, aunque desde un punto de vista objetivo puede parecer justa la diferencia existente entre los salarios de dos empleados, ¿ellos la percibirán también como justa? En definitiva, no hablamos sólo de aspectos objetivos, sino, también, de percepciones subjetivas de los empleados, independientemente de la equidad objetiva de las decisiones que se tomen.

Ahora bien, éstos que hemos planteado son sólo unos ejemplos de los problemas que plantea el tema de la definición de los salarios de una organización. Así, hemos comentado que los salarios pretenden atraer, motivar y retener a los empleados que necesita la organización para poder alcanzar sus objetivos estratégicos. Dicho de esta forma parece un tema relativamente sencillo, pero, ¿qué ocurre cuando lo analizamos un poco más detenidamente?

Cuando hablamos de *atraer* a los empleados que la empresa necesita, rápidamente tendemos a pensar en la equidad externa y en la selección y contratación de los nuevos empleados que la empresa necesite; sin embargo, también es preciso *atraer* a empleados que ya forman parte de la empresa y que puedan y deseen promocionar a un puesto superior. En este caso, estamos refiriéndonos a la equidad interna, ya que si el nuevo salario que recibiría el empleado, por asumir sus nuevas responsabilidades, no es lo suficientemente atractivo, es posible que éste no quiera promocionar. Por tanto, cuando hablamos de *atraer*, estamos entrando en contacto tanto con la equidad interna, como con la externa.

¿Qué ocurre cuando hablamos de *motivar*? Es claro que, en este caso, nos estamos refiriendo a la satisfacción de las necesidades de los empleados. Independientemente de las diferencias individuales existentes en las necesidades activadas en cada individuo, el salario parece tener, al menos, tres efectos sobre el individuo (Gómez – Mejía, Balkin y Cardy, 1998):

- Económico, puesto que determina su poder adquisitivo.
- Sociológico, puesto que es un indicador social del poder y prestigio de una persona.
- Psicológico, puesto que se relaciona directamente con los sentimientos de valía personal.

Todo ello, parece indicarnos que, tal y como se comprueba en múltiples ocasiones, no basta simplemente con subir el sueldo a un empleado para que aumenten su satisfacción y motivación. Es más, aunque aumente la motivación de los empleados, como veremos a lo largo del capítulo, esa motivación puede llevarles a desarrollar actividades que les permitan obtener un salario mayor, pero que no tendrán una influencia significativa sobre la mejora de la eficacia y/o eficiencia empresarial, si los criterios de definición de los salarios no se han elegido de forma adecuada. Por tanto, podemos aumentar los salarios y no motivar a los empleados, o motivarlos para que actúen en una dirección diferente a la que llevaría a mejorar la competitividad de la empresa.

Por último, hablamos de *retener* a los empleados. Se puede pensar que es suficiente con tener salarios más altos que la competencia para que los empleados no se vayan a otras organizaciones competidoras. Y, sin embargo, no es así. Es habitual encontrar personas que se marchan de una empresa porque desean desarrollar un trabajo más interesante, porque se les ofrecen mejores oportunidades de formación, etc. Es lógico, si recordamos lo que acabamos de comentar sobre la motivación, que suceda esto, puesto que cada persona tenemos nuestras propias necesidades y expectativas.

Por tanto, aunque parezca sencillo el tema de *atraer, motivar* y *retener* a los trabajadores, vemos que, cuando se analiza más detenidamente, éste se complica. Hasta aquí sólo hemos hablado de los salarios en términos globales, sin entrar en aspectos tales como los componentes del salario, o la forma y criterios empleados para decidir el salario total* de cada persona, que complicarían aún más la situación. Todos estos factores hacen que el tema salarial sea uno de los más complejos que pueden abordar la organización y la dirección de recursos humanos.

Por otro lado, es preciso no olvidar lo que hemos explicado anteriormente con respecto a la gestión integrada de recursos humanos. La política salarial de una organización se debe estudiar, diseñar e implantar dentro del marco definido por la estrategia de la organización y dentro de un sistema integrado de gestión de los recursos humanos, puesto que, como veremos a lo largo del capítulo, no se puede trabajar en el tema de salarios sin tener en cuenta el resto de las áreas de recursos humanos.

Tal vez, el gran problema de los planes salariales, que no han cumplido sus objetivos en tantas ocasiones, es que, por lo general, se han planteado desde un enfoque de personal:

- Con un planteamiento reactivo, ya que su objetivo, en la mayoría de los casos, era intentar resolver problemas, generalmente a partir de reivindicaciones de los trabajadores; en lugar de seguir un planteamiento proactivo, tratando de impedir que dichos problemas se presentasen.
- Con un enfoque a corto plazo, un año o a lo sumo dos, generalmente para superar situaciones conflictivas surgidas al negociar los convenios colectivos; en lugar de seguir un planteamiento verdaderamente estratégico al definir un plan salarial.
- Como una actividad aislada del resto de las funciones del área de recursos humanos, utilizando, por ejemplo, sistemas de evaluación del rendimiento, diseñados, en principio, con otra finalidad, para definir el salario variable de los empleados. Es preciso, por el contrario, considerar el diseño e implantación de un plan salarial como una actividad completamente integrada con el resto de las que componen el área de recursos humanos.
- Desde el enfoque del rasgo, lo que dificultaba tener en cuenta el verdadero valor de cada persona para la organización, por lo que los criterios para elaborar los salarios difícilmente tenían en cuenta aspectos como el potencial de los empleados; por el contrario, al adoptar un enfoque de competencias se puede determinar el salario de cada empleado en base a su valor actual y futuro para la organización.

Este tema, complejo, pero de importancia vital para la empresa y la dirección de recursos humanos, es el que vamos a desarrollar en este capítulo.

9.1. EL SALARIO

Es importante, antes de entrar en los aspectos más técnicos de la determinación de salarios, aclarar una serie de términos y conceptos que emplearemos a lo largo del capítulo. Así, cuando se habla de salarios, es preciso tener en cuenta que el *salario total* de un empleado puede estar formado por todos o algunos de los siguientes componentes (ver figura 9.2):

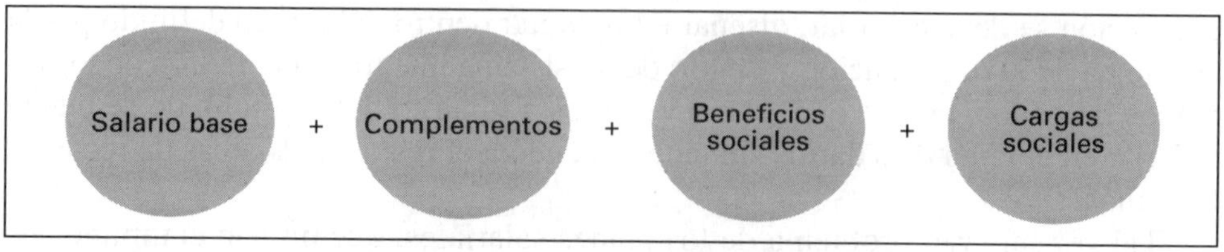

FIGURA 9.2. *Componentes del salario total*

a) *Salario base**. Es el salario fijo (mensual, anual, diario o por horas) que recibe un empleado en función del puesto que ocupa y/o de su categoría profesional.
b) *Complementos*. Es la cantidad que se paga a la persona y que complementa el salario base dando lugar al salario total. Estos complementos pueden ser fijos o variables e individuales o grupales. Así, por ejemplo, la antigüedad es un complemento fijo e individual, mientras que los incentivos a la producción son complementos variables que pueden ser individuales o grupales. En general, los incentivos salariales* se establecen a través de programas que pretenden recompensar a los empleados con altos niveles de rendimiento.
c) *Beneficios sociales** o *retribuciones indirectas**. Es la parte del salario que el empleado no recibe directamente, sino a través de determinadas *prestaciones* que le ofrece la empresa (plan de jubilación, seguro de vida, beca de estudios, etc.) o *en especie* (coche de la empresa, vacaciones pagadas, etc.). En general, las primeras de estas retribuciones indirectas se destinan a toda la plantilla, o a gran parte de ella, mientras que las retribuciones en especie suelen estar asignadas a determinados puestos dentro del organigrama de la empresa (fundamentalmente, puestos directivos).
d) *Cargas sociales**. Son las cargas legales, como la Seguridad Social, que el operario no recibe directamente, pero sí suponen un coste para la empresa.

Por tanto, el salario de un empleado puede ser:

- *Fijo;* esto es, independientemente de su rendimiento o de la situación de la empresa, el empleado recibe el mismo salario.
- *Variable;* el empleado no tendrá asignada ninguna cantidad fija, sino que su salario dependerá completamente de su producción, de sus ventas, de la situación de la empresa, etc.
- *Parcialmente fijo y parcialmente variable;* esto es, el salario del empleado se fijará en algún lugar entre los dos extremos anteriores, estableciéndose la parte fija y la parte variable, en función de determinados factores como el

valor del puesto, rendimiento, etc.; factores que expondremos posteriormente.

En los tres casos, la retribución que percibe el empleado puede ser totalmente en dinero o parcialmente en dinero y parcialmente en prestaciones indirectas y/o en especie.

A la hora de definir los salarios de una organización, no basta con decidir *cuánto* se paga y *a quién* se paga, sino que, también, es fundamental decidir *cómo* se paga. Y, tal y como hemos comentado, estas decisiones son cruciales para cualquier organización, ya que van a afectar directamente al logro de sus objetivos estratégicos, a través de los dos aspectos ya mencionados:

a) La incidencia de los salarios sobre los costes del balance general de la empresa; y
b) El efecto de la cuantía y composición de los salarios sobre los comportamientos de los empleados, a través de los mecanismos de motivación y, como consecuencia, sobre la rentabilidad que obtiene la empresa a partir del dinero invertido en los salarios.

9.2. DEFINICIÓN DE LA POLÍTICA SALARIAL

Toda organización deberá tener definida una *política salarial** o un *sistema de retribuciones* * que responda a dos exigencias:

- Facilitar que la organización pueda conseguir sus objetivos estratégicos en el plazo y la forma fijados.
- Permitir que los salarios de la empresa estén adaptados a las características propias de la organización y de su entorno.

La política salarial definirá, por tanto, el marco dentro del cual se tomarán todas las decisiones referidas a la elaboración de los salarios de los empleados.

Existe una gran variedad de políticas salariales. Por ello, cada empresa deberá estudiar detenidamente su situación, sus objetivos y su entorno, antes de definir la más adecuada para ella. Seguir, sin más análisis, las modas imperantes en el mercado puede ser muy peligroso.

Además, en España, el tema salarial es un aspecto incluido en la negociación colectiva de todos los sectores y empresas, por lo que, aunque es una atribución de la dirección estratégica de la organización definir la política salarial de la misma, siempre será más eficaz no sólo comunicarla, sino consensuarla con todas las fuerzas sociales de la empresa.

En general, la política salarial de una organización deberá responder a una serie de criterios:

1. Objetivos claramente definidos

La política salarial de una organización, no es un fin en sí misma, sino un medio para conseguir alcanzar los objetivos estratégicos de la empresa. Por ello, es preciso definir claramente los objetivos que se desean conseguir con la política que se va a implantar.

2. Integración

La política salarial de la empresa debe ser coherente con los valores de la organización y debe formar parte de un sistema de gestión de recursos humanos integrada y derivada de los objetivos y planes estratégicos de la organización.

3. Uniformidad o diversidad

Es preciso decidir si se va a aplicar a todos los empleados de la empresa, independientemente de los centros de trabajo, de las unidades empresariales o de los niveles jerárquicos ocupados, el mismo plan de salarios, lo que daría lugar a un *sistema de retribución igualitario**; o, si, por el contrario, se van a establecer distintos planes salariales, lo que dará lugar a lo que se suele denominar un *sistema de retribución elitista**.

El hecho de que en la organización exista un sistema igualitario o un sistema elitista, informará sobre los tipos de trabajo que se valoran en la empresa, sobre la situación del mercado salarial, etc.

El que haya en la organización un sistema elitista o igualitario, puede deberse a distintos factores; entre otros:

- A la dificultad para encontrar en el mercado laboral determinados profesionales, lo que hace que sus salarios se eleven más que los de los restantes empleados de la empresa.
- En las empresas muy jerarquizadas, los criterios utilizados en la elaboración de los planes salariales suelen variar entre los distintos niveles jerárquicos de la organización.
- A medida que la estructura organizacional se hace más plana, con menos niveles jerárquicos y con sistemas de trabajo en equipo, se tiende más a utilizar sistemas igualitarios de retribución.

A veces, las diferencias se utilizan sólo en la retribución en especie; y, en ocasiones, éstas se aplican tanto a los aspectos monetarios como a los no monetarios.

En general, un sistema de retribución *elitista* suele aumentar la permanencia de los empleados en la empresa, al depender mucho sus posibilidades de promoción de su antigüedad en la organización. Por su parte, un sistema *igualitario* proporciona a la empresa una mayor flexibilidad para utilizar a sus empleados de manera más polivalente, al tiempo que facilita el trabajo en equipo; por ello, este tipo de sistemas se utilizan más en entornos muy competitivos, con necesidad de inversiones e innovaciones constantes.

4. *Persistencia y flexibilidad*

Para que una política salarial pueda llegar a ser eficaz, no puede fijarse sólo a corto plazo y estarse cambiando constantemente; por el contrario, es preciso que dicha política tenga una continuidad en el tiempo. Sin embargo, al igual que ocurre con la planificación estratégica, *persistencia* no es sinónimo de *rigidez*; al contrario, la política salarial debe ser lo suficientemente *flexible* como para poder adaptarse a los cambios que se vayan produciendo, tanto en las variables internas de la empresa, como en el entorno en que ésta se mueve.

5. *Simplicidad*

Aunque, como hemos comentado, el tema salarial es complejo, esto no implica que la política salarial deba ser tan complicada que resulte imposible para muchos empleados comprender cómo se define su salario. Por tanto, cuanto más simple sea la política salarial de una organización, más fácilmente será comprendida y aceptada por todos los afectados.

6. *Participación*

La definición de la política salarial de la organización es una atribución de la dirección estratégica; sin embargo, hay que tener en cuenta que todos los aspectos referidos a los salarios son objeto de negociación entre aquella y los representantes de los trabajadores. Por ello, siempre será más eficaz una política salarial en la que se hayan consensuado sus puntos básicos.

7. *Comunicación*

Este aspecto está íntimamente relacionado con los dos anteriores, y se refiere al hecho de que la política salarial debe ser conocida por todos los empleados de la organización, de forma que cada uno de ellos conozca perfectamente los aspectos que se valoran en la empresa y, por tanto, influyen en los salarios.

8. *Equidad*

El concepto de *equidad* se refiere al objetivo de conseguir que a *igual trabajo, igual salario*. Por ello, la política salarial deberá facilitar el reparto equitativo del fondo de salarios entre todos los empleados de la empresa (*equidad interna*); para conseguirlo, será preciso atender a varios aspectos:

a) *Valor del puesto para la organización*. Cada puesto de trabajo tendrá asignado un salario proporcional al valor que tiene para la empresa, y las diferencias entre los sueldos de los diferentes puestos se establecerán de manera proporcional al valor de cada uno de ellos.
A la hora de determinar el *salario de los puestos**; esto es, *el salario base que todo empleado cobraría por ocupar un puesto determinado*, se asignará un valor monetario concreto a los mismos en función del resultado de la valoración de puestos, tal y como comentaremos más adelante.
Ahora bien, estos salarios de los puestos pueden dar lugar a muy diferentes *estructuras salariales* (ver figura 9.3). Así, se puede configurar una estructura *lineal* (a), una estructura *curvilínea* en la que van aumentando las diferencias salariales entre los puestos a medida que se asciende en el organigrama (b), o una estructura *curvilínea* en la que las diferencias salariales entre los puestos van disminuyendo a medida que se asciende en el organigrama (c).

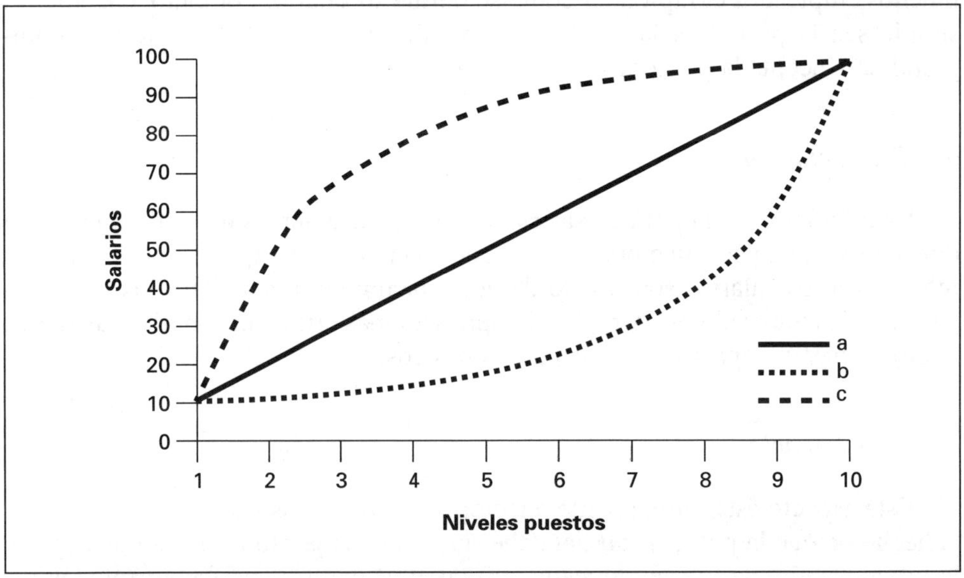

FIGURA 9.3. *Ejemplos de estructuras salariales*

Por otro lado, cada una de las estructuras salariales presentadas en la figura, puede tener más o menos pendiente, por lo que darían como consecuencia abanicos salariales más o menos cerrados. Así, si denominamos *abanico salarial** a la *razón existente entre el salario mayor de la organización y el menor,* podemos comprobar que el que correspondería a la estructura presentada en la figura 9.3. (a) sería de 100/10 = 10; esto es, se hablaría de un abanico de 1/10, indicando que el puesto que más salario recibe, tiene un sueldo 10 veces superior al que tiene asignado el salario menor. Ahora bien, con un mismo tipo de estructura salarial lineal, se pueden definir distintos abanicos salariales, como el que se presenta en la figura 9.4, que tendría una amplitud de 1 / 2,8.

Otro aspecto que es preciso atender, es el referido a la *Diferencia Mínima Significativa** que debe existir entre las valoraciones de los puestos y, consiguientemente, entre los salarios de los mismos.

Es claro que si la diferencia entre los salarios de dos puestos es demasiado pequeña, no producirá satisfacción a los ocupantes de ninguno de los dos (unos porque «ganarían menos» y otros porque «ganarían poco más»), por lo que no sería de esperar que tuviese el deseado efecto motivador. Por ello, dos puestos con niveles salariales sucesivos deberán mostrar una diferencia que sea psicológicamente significativa; esta diferencia suele oscilar entre el 10 y el 15 %.

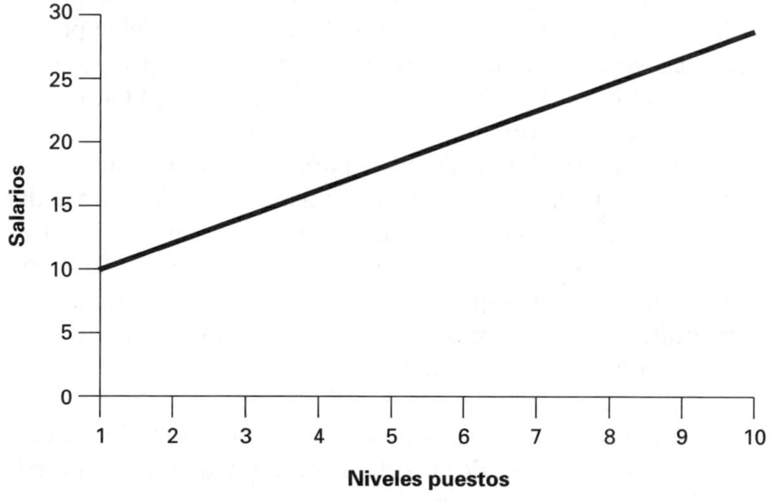

FIGURA 9.4. *Estructura salarial lineal con un abanico salarial 1/2,8*

Todos estos aspectos deberán estar definidos en la formulación de la política salarial de la organización.

b) *Eficacia del empleado en su puesto.* A partir de la valoración de los puestos, se obtienen los datos básicos para poder determinar, tal y como ya se ha explicado, los salarios base existentes en la organización; esto es, el salario mínimo que un trabajador cobraría por ocupar un puesto determinado.
Ahora bien, en un mismo puesto pueden existir distintos trabajadores, cada uno de los cuales desempeñará su trabajo con distinta eficacia, eficiencia e interés. Si se quiere que los salarios respondan al principio de justicia distributiva antes enunciado, será preciso incluir en los mismos, los aspectos referidos a la evaluación del rendimiento. Sin embargo, al abordar este tema, hay que tener en cuenta una serie de aspectos importantes:

- En nuestro país, el tema de la evaluación del rendimiento ha estado asociado, tradicionalmente, a un enfoque taylorista de la organización. Así, casi exclusivamente se ha utilizado en el sentido de primas a la producción (piezas producidas, cartas mecanografiadas, metros cuadrados de pared levantados, etc.), muchas veces dentro del sistema de trabajo a destajo, o de comisiones comerciales (porcentaje sobre ventas), sin tener en cuenta aspectos importantes como calidad del trabajo, esfuerzo realizado, medios disponibles, etc.
- Cuando se han llevado a cabo evaluaciones del rendimiento en puestos de trabajo en los que no se podía medir directamente la producción, dichas evaluaciones solían ser subjetivas (opinión del superior directo), muchas veces sin ningún tipo de comunicación superior/subordinado, y más referidas a variables de personalidad (disciplina, iniciativa, etc.) que al verdadero rendimiento en el puesto.
- Cuando aquí hablamos de evaluación del rendimiento, no la entendemos como un sistema de «acoso y derribo» de los trabajadores (tal y como se ha utilizado en muchas ocasiones), sino como un medio de apreciación del esfuerzo, interés y resultados de cada empleado, así como de un sistema que facilite el desarrollo individual y profesional de todos los trabajadores y que ayude a mejorar la relación y comunicación superior/subordinado.

En base a lo anterior, el sistema de evaluación del rendimiento al que nos referimos, se corresponde con el que se explicó en el capítulo 6.
La política salarial deberá definir cuál va a ser el papel de las evaluaciones del rendimiento en la definición de los salarios individuales. Es preciso no olvidar, al respecto, que la utilización de estas evaluaciones para

determinar los sueldos, llevará a que estos tengan un *componente variable* que se modificará en función del rendimiento de cada empleado o equipo.

El uso de las evaluaciones del rendimiento, o de otros criterios como potencial, competencias, antigüedad, etc., dará lugar a los denominados *Intervalos Salariales**; esto es, *al intervalo dentro del cual se encontrarán los salarios de todos los empleados que ocupan un determinado puesto de trabajo*. Así, si el salario base de un puesto es de 2.000.000 de pts. Y se ha decidido que la evaluación del rendimiento puede suponer hasta un 30% del salario del puesto, el intervalo salarial tendrá un límite inferior de 2.000.000 de pts., y un límite superior de 2.600.000 pts. Los ocupantes del puesto, por tanto, cobrarán como mínimo 2.000.000 de pts., y tendrán un complemento proporcional a las 600.000 pts. (30%), en función de los resultados de sus evaluaciones del rendimiento.

Estos intervalos pueden adoptar formas diferentes:

- *Estructura salarial con intervalos fijos y diferencia entre grados*. Este tipo de estructura salarial, representada en la figura 9.5, se corresponde con intervalos de la misma amplitud en todos los puestos (intervalos fijos) y con diferencias entre los diferentes grados de valoración de puestos; esto es, todos los trabajadores que ocupan el puesto situado, por ejemplo, en el grado «2» de valoración, tienen un salario más alto

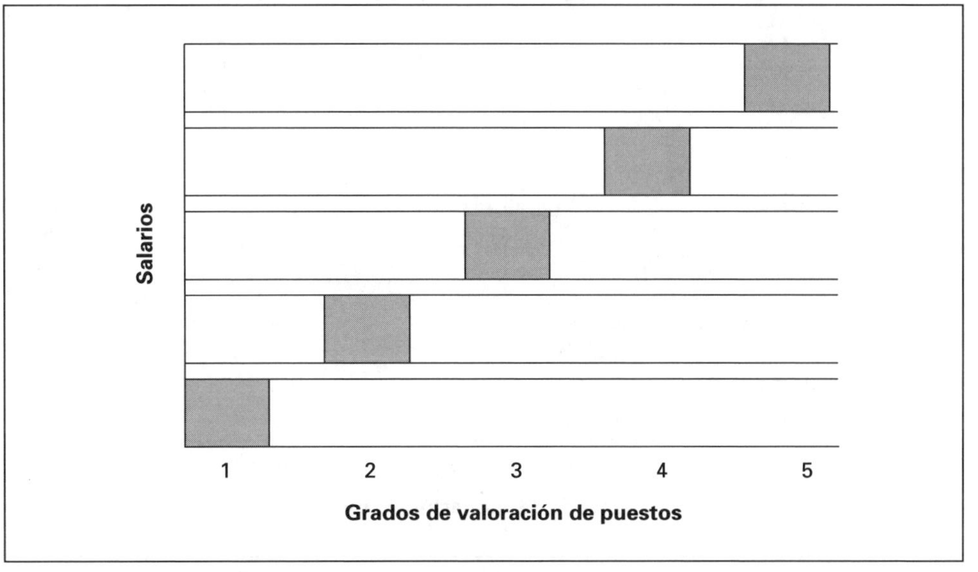

FIGURA 9.5. *Ejemplo de estructura salarial con intervalos fijos y una diferencia entre grados*

que los que ocupan los puestos situados en el grado «1», e inferior a los que se sitúan en los puestos incluidos en el grado «3».

- *Estructura salarial con intervalos fijos y solapamiento entre grados.* La figura 9.6, muestra este tipo de estructura salarial, en la que los intervalos siguen siendo de la misma amplitud en todos los puestos (intervalos fijos); sin embargo, los correspondientes a los diferentes grados de valoración muestran un determinado nivel de solapamiento entre ellos; tal y como se aprecia en la figura, los trabajadores que ocupan el sector «A» del intervalo correspondiente al puesto situado en el grado de valoración «1», tendrán salarios iguales o superiores a los que ocupan el sector «B» del intervalo correspondiente al puesto situado en el grado «2» de valoración.

  El sistema de intervalos solapados se utiliza en aquellas situaciones en las que no se prevé que puedan existir posibilidades de promoción para los empleados con buen rendimiento, a los que, sin embargo, sí se les compensa económicamente su esfuerzo.
- *Estructura salarial con aumento creciente de la amplitud de los intervalos y solapamiento entre grados.* Cuando se utilizan intervalos fijos, puede surgir un problema desde el punto de vista motivacional; esto es, 100.000 pts., de diferencia entre los límites inferior y superior de un intervalo, no tienen el mismo efecto motivador en un puesto en el que el salario base es de 1.000.000 de pts., que en otro en el que dicho salario

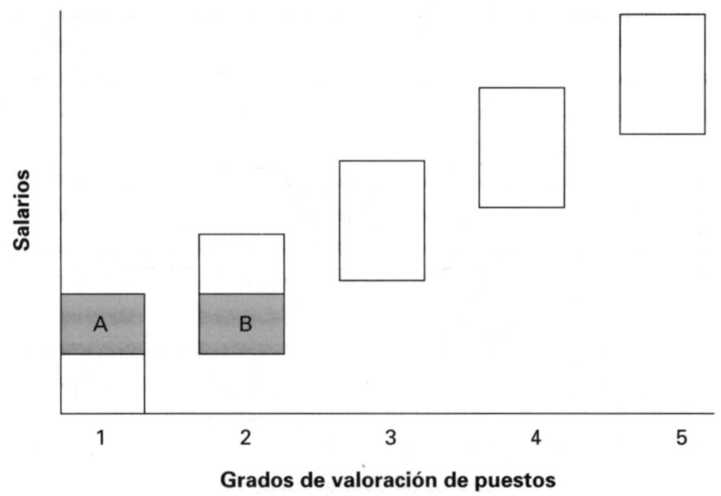

FIGURA 9.6. *Ejemplo de estructura salarial con intervalos fijos y un solapamiento del 50% entre grados*

base es de 2.500.000 pts. Por ello, en muchas ocasiones, los intervalos se establecen en base a un mismo porcentaje sobre el salario del puesto, lo que da lugar, tal y como se puede apreciar en la figura 9.7, a un aumento creciente de la amplitud de los intervalos. En la figura, se puede apreciar que los empleados incluidos en el sector «A» de los puestos situados en el grado «1» de valoración, tendrían un salario igual o superior a los que ocupan el sector «B» en los puestos incluidos en el grado «2» de valoración; e, incluso, igual o superior al de los empleados incluidos en el sector «C» de los puestos incluidos en el grado «3» de valoración.

- *Estructura salarial con aumento creciente de los intervalos y diferencia entre grados*. Esta estructura, que se presenta en la figura 9.8, muestra amplitudes diferentes de los intervalos y, al igual que en el primer caso comentado, una diferencia entre los distintos grados de valoración de los puestos.

El tipo de estructura que se desea, deberá quedar perfectamente definida al elaborar la política salarial, y es uno de los temas que es preciso consensuar entre todas las fuerzas sociales de la empresa. Asimismo, es preciso no olvidar que, al establecer intervalos salariales, se modificará el abanico definido en base a los resultados de la valoración de los puestos.

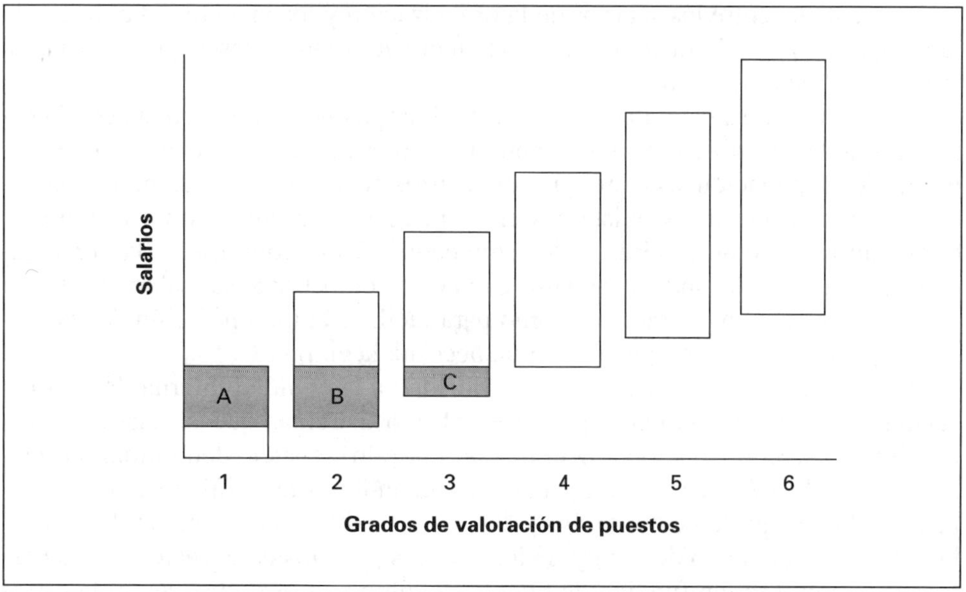

FIGURA 9.7. *Ejemplo de estructura salarial con solapamiento y aumento progresivo de los intervalos*

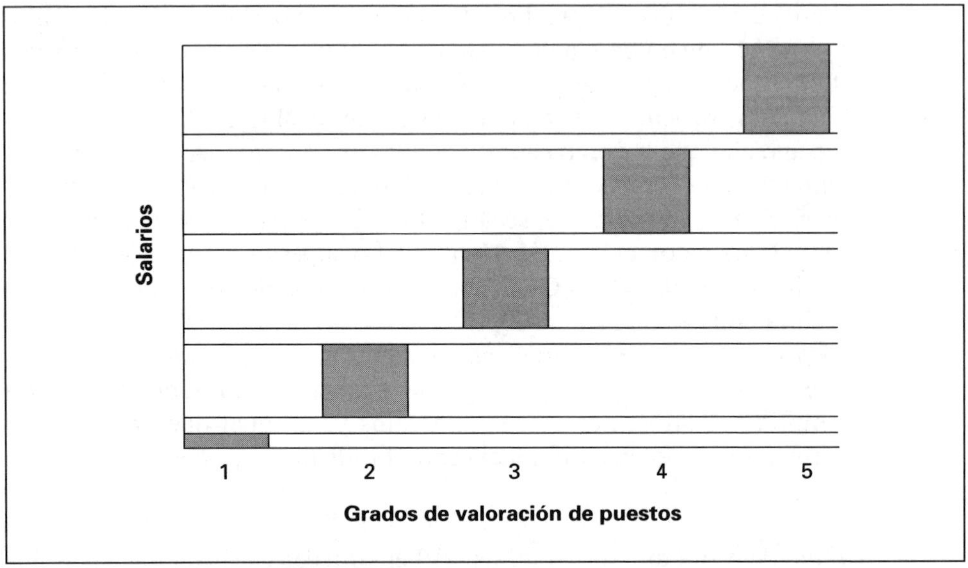

FIGURA 9.8. *Ejemplo de estructura salarial con diferencia entre grados y aumento progresivo de los intervalos*

Además de la equidad interna, es preciso atender a la *externa*; esto es, a la relación existente entre los salarios de la organización y los vigentes en el mercado laboral; o, lo que es lo mismo, a la posición que la empresa desea que sus salarios tengan en dicho mercado.

Obviamente, esta equidad externa estará directamente relacionada con la estrategia de la organización. Así, cuando la empresa está llevando a cabo una estrategia de liquidación, es claro que sus salarios no se situarán a un nivel competitivo con respecto a los existentes en el mercado, ya que lo que se pretende conseguir es facilitar la salida de los empleados. Por el contrario, si la organización se encuentra llevando a cabo una estrategia competitiva, sus salarios deberán ser lo suficientemente atractivos como para facilitar la incorporación de las personas que posean las competencias que necesita la empresa.

Cuando en la organización se da prioridad a la equidad interna, la política salarial se centra en conseguir que los empleados perciban que su salario es proporcional a su contribución a la empresa; por ello, se suele denominar *modelo de justicia distributiva**. Por el contrario, cuando en la política salarial se da prioridad a la equidad externa, los salarios se establecen en función de la oferta y demanda de mano de obra y de los salarios pagados en el sector al que pertenece la empresa, en función de que, tal y como hemos dicho, según la estrategia de la empresa, se deseen atraer a determinados empleados, reducir la rotación externa, etc.

En general, la mayoría de las organizaciones definen una política salarial que permite que la estructura de salarios de la empresa tenga una coherencia interna, al tiempo que se adapta a las existentes en el mercado laboral.

En líneas generales, las empresas que se mueven en mercados inestables, con rápidas transformaciones, tienden a primar la equidad externa, mientras que las organizaciones de mayor tamaño y bien introducidas en mercados estables, tienden a hacer más hincapié en la equidad interna.

9. *Estructura de la retribución*

En primer lugar, la política salarial deberá especificar si en la organización se va a determinar el salario de los empleados, fundamentalmente en función del salario base; o, por el contrario, se definirá en base a una cantidad variable que se determinará (mensualmente, anualmente, etc.) en función de criterios previamente establecidos.

La retribución variable, tal y como explicaremos más adelante, se puede establecer de diversas formas, aunque, en todos los casos, cuanto mayor sea el componente variable de los salarios, mayor será la proporción de riesgo compartido entre la empresa y los empleados; en definitiva, éstos cambian la seguridad que supone percibir unos ingresos fijos por la posibilidad de obtener mayores ingresos, en función de la evolución de la organización.

Asimismo, la política salarial deberá definir si los salarios (además de ser fijos o variables) se van a basar en la eficacia y/o eficiencia de las personas o equipos (sistema basado en el rendimiento); o, por el contrario, todos los empleados de un puesto de trabajo van a cobrar el mismo sueldo, siempre y cuando alcancen un nivel mínimo de rendimiento (sistema basado en la participación).

Aunque los sistemas más habituales, se apoyan en la determinación del salario base en función del valor que el puesto tiene para la organización (sistema basado en el puesto), son muchas las empresas que, cada vez más, centran sus políticas salariales en sistemas individuales de retribución.

Estos sistemas han ido ganando importancia a medida que las empresas se han encontrado con situaciones en las que la tecnología y los mercados evolucionan rápidamente, en las que los empleados tienen que desarrollar funciones diversas y en las que constantemente se ven obligados a aprender nuevas técnicas y a adquirir nuevos conocimientos. En estos casos, la retribución se basa, fundamentalmente, en los conocimientos de los empleados, en sus competencias.

De esta forma, el salario de los empleados se determinará tanto por lo que están haciendo, como por los trabajos que puedan realizar y por los conocimientos que poseen y que se pueden aplicar con éxito a diferentes situaciones y tareas.

Como consecuencia, cuantas más cosas pueda hacer un empleado, mayor será su salario.

Podemos comprobar, a través de lo que hemos ido explicando que lo que nos encontramos es con una evolución en la forma de determinar los salarios, paralela a la que se ha producido en todos los aspectos sociales y laborales. Ya no estamos en un mundo laboral con las características que tenía hace algunos años (tecnología, mercados, puestos de trabajo estables, etc.); como consecuencia, la estructura de los salarios también ha tenido que cambiar para adaptarse a las nuevas exigencias.

Otro aspecto que es preciso definir en la política salarial de la organización, es el valor de los componentes monetarios del salario, frente a los componentes no monetarios del mismo. Es claro que las recompensas no monetarias (reconocimiento, trabajo interesante, posibilidad de desarrollo, etc.) son menos tangibles que las monetarias; sin embargo, pueden tener un importante valor motivacional al incidir directamente sobre la satisfacción de las necesidades superiores de los empleados.

La política salarial deberá tener todos estos aspectos en cuenta y considerar que así como un mayor componente monetario suele reforzar los logros y la responsabilidad individuales, los componentes no monetarios tienden a reforzar el compromiso de los empleados con la empresa. Así, por ejemplo, son importantes los aspectos monetarios, entre otras situaciones, en mercados inestables, en empresas centradas en las ventas y no en el servicio al cliente, así como en empresas que deseen favorecer la competencia interna. Por el contrario, si la plantilla es estable, si en la empresa se da importancia al servicio al cliente y a la lealtad de éste, y si se desea que exista, entre los empleados, un espíritu de cooperación, suelen tener un alto valor las recompensas no monetarias.

Además, la política salarial deberá definir si los salarios de los empleados serán públicos o secretos, si las decisiones salariales estarán centralizadas o descentralizadas, etc.

La definición de la política salarial será la primera responsabilidad de la dirección de recursos humanos. Posteriormente, una vez hecho esto, se podrá pasar a la elaboración de los salarios individuales, de forma que éstos cumplan con su función de contribuir a la consecución de los objetivos empresariales, atrayendo, motivando y reteniendo a los empleados con las competencias precisas para lograrlo.

9.3. ELABORACIÓN DE LOS SALARIOS INDIVIDUALES

Una vez definida la política salarial de la organización, llega el momento de elaborar los salarios individuales, lo que se hará en dos fases:

1. Elaboración del fondo de salarios.
2. Definición de los salarios individuales.

9.3.1. Elaborar el fondo de salarios

Tal y como ya hemos comentado, el fondo de salarios es la cantidad de dinero que la empresa destina a todos los aspectos referidos a los salarios. En general, a la hora de decidir el fondo de salarios, se parte del existente del año anterior que se modifica en función de una serie de variables:

a) *Situación económica de la empresa y planes estratégicos de la misma*, que serán el punto de partida y el eje sobre el que girarán todas las decisiones posteriores.
b) *Necesidades futuras de personal*, que se habrán determinado, de la forma explicada anteriormente, tanto desde el punto de vista cuantitativo como desde el cualitativo.
c) *Evolución del mercado de salarios*, que determinará, en gran parte, los salarios que habrá que ofrecer, tanto para contratar a los nuevos empleados que se necesiten, como para mantener y motivar a los que ya forman parte de la organización.
d) *Incremento del coste de la vida*, aspecto que será preciso tener en cuenta para mantener el nivel adquisitivo de los salarios.
e) *Disposiciones legales e impuestos laborales*, que pueden encarecer o abaratar los salarios, aunque sea en cantidades que los empleados no reciben directamente.

Una vez determinado el fondo de salarios, se puede ya pasar a la segunda fase.

9.3.2. Elaborar los salarios individuales

En este caso, será preciso determinar tanto los salarios asignados a los puestos de trabajo como a las personas.

9.3.2.1. Determinar los salarios de los puestos

El primer paso para conseguir la equidad interna, tal y como ya hemos explicado, es determinar el salario base, que se definirá en función del valor que cada puesto tenga para la organización. Para ello, una vez llevado a cabo el análisis de puestos y elaboradas las correspondientes descripciones de los mismos, se sigue el siguiente proceso:

a) *Valorar los puestos*. Para ello, se utilizará el método más adecuado, de entre los diversos existentes (Fernández-Ríos y Sánchez, 1997; Pereda y

Berrocal, 1993), en función de las características de la empresa y de los puestos de la misma. En la actualidad, los métodos más utilizados son los cuantitativos, ya que permiten obtener una valoración final, expresada en puntos, para cada puesto.

b) *Definición de los niveles o grados de valoración.* Al finalizar el proceso de valoración de puestos, el resultado final suele ser un conjunto de puntuaciones, muchas veces separadas mínimamente entre sí. Por ello, lo más habitual es agrupar los puestos en niveles de valoración, con un doble objetivo:

   - Conseguir que entre los distintos niveles exista una diferencia mínima significativa.
   - Simplificar el sistema salarial que, de otra forma, sería un completo caos.

   Así, por ejemplo, en las empresas más grandes y complejas no suelen existir más de 20 niveles en la valoración final de los puestos.

c) *Transformación de la valoración de puestos en valores salariales.* Una vez definidos los niveles de valoración de los puestos, se transforman dichos niveles en valores monetarios. Para ello, se asignará un valor monetario a cada punto de valoración, lo que permite definir los salarios base de los puestos de la organización.

De esta forma, se habrá conseguido un plan de salarios base que respeta la equidad interna de los sueldos asignados a cada uno de los puestos que conforman la organización, en función del valor que cada uno de ellos tiene para la misma.

Sin embargo, hasta ahora sólo hemos trabajado a nivel intraempresarial, sin tener en cuenta para nada los salarios que pagan otras empresas del sector. Asimismo, tampoco hemos introducido en el plan salarial a las personas que conforman la organización, su eficacia y eficiencia en la realización de las tareas incluidas en el puesto. Por ello, es preciso continuar trabajando de la forma siguiente:

d) *Equidad externa.* En la definición de la política salarial de la organización, se habrá determinado la posición que se desea que tengan los salarios de la empresa en el conjunto de los que se pagan en el sector, en función de la estrategia de la organización.

   Para lograr esta equidad externa, se utilizan los datos proporcionados por las encuestas salariales que recogen, periódicamente, informaciones sobre los salarios existentes en el sector al que pertenece la empresa. Al utilizar la información proporcionada por estas encuestas salariales, se debe conocer:

- Que no siempre son iguales los puestos existentes en la empresa a los que se incluyen en las encuestas, aunque su nombre sea el mismo.
- Que la importancia de un puesto de trabajo puede variar significativamente de una organización a otra.

Para establecer un plan salarial de los puestos, teniendo en cuenta los salarios del mercado, será preciso, en primer lugar, establecer los *puestos de referencia**; esto es, los *puestos que son similares en contenido en las distintas empresas de un sector determinado.*
Una vez definidos estos puestos de referencia, se les aplican los criterios definidos en la política salarial, situando los salarios asignados a los mismos en la parte baja, media o alta de los intervalos salariales presentados para estos puestos de referencia en las encuestas salariales.
A continuación, a partir de los salarios de los puestos de referencia, se deberán ajustar los del resto de los puestos, de forma que se mantenga la equidad interna lograda anteriormente, al tener asignado un mismo valor monetario el punto de valoración en todos los puestos de la empresa.

9.3.2.2. Los salarios en base a las competencias de los empleados

Hasta aquí, hemos explicado cómo se consigue la equidad interna y externa en los salarios base determinados en función de los puestos; sin embargo, ya hemos comentado anteriormente que son muchas las empresas que, actualmente, apoyan sus sistemas de retribución en las competencias de sus empleados. Esto es lógico si pensamos que:

a) Los puestos de trabajo ya no son tan estables como en el momento en que se desarrollaron los métodos de valoración de puestos y los sistemas salariales basados en los mismos.
b) Hoy día, se priman en los trabajadores aspectos como la autonomía, la polivalencia y la multivalencia, entre otros.

Por ello, se empiezan a utilizar sistemas salariales basados en las competencias, de forma que todos los empleados comienzan ganando un mismo salario y van subiendo de nivel salarial en función de las nuevas competencias que van adquiriendo y/o desarrollando.

Es claro que para que un sistema salarial basado en las competencias sea eficaz, es preciso disponer previamente de los *perfiles de exigencias* de los puestos, de forma que las competencias que se retribuyen sean las que verdaderamente contribuyen a que la empresa pueda alcanzar sus objetivos estratégicos. Una vez definidos dichos perfiles, la empresa puede retribuir las competencias desde distintos puntos de vista, por supuesto no excluyentes entre sí:

- Competencias referidas a las que van convirtiendo al empleado, en un mayor experto en su trabajo o profesión.
- Competencias orientadas a la multivalencia del empleado; esto es, competencias que le permiten realizar cada vez más funciones dentro de su profesión.
- Competencias orientales al aumento de la polivalencia del empleado; es decir, las que le permiten realizar funciones propias de una segunda profesión a partir de la suya original.
- Competencias que favorecen el aumento de la autonomía del empleado en su trabajo.

Con la implantación de los sistemas de gestión del conocimiento, se han comenzado a remunerar, también, las aportaciones de los empleados al aumento del capital intelectual de la empresa.

¿Qué ventajas e inconvenientes presentan los planes salariales basados en los puestos o en las competencias? ¿Cuándo conviene elegir uno u otro?

Los sistemas de retribución basados en los puestos son racionales, objetivos y sistemáticos, fácilmente aceptados por los empleados y, también, sencillos de administrar y de mantener actualizados (siempre y cuando se elija un método adecuado de valoración de puestos). Es cierto que estos sistemas han recibido muchas críticas (Gómez-Mejía, Balkin y Cardy, 1998); sin embargo, desde nuestro punto de vista, estas críticas, en la mayoría de las ocasiones, se deben más a fallos metodológicos en la valoración de los puestos, en el estudio de las encuestas salariales y/o en la transformación de los resultados de la valoración en niveles salariales. Asimismo, en muchas ocasiones, se inicia el proceso de elaboración de salarios sin tener definida, previamente, la política salarial de la organización y sin tomar como punto de partida de todo el proceso la estrategia de la empresa. Nuestra experiencia nos permite afirmar que, cuando se trabaja rigurosamente, los sistemas salariales basados en los puestos dan excelentes resultados.

Los planes salariales basados en las competencias, por su parte, tienen una serie de ventajas:

- Facilitan la flexibilidad de los empleados, al premiarse su multivalencia, su polivalencia y su autonomía.
- Facilitan el trabajo en equipos multidisciplinares, lo que permite el desarrollo personal y profesional de los empleados.
- Exigen menos niveles de supervisión, por lo que se pueden aplicar en empresas con estructuras organizacionales planas.

- Aumenta el control de los empleados sobre sus salarios, ya que conocen qué es lo que tienen que hacer para conseguir aumentos salariales.

Sin embargo, si estos planes salariales no se definen a partir de la estrategia de la empresa, y teniendo en cuenta los perfiles de exigencias de los puestos, nos podemos encontrar con que los aumentos salariales no se reflejan en un aumento de la eficacia, eficiencia y/o seguridad de la organización.

En general, estos sistemas basados en las competencias, son más utilizados por las empresas pequeñas y en crecimiento, en las que son fundamentales la flexibilidad y autonomía de los empleados.

Desde nuestro punto de vista, tal vez el principal error que se puede cometer es el de plantearse un sistema basado en los puestos o uno basado en las competencias de los empleados, como dos sistemas contrapuestos. En realidad, pueden ser, y de hecho lo son, plenamente compatibles entre sí, por lo que cada empresa deberá definir, en base a sus características y a su estrategia, el modelo salarial más adecuado para ella.

9.3.2.3. Salarios y rendimiento

Tal y como hemos comentado, no basta con determinar los salarios asignados a cada puesto. Así, en la política salarial se habrán definido los intervalos salariales correspondientes a cada nivel de valoración de puestos. Estos intervalos se definen, por lo general, en base al rendimiento de los empleados y/o de los equipos. El objetivo es conseguir que cada empleado sea recompensado en función de su contribución real a la consecución de los objetivos empresariales.

El sistema es lógico, puesto que, dado que los resultados de la empresa dependen de la contribución de sus recursos humanos, y que la aportación de los individuos y equipos al logro de los objetivos empresariales es distinta, es justo que éstos reciban salarios diferentes. Sin embargo, si no se planifica el sistema adecuadamente pueden plantearse algunos problemas.

Es preciso tener en cuenta que los empleados tenderán a esforzarse en aquellos aspectos que luego serán retribuidos; por tanto:

- Los objetivos de rendimiento de los empleados y los equipos se deberán derivar de los objetivos estratégicos de la empresa.
- El sistema de evaluación del rendimiento debe diseñarse de forma que permita una evaluación objetiva del mismo.

Asimismo, es necesario no olvidar una serie de aspectos:

- Al premiarse el rendimiento, pueden surgir sentimientos de competitividad entre los empleados o equipos, que pueden dar lugar a deterioros indeseados del clima laboral de la organización.

- Se pueden presentar factores que están fuera del control de los empleados y, sin embargo, afectar a su rendimiento y, como consecuencia, a su salario. Por ejemplo, una falta de materias primas puede afectar a la producción o a las ventas.
- Es preciso diseñar un sistema objetivo de evaluación del rendimiento, teniendo en cuenta los aspectos que hemos explicado en el capítulo 6.
- Puede producirse un descenso en la iniciativa de los empleados, al no desear éstos llevar a cabo ningún tipo de actividad que pueda poner en peligro su salario.

Todo esto nos lleva a insistir en la necesidad de diseñar un plan salarial basado en el rendimiento dentro de un sistema de gestión integrada de recursos humanos. De esta forma, se podrá conseguir la necesaria confianza de los empleados hacia el plan salarial, lo que se conseguirá con una actuación transparente de la dirección que, no sólo con la palabra, sino también con sus comportamientos deberá demostrar la importancia que se concede al rendimiento en la empresa. Asimismo, los problemas de confianza se suelen superar más fácilmente cuando, tal y como ya hemos comentado, se incluye a los representantes de los trabajadores en todo el proceso, desde el principio del mismo.

Cuando, en una empresa, se decide implantar un plan salarial basado en el rendimiento, es preciso estudiar detenidamente la situación, los valores, la cultura y la estrategia de la organización, antes de decidirse por uno de los posibles sistemas:

a) *Sistemas individuales*. Son los que se apoyan en la recompensa del rendimiento individual de los empleados y se utilizan, fundamentalmente, en el sector industrial. Son sistemas que favorecen el que la actividad de los empleados se dirija hacia la consecución de los objetivos previamente fijados y a que se consiga una equidad salarial individual.
Sin embargo, este tipo de sistemas pueden dar lugar a situaciones de competitividad e individualismo, y a deteriorar las relaciones entre los empleados y sus superiores, que son quienes hacen las evaluaciones del rendimiento, de las que dependerán los salarios.
Estos planes individuales suelen tener más éxito cuando se pueden aislar fácilmente las contribuciones de cada empleado y cuando se tenga que trabajar en situaciones con autonomía, en las que la cooperación no sea importante.
b) *Sistemas basados en el equipo*. Dado que los sistemas de trabajo en equipo están ganando cada vez más importancia, es lógico que, también, se hayan diseñado sistemas de retribución basados en el rendimiento del equipo, más que en la contribución individual de cada empleado.

Estos sistemas de retribución del rendimiento del equipo, pueden apoyarse en un reparto del salario asignado al rendimiento del equipo igual entre todos los miembros del mismo; o, por el contrario en un reparto proporcional entre los componentes del equipo, en función de su contribución al resultado final del mismo. En otros casos, son los propios miembros del equipo quienes deciden cómo se reparten el salario obtenido por su rendimiento.
Los planes salariales basados en el rendimiento del equipo, refuerzan su cohesión; sin embargo, pueden tener malos resultados en una empresa en la que exista una cultura excesivamente individualista.

Asimismo, los planes de retribución basados en el rendimiento se pueden diseñar de forma que afecten a una unidad empresarial, o a toda la empresa; se pueden centrar en premiar una disminución de los gastos, en un aumento de la rentabilidad, etc.

Para terminar el capítulo, queremos insistir en que en el tema de los salarios no hay recetas que se puedan aplicar con garantías de éxito en todas y cada una de las situaciones que nos podemos encontrar. Disponemos de técnicas que nos pueden ayudar, pero estas técnicas serán inútiles si no se aplican teniendo en cuenta los valores, la cultura y la estrategia de la organización, así como el entorno en que ésta se mueve y, por supuesto, dentro de un sistema de gestión integrada de recursos humanos.

CONCLUSIONES

Los salarios asignados a los empleados tienen un gran valor como elemento que ayuda a atraer, retener y motivar a los profesionales que la organización necesita en cada momento.

Para elaborar un plan de salarios, es preciso definir previamente la política salarial que va a implantarse en la empresa, en función de la estrategia de la misma, de forma que todos los empleados sepan cuales son las variables que van a influir en la determinación de sus salarios, así como cuál va a ser la composición de los mismos.

Una vez definida la política salarial, se puede pasar a la definición de los salarios de los trabajadores, apoyándonos en la valoración de los puestos de la organización y/o en las competencias de los trabajadores; teniendo en cuenta la situación que, en función de su estrategia, desea, la organización, que tengan sus salarios dentro del mercado laboral.

Asimismo, además del componente fijo del salario, los resultados de las evaluaciones del rendimiento permiten definir los complementos salariales que los empleados o equipos deben recibir, en función de su contribución al logro de los objetivos empresariales.

BIBLIOGRAFÍA BÁSICA

Gómez-Mejía, L. R., Balkin, D. B. y Cardy, R. L. (1998). *Gestión de recursos humanos*. Madrid: Prentice Hall.

McAdams, J. L. (1998). *Premiar el desempeño*. Madrid: Díaz de Santos.

OIT (1983). *Los salarios. Manual de educación obrera*. Ginebra: OIT.

Osorio, M. (1996). *Políticas retributivas. España 1996*. Barcelona: Ceinsa.

PARA SABER MÁS

Lawler, E. E. III (1990). *Strategic pay: Aligning organizational strategies and pay systems*. San Francisco: Jossey-Bass.

Nelson, R. (1994). *Ways to reward your employees*. New York: Workman Publishing.

Rock, M. L. y Berger, L. A. (Eds.) (1991). *The compensation handbook,* New York: McGraw-Hill.

BIBLIOGRAFÍA

Abascal, F. (1996). *Cómo se hace un plan estratégico*. Madrid: Esic.

Aledo, A. (1998). La Gestión del Conocimiento en el Grupo Heineken (Heineken University). *Training and Development Digest*, Septiembre, 12, 28-31.

Allee, V. (1998). Los 12 principios de la gestión de conocimientos en la empresa. *Training and Development Digest*, 11, 28-33.

Ansorena, A. De (1996). *15 Pasos para la selección de personal con éxito. Métodos e instrumentos*. Barcelona: Paidós.

Arvey, R.D. (1986). General ability in employment: a discussion. *Journal of vocational behaviour*, 29, 415-420

Arvey, R. D. y Campion, J. E. (1982). The employment interview: a summary and review of recent literature. *Personnel Psychology*, 35, 281-322.

Arvey, R. D., Miller, H. E., Gould, R. y Burch, P. (1987). Interview validity for selection sales clerks. *Personnel Psychology*, 40, 1-12.

Banner, D.K. y Gagné, T.E. (1995). *Designing Effective Organizations. Traditional & transformational views*. Thousand Oaks: Sage Publications.

Barranco, F.J. (1993). *Planificación estratégica de recursos humanos*. Madrid: Pirámide.

Barrett, G.V y Depinet, R.L. (1991). A reconsideration of testing for competence rather than for intelligence. *American Psychologist*, 6 (10), 1012-1024.

Berman, J. A. (1997). *Competence-based employment interviewing*. Westport: Quorum Books.

Berrocal, F. (1996). Evaluación de la calidad del aprendizaje. En Prieto, J. M. y Carrasco, J. C. (Drs.). *Jornadas sobre evaluación de la formación en las empresas*. Madrid: Concepto. (Libro electrónico).

Birkenbihl, M. (1990). *Formación de formadores*. Madrid: Paraninfo.

Boyatzis, R. E. (1982). *The competent manager: A model for effective performance*. Nueva York: John Wiley & Sons.

Brooking, A. (1997). *El capital intelectual*. Barcelona: Paidós.

Buckley, R. y Caple, J. (1991). *La formación. Teoría y práctica*. Madrid: Díaz de Santos.

Burack, E.H. (1990). *Planificación y aplicaciones creativas de recursos humanos. Una orientación estratégica*. Madrid: Díaz de Santos.

Butler, J. E., Ferris, G. R. y Napier, N. K. (1991). *Strategy and human resources management*. Cincinnati, OH: Southwestern.

Cardy, R. L. y Dobbins, G. H. (1994). *Performance appraisal: Alternative perspectives*. Cincinnati, OH: Southwestern.

Catalá, V. (1991). *Manual de selección de personal*. Bilbao: Deusto.

Cohen S. (1998). Aproveche la Intranet para gestionar el conocimiento de su empresa. *Training and Development Digest*, 13, 18-24.

Consultores Españoles (1991). Assessment Center. Madrid: Consultores Españoles.

Cook, M. (1998). *Personnel selection: Adding value through people*. New York: Wiley.

Cross, M. (1990). *Changing job structures. Techniques for the design of new jobs and organizations*. Oxford: Heinemann Newnes.

Dorsch, F. (1994). *Diccionario de psicología*. Barcelona: Herder.

Doménech, J. y Casado, J.M. (1998). Nuevas tendencias en la formación. *Dirección y Progreso*, 160, 65-81.

Dubois, D. D. (1993). *Competency-based performance improvement: A strategy for organizational change*. Amherst: HRD Press.

Edvinsson, L. y Malone, M. S. (1999) *El capital intelectual*. Barcelona: Gestión 2000.

Faulkner, D. y Johnson, G. (1992). *The challenge of strategic management*. Londres: Cranfield.

Fernández-Ríos, M. (1995). *Análisis y descripción de puestos de trabajo. Teoría, métodos y ejercicios*. Madrid: Díaz de Santos.

Fernández-Ríos, M. y Sánchez, J.C. (1997). *Valoración de puestos de trabajo*. Madrid: Díaz de Santos.

Fitz-Enz, J. (1992). *El valor añadido por la dirección de recursos humanos. Una nueva estrategia para los 90*. Bilbao: Deusto.

Fitz-Enz, J. (1999). *Cómo medir la gestión de los recursos humanos*. Bilbao: Deusto.

Gan, F.; Alonso, B.; Francisco, E. De; Puyol, S. (1995). *Manual de técnicas e instrumentos de formación en la empresa*. Barcelona: Apóstrofe.

Gan, F., Alonso, B., Batalla, F., Casals, D., Fabra, G., Francisco, E. De, Puyol, S., Sardañés, E. y Urbano, M. A. (1996). *Manual de programas de desarrollo de recursos humanos*. Barcelona: Apóstrofe.

García Echevarría, S. y Del Val, M. T. (1996). *Los recursos humanos en la empresa española. Su desarrollo directivo y corporativo*. Madrid: Díaz de Santos.

García, M., Hierro, E. y Jiménez, J. J. (1997). *Selección de personal. Sistema integrado*. Madrid: Esic.

Gattiker, U. E. y Larwood, L. (Eds.) (1998). *Managing technological development. Strategic and human resources issues*. Berlin: Walter de Gruyter.

Gibson, J.L., Ivancevich, J. M. y Donnelly Jr., J. H. (1994). *Las organizaciones. Comportamiento, estructura, procesos*. Buenos Aires: Addison-Wesley Iberoamericana.

Ghiselli, E. E. (1966). *The validity of occupational aptitude tests*. Nueva York: Wiley.

Ghiselli, E. E. (1973). The validity of aptitude tests in personnel selection. *PersonnelPsychology*, 26, 461-477.

Gómez-Mejía, L. R., Balkin, D. B., Cardy; R. L. (1998). *Gestión de recursos humanos*. Madrid: Prentice Hall.

Guth, A. (1994). *Reclutamiento, selección e integración de recursos humanos*. México: Trillas.

Harris, M. M. (1989). Reconsiderig the employment interview: A review of recent literature and suggestions for future research. *Personnel Psychology*, 42, 691-726.

Hunter, J. E. (1986). Cognitive ability, cognitive aptitudes, job knowledge and job performance. *Journal of Vocational Performance*, 29, 340-362.

Hunter, J. E. y Hunter, R. F. (1984). Validity and utility of alternative predictors of job performance. *Psychological Bulletin*, 96, 72-98

IFES (1994). *La formación continua de los trabajadores*. Madrid: IFES.

Janz, T., Hellevik, L. y Gilmore, D. C. (1986). *Behavior description interviewing: New, accurate, cost effective*. New Jersey: Englewood Cliffs.

Kaplan, R. S., Norton, D. P. (1999). *Cuadro de mando integral*. Barcelona: Gestión 2000.

Karlgaard, R. (1999). Prólogo. En Edvinsson, L. y Malone, M. S. *El capital intelectual*. Barcelona: Gestión 2000.

Katz, R. (Ed.) (1997). *The human side of managing technological innovation*. New York: Oxford University.

Kirkpatrick, D. L. (1999). *Evaluación de acciones formativas. Los cuatro niveles*. Barcelona: Epise.

Koulopoulos T. M. (1997). *Smart companies. Smart tools*. New York: Van Nostrand.

Landy, F. J. (1989). *The psychology of work behavior*. Pacific Grove, CA: Brooks/Cole.

Latham, G. P. y Saari, L. M. (1984). Do people do what the say? Further studies on the situational interview. *Journal of Applied Psychology*, 69, 569-573.

Lattman, Ch. y García Echevarría, S. (1992). *Management de los recursos humanos en la empresa*. Madrid: Díaz de Santos.

Lawler, E.E. III (1990). *Strategic pay: Aligning organizational strategies and pay systems*. San Francisco: Jossey-Bass.

Levy-Leboyer, C. (1997). *Gestión de las competencias*. Barcelona: Gestión 2000.

Levy-Leboyer, C. (1991). *Evaluación del personal*. Madrid: Díaz de Santos.

Le Boterf, G. (1991). *Ingeniería y evaluación de los planes de formación*. Bilbao: Deusto.

Le Boterf, G., Barzucchetti, S. y Vincent, F. (1993) *Cómo Gestionar la Calidad de la Formación*. Barcelona: Gestión 2000.

López, A. I. (1997). *Internet aplicado a la empresa y la administración (Servicios Básicos)*. Madrid, Cepade.

Matute, E. (1974). *Guía para la calificación y promoción de personal*. Madrid: Ibérico Europea.

McAdams, J. L. (1998). *Premiar el desempeño*. Madrid: Díaz de Santos.

McClelland, D. C. (1973). Testing for competence rather than for intelligence. *American Psychologist*, 28, 1-14.

Medrano, G. (1993). *Nuevas tecnologías en la formación*. Madrid: Eudema.

Merino, M. D., Forteza, J. A. (1991). Los centros de evaluación: descripción y crítica. *Psicología del Trabajo y de las Organizaciones*, 7, 18, 43-50.

Mintzberg, H. (1984). *La estructuración de las organizaciones*. Barcelona: Ariel.

Mitrani, A., Dalziel, M. M. y Suárez de Puga, I. (1992). *Las competencias: clave para una gestión integrada de los recursos humanos*. Bilbao: Deusto.

Morris, D. y Brandon, J. (1995). *Reingeniería. Cómo aplicarla con éxito en los negocios*. Madrid: McGraw-Hill.

Moya-Angeler, J. (1998). La integración de la gestión de personas y conocimiento como fuente de competitividad. *Dirección y Progreso*, 160, 24-28.

Nelson, R. (1994). *Ways to reward your employees*. New York: Workman Publishing.

OIT (1983). *Los salarios. Manual de educación obrera*. Ginebra: OIT.

Olleros, M. (1997). *El proceso de captación y selección de personal*. Barcelona: Gestión 2.000.

Ordoñez, M. (Dir.) (1995). *La nueva gestión de los recursos humanos*. Barcelona: Gestión 2000.

Ordoñez, M. (Dir.) (1997). *Psicología del trabajo y gestión de recursos humanos*. Barcelona: Gestión 2000.

Osorio, M. (1996). *Políticas retributivas. España 1996*. Barcelona: Ceinsa.

Pasmore, W. A. (1988). *Designing effective organizations. The sociotechnical systems perspective*. New York: John Wiley & Sons.

Peiró, J. M. (1991). *Psicología de la organización*. Madrid: UNED.

Peña Batzan, M. (1982). *La dirección de personal*. Barcelona: Hispano Europea.

Pereda, S. (1997). *Técnicas de gestión de recursos humanos (I)*. Madrid: CEPADE.

Pereda, S. (1993). *Análisis y estudio del trabajo*. Madrid: Eudema.

Pereda, S. y Berrocal, F. (1993). *La valoración de los puestos de trabajo*. Madrid: Eudema.

Pérez, M. (1989). *Como mejorar los métodos de trabajo*. Bilbao: Deusto.

Pérez-Fernández, J.A. (1996). *Gestión por procesos. Reingeniería y mejora de los procesos de empresa*. Madrid: ESIC.

Peters, T. (1995). *Nuevas organizaciones en tiempos de caos*. Bilbao: Deusto.

Pineda, P. (1995). *Auditoría de la formación. Barcelona*: Gestión 2000.

Pozo, P. Del (1993). *Formación de formadores*. Madrid: Eudema.

Prieto, J. M. (1997). Prólogo. En Levy-Leboyer, C. *Gestión de las competencias*. Barcelona: Gestión 2000.

Puchol, L. (1995). *Dirección y gestión de recursos humanos*. Madrid: ESIC.

Pursell, E. D., Campion, M. A. y Gaylord, S. R. (1980). Structured interviewing: Avoiding selection problems. *Personnel Journal*, 59, 907-912.

Quijano de Arana, S. D. De (1992). *Sistemas efectivos de evaluación del rendimiento: Resultados y desempeños*. Barcelona: PPU.

Randell, G., Packard, P. y Slater, J. (1988). *La valoración y formación del personal*. Bilbao: Deusto.

Recio, E. M. (1986). *La planificación de los recursos humanos en la empresa*. Barcelona: Hispano Europea.

Reilli, R. R. y Chao, G. T. (1982). Validity and fairness of some alternative employee selection procedures, *Personnel Psychology*, 35, 1-62.

Roberts, K.H. (1993). *New challenges to understanding organizations*. New York: MacMillan.

Robey, D. (1986). *Designing organizations*. Homewood: Irwin.

Robinson, D. G. y Robinson, J. C. (1999). *Consultoría de rendimiento. Más allá de la formación*. Madrid: Editorial Centro de Estudios Ramón Areces, S. A.

Rock, M. L. y Berger, L. A. (Eds.) (1991). *The compensation handbook*. New York: McGraw-Hill.

Romero, C. (1993). *Técnicas de gestión de empresas*. Madrid: Mundi-Prensa.

Rosier, R. y Jeffrey, P. (Eds.) (1996). *Competency model handbook* (4 volúmenes) Reading, MA: Linkage Educational Resources.

Saavedra, I. (1998). *Planificación y selección de recursos humanos*. Madrid: Pirámide.

Sánchez-Alarcos J. (1999). Capital intelectual, ¿una nueva moda? *Capital Humano*, 118, 70-71.

Senge, P.M. (1995). *La quinta disciplina*. Buenos Aires: Granica.

Schmidt, F. L. y Hunter, J. E. (1981). Employment testing: Old theories and new research findings. *American Psychologist*, 36, 1128-1137.

Schmitt, N. (1976). Social and situational determinants of interview decisions: implications for the employment interview. *Personnel Psychology*, 29, 79-101.

Schmitt, N., Gooding, R. Z., Noe, R. A. y Kirsch, M. (1984). Metaanalysis of validity studies published between 1964 and 1982 and the investigation of study characteristics. *Personnel Psychology*, 37, 407-422.

Smith, J. E. y Merchant, S. (1990). Using competency exams for evaluating training. *Training and Development Journal*, 8, 65-72.

Spencer, L. M. y Spencer, S. (1993). *Competence at work : Models for superior performance*. Nueva York: John Wiley & Sons.

Tate, W. (1995). *Developing managerial competence: A critical guide to methods and materials*. Hampshire: Gower.

Thurbin, P.J. (1994). *La empresa capaz de aprender*. Barcelona: Folio.

Ulrich, D., Losey, M.R. y Lake, G. (1998). *El futuro de la dirección de recursos humanos*. Barcelona: Gestión 2000.

Walley, L. y Smith, M. (1998). Deception in selection. New York: Wiley.

Walker, J. (1992). *Human resource management strategy*. New York: Mc Graw-Hill.

War, P. (1993). *Ergonomía aplicada*. México: Trillas.

Wood, R. y Payne, T. (1998). *Competency based recruitment and selection. A practical guide*. Chichester: John Wiley & Sons.

Zedeck, S., Tziner, A. y Middlesladt, S. E. (1983). Interviewer validity and reliability: An individual analysis aproach. *Personnel Psychology*, 36, 355-370.

GLOSARIO

Abanico salarial. Razón existente entre los salarios mayor y menor de la organización.

Actitud. Disposición para reaccionar favorablemente o no a una situación (persona, cosa, hecho, etc.)

Adoctrinamiento. Acciones formativas dirigidas al cambio de actitudes.

Ámbito de comunicación – capacidad de decisión. Número máximo de personas que, trabajando autónomamente, puede coordinar un mando o directivo. En general, se sitúa entre 60 y 70.

Ámbito de control. Número máximo de subordinados que puede coordinar, supervisar y controlar directamente una persona. También se conoce como span de control y normalmente se sitúa entre 6 y 7 personas.

Análisis de métodos. Proceso cuyo objetivo es definir la forma más eficiente de realizar una tarea.

Análisis de necesidades de formación. Proceso sistemático a través del cual se tratan de conocer las necesidades formativas de los trabajadores.

Análisis de puestos. Proceso a través del cual se recoge información sobre el contenido y contexto en el que se desempeñan los distintos puestos existentes en la organización.

Análisis de tareas. Serie de procedimientos analíticos que tienen como objetivo, describir el trabajo que realizan las personas en términos de las tareas que realizan en el mismo.

Aptitud. Disposición potencial para realizar una tarea o acción determinada.

Assessment Center (centro de evaluación). Proceso estandarizado de evaluación de competencias, realizado a partir de la utilización de varias técnicas y evaluadores, y en la que los juicios están basados, en parte, en situaciones de simulación.

Balance de la estructura organizacional. Comparación entre las funciones/tareas, responsabilidades y decisiones que se deben asumir en la empresa y las asignadas a cada uno de los puestos que actualmente conforman el organigrama empresarial.

Balance de la plantilla. Comparación entre la plantilla, cuantitativa y cualitativa, necesaria y la existente.

Beneficio social. Retribución que el empleado no recibe directamente en dinero, sino a través de prestaciones que le paga la empresa. También se denomina retribución indirecta.

Burocracia maquinal. Tipo de estructura burocrática que se apoya en la división y estandarización del trabajo y en el concepto de autoridad. Es característica de empresas industriales.

Burocracia profesional. Tipo de estructura burocrática que surge cuando no es posible estandarizar los trabajos dentro del nivel operativo de una organización burocrática y que se apoya en la estandarización de los comportamientos de los profesionales que componen dicho nivel operativo.

Capacitación. Acciones formativas dirigidas a la adquisición y/o el desarrollo de competencias complejas, que exigen procesamiento de informaciones y toma de decisiones.

Capital clientela. Componente del capital intelectual que incluye la valoración de las relaciones con los clientes.

Capital estructural. Componente del capital intelectual que incluye los equipos, programas, bases de datos, estructura organizacional, y todo lo que forma parte de la capacidad organizacional para mantener y aumentar la productividad de los empleados de la empresa.

Capital humano. Componente del capital intelectual que incluye los conocimientos, habilidades, inventiva y capacidad de los empleados de la empresa, así como los valores, la cultura y la filosofía de la misma.

Capital Intelectual. Concepto que se utiliza con dos acepciones diferentes: (1) Genéricamente se emplea para referirse a los conocimientos de las personas que conforman la empresa, a lo que dichas personas son capaces de hacer; (2) Conjunto de intangibles que, aunque no están reflejados en el balance de una empresa, inciden en el valor monetario de la misma y que incluye el capital humano, el capital estructural y el capital clientela.

Carga de trabajo. Cantidad de trabajo que deben realizar una persona o equipo en un periodo determinado de tiempo.

Carga social. Cargas legales unidas al salario que el trabajador no recibe directamente, pero sí suponen un coste para la empresa.

Catálogo de competencias. Conjunto de los perfiles de exigencias de los puestos existentes en una organización.

Clima laboral. Niveles de satisfacción e insatisfacción existentes entre los empleados de la organización.

Código deontológico. Conjunto de normas éticas que regulan el comportamiento de un grupo profesional.

Competencia. Conjunto de comportamientos observables que permiten responder eficaz y eficientemente a las exigencias planteadas por un trabajo.

Competencia genérica. Competencia necesaria para que la empresa, respetando los valores y la misión de la organización, pueda conseguir sus objetivos estratégicos.

Competencia técnica. Competencia que precisa una unidad funcional, en función de su misión y objetivos dentro de la estrategia organizacional, para conseguir sus metas y que se relacionan con los aspectos técnicos de la misma.

Competitividad. Capacidad de la organización para prever y adaptarse a las condiciones de un entorno continuamente cambiante.

Cultura de la organización. Estilo y forma que se han hecho las cosas, y se hacen actualmente, en la organización, en función de los valores predominantes en la misma.

Desarrollo. Acciones formativas dirigidas a la adquisición y/o el desarrollo de competencias no exigidas por el trabajo y que, por tanto, tienen como objetivo favorecer el desarrollo personal de los empleados.

Descripción de puestos. Expresión documental de las informaciones recogidas mediante el análisis de puestos.

Diferencia mínima significativa. Diferencia mínima que debe existir entre los salarios asignados a los puestos y/o a las personas para que dos salarios se perciban por los empleados como diferentes.

Development Center (centro de desarrollo). Ver assessment center.

Eficacia. Se refiere al grado de consecución de los objetivos fijados.

Eficiencia. Proceso seguido y medios empleados en la consecución de los objetivos fijados.

Empowerment. Sistema de gestión que tiene como objetivo facilitar el trabajo autónomo de los empleados y la toma de decisiones por parte de los mismos a partir de una amplia difusión de la información y el trabajo en equipo.

Enfoque de personal. Planteamiento que parte del principio de que las personas son un coste para la empresa, que es preciso minimizar.

Enfoque de recursos humanos. Planteamiento que se apoya en el principio de que las personas son el principal recurso competitivo de la empresa y es preciso gestionarlas con rigurosidad.

Enfoque reactivo. Planteamiento en el que las decisiones se toman cuando los problemas ya han surgido, intentando resolverlos.

Enfoque proactivo. Planteamiento en el que se tratan de prever los problemas futuros con el fin de tratar de evitar que se presenten.

Entrenamiento. Acciones formativas dirigidas a la adquisición y/o el desarrollo de competencias básicas.

Entrevista conductual. Ver entrevista de incidentes críticos.

Entrevista de competencias. Entrevista de carácter semiestructurado, focalizada en la obtención de «ejemplos conductuales» de la vida laboral y/o personal del entrevistado, susceptibles de ser utilizados como predictores de comportamientos futuros en el trabajo. Este tipo de entrevista está basada en la metodología de la entrevista conductual o de incidentes críticos.

Entrevista de incidentes críticos. Entrevista que se centra en el análisis de los comportamientos del entrevistado que han dado lugar a un rendimiento excepcionalmente bueno en su trabajo.

Entrevista de selección de personal. Proceso de comunicación interpersonal entre uno o varios entrevistados y uno o varios candidatos, durante el cual, el entrevistador, por una parte, informa al candidato sobre el puesto de trabajo y la organización y, por otra, recoge información del candidato, que le permitirá evaluar su grado de adecuación al puesto de trabajo.

Equidad externa. Relación existente entre los salarios de la organización y los que pagan las empresas del sector.

Equidad interna. Distribución equitativa del fondo de salarios de la organización entre los empleados en función del valor del puesto que ocupan, de la eficiencia y/o eficacia con que realizan su trabajo y/o de las competencias que poseen.

Equipo de gasto. Unidades de la empresa cuyas actuaciones se consideran un gasto necesario para la empresa.

Equipo de valor. Unidades de la empresa cuyas actuaciones se centran en aportar valor añadido a la organización.

Ergonomía. Tecnología pluridisciplinar que tiene como objetivo diseñar sistemas hombre – máquina eficaces, eficientes, seguros y cómodos.

Estructura burocrática. Estructura organizacional que se corresponde con organizaciones muy jerarquizadas, con múltiples niveles organizacionales y con estrictos sistemas de control.

Estructura flexible. Estructura organizacional que facilita la adaptación a los cambios a los que está sometida la organización, con un número muy reducido de niveles y en la que se favorece la autonomía de sus integrantes.

Estructura organizacional. Forma en que se dividen los trabajos y se organiza el funcionamiento de una organización.

Estructura salarial. Relación existente entre los salarios de los empleados y forma que adopta la distribución de los mismos.

Estructura simple. Estructura organizacional característica de empresas muy pequeñas.

Estudios de tiempos. Proceso cuyo objetivo es determinar el tiempo de realización de un trabajo o tarea, cuando se ejecuta según un método previamente definido.

Exigencias de formación. Exigencias formativas que plantea el puesto al ocupante del mismo, para que éste pueda trabajar con eficacia, eficiencia y seguridad.

Evaluación del personal. Proceso a través del cual se recogen informaciones sobre los individuos y que permiten conocer tanto sus competencias actuales como su potencial.

Evaluación de riesgos. Proceso a través del cual se determinan los riesgos existentes en cada área y puesto de la empresa.

Evaluación del potencial. Proceso que se sigue para conocer las competencias del empleado, con el fin de determinar cuál puede ser su desarrollo profesional futuro dentro de la organización.

Evaluación del rendimiento. Proceso que se sigue para determinar el grado de eficacia y eficiencia de un empleado en su puesto de trabajo.

Evaluación psicométrica. Evaluación de rasgos psicológicos llevada a cabo a través de tests y pruebas diseñadas al efecto.

Fiabilidad. Consistencia o estabilidad de una medida, generalmente a lo largo del tiempo o interjueces.

Fondo de salarios. Dinero del que dispone la organización para pagar los salarios de todos sus empleados.

Formación. Proceso sistemático y continuo a través del cual se tratan de modificar y/o desarrollar las competencias de los formandos.

Forma divisional. Estructura organizacional formada por una sede central y una serie de entidades semiautónomas que dependen de dicha sede central.

Foro on line. Foro telemático de discusión en tiempo real.

Funciones de personal. Actividades que se llevan a cabo dentro de la dirección de personal.

Gestión de recursos humanos. Gestión de las personas que conforman una organización.

Gestión del conocimiento. Sistema de gestión que, apoyándose en el uso de tecnologías de la información, promueve el que todos los empleados de la organización pongan a disposición de sus compañeros las experiencias y conocimientos adquiridos en los trabajos y proyectos que llevan a cabo, de forma que los mismos faciliten el que los que se realicen posteriormente sean más eficaces y/o eficientes.

HTML (Lenguaje de Marcas Hipertextuales). Es el lenguaje básico utilizado para construir documentos hipertextuales en la world wide web. En documentos de texto, contiene toda la información que necesita un navegador para presentar una página web.

HTTP (Protocolo de Transferencias de Hipertexto). Es el principal protocolo que utilizan los ordenadores para transferir documentos hipertextuales. Se reconoce su utilización porque las direcciones web que lo emplean comienzan con «http://».

Incentivo salarial. Cantidad salarial variable que se establece para recompensar a los empleados con altos niveles de rendimiento.

Informes sobre accidentabilidad. Informes sobre las causas y las consecuencias de los accidentes producidos en la empresa.

Instrucción. Acciones formativas dirigidas a la adquisición de conocimientos.

Inteligencia. Generalmente se entiende como capacidad para resolver situaciones nuevas a base de su comprensión, no siendo la experiencia previa lo decisivo, sino más bien el entendimiento de lo planteado y de sus relaciones (Dorsch, 1994).

Interés. Es la preferencia que se tiene por cosas, personas o situaciones. Determinan las elecciones de las actividades.

Intervalo salarial. Intervalo dentro del que se encontrarán los salarios de todos los empleados que ocupan un determinado puesto.

Intranet. Red telemática de uso interno que se apoya en la utilización de la tecnología web.

Línea. Unidades organizacionales directamente implicadas en la producción de bienes o servicios.

Manual de funciones. Conjunto de las descripciones de puestos tipo existentes en la organización.

Modelo de justicia distributiva. Sistema salarial que se establece, fundamentalmente, en base a criterios de equidad interna.

Motivación. Conjunto de variables que impulsan u orientan la conducta de una persona.

Muestra incidental. Muestra de sujetos que se utiliza porque se puede acceder a ella y que no es representativa de ninguna población, sólo de sí misma.

Multivalencia. Capacidad de la persona para realizar varias tareas o actividades distintas dentro de su profesión.

Necesidades de formación. Carencias formativas que presentan los empleados para desempeñar con eficacia, eficiencia y/o seguridad, su trabajo actual u otro futuro.

Nivel estratégico. Nivel jerárquico superior de la organización, formado por los altos directivos de la misma.

Nivel funcional. Niveles jerárquicos intermedios de la organización, formados por los directivos y mandos intermedios de la misma.

Nivel operativo. Nivel jerárquico inferior de la organización, formado por empleados que no tienen responsabilidad jerárquica sobre otros.

Niveles organizacionales. Niveles jerárquicos en que se divide una organización.

Objetivo estratégico. Meta que se desea alcanzar en un plazo de tiempo determinado (a largo plazo).

Objetivos de aprendizaje. Competencias que los formandos deberán adquirir, desarrollar, activar y/o inhibir en una acción formativa.

Objetivos de formación. Competencias que es preciso adquirir, desarrollar, activar y/o inhibir, a través de acciones formativas, para que la organización pueda alcanzar sus objetivos estratégicos en los plazos fijados.

Objetivos de recursos humanos. Competencias que la organización necesita, en cada momento y lugar, para poder conseguir alcanzar sus objetivos en los plazos fijados.

Objetivos operativos de formación. Consecuencias que se espera que tengan las competencias adquiridas, desarrolladas, activadas y/o inhibidas, a través de acciones formativas, sobre el rendimiento, la satisfacción y/o la seguridad de los formandos en su trabajo diario.

Ocupación. Conjunto de puestos muy similares entre sí en cuanto a su contenido y en las exigencias que plantean a sus ocupantes.

Organización. Conjunto de personas que, utilizando medios y recursos de muy distinto tipo, van a realizar una serie de actividades dirigidas a conseguir un objetivo común. Las empresas serían un tipo de organización.

Organización Científica del Trabajo. Movimiento iniciado con los trabajos de Taylor y cuyo objetivo es mejorar la eficiencia de las empresas a través de la racionalización del trabajo. También se conoce como Taylorismo y como Dirección Científica del Trabajo.

Organización inteligente (learning organization). Organización que se apoya en la introducción del aprendizaje constante como sistema de desarrollo y de mantenimiento de la competitividad.

Percentil. Porcentaje de sujetos de la muestra o la población que una determinada puntuación deja por debajo de sí.

Perfil de competencias. Conjunto de competencias que posee una persona.

Perfil de exigencias. Conjunto de competencias que exige la realización de las actividades y asunción de las responsabilidades incluidas en un puesto de trabajo.

Perfil profesiográfico. Perfil gráfico que refleja los niveles de inteligencia, aptitudes y personalidad que deberá presentar el ocupante de un puesto de trabajo.

Perfil psicofísico. Características psicológicas y fisiológicas que debe reunir el ocupante de un puesto de trabajo para poder responder a las exigencias del mismo.

Personalidad. Conjunto de variables psicológicas que individualizan el comportamiento. No son directamente observables.

Plan de carrera. Proyecto de evolución profesional, dentro de la empresa, de uno o varios empleados.

Plan de carrera organizacional. Programa que permite definir los caminos profesionales más probables que pueden seguir los empleados, en función de los perfiles de exigencias de los puestos.

Plan de carrera personal. Programa para facilitar el desarrollo profesional de los empleados, dentro del marco definido por la estrategia de la empresa, en función de sus competencias, intereses y valores.

Plan estratégico. Programa de actuación elaborado para alcanzar los objetivos estratégicos en el plazo fijado.

Plan salarial. Sistema de reparto del fondo salarial entre los empleados de la empresa.

Planes alternativos. Planes elaborados para acudir a ellos cuando es preciso superar alguna contingencia no prevista en el plan estratégico.

Planificación de la formación. Proceso de elaboración de los planes que se prevé permitirán alcanzar los objetivos de formación en los plazos previstos.

Planificación de la sucesión. Proceso de elaboración de los planes que permitirán sustituir, cuando sea necesario, a las personas que ocupan puestos clave en la organización.

Planificación de plantillas. Proceso de definición del número de personas que necesitará la empresa, en cada puesto de trabajo, para poder alcanzar sus objetivos.

Planificación de recursos humanos. Proceso de elaboración de los planes estratégicos que se prevé permitirán alcanzar los objetivos de recursos humanos en los plazos previstos.

Planificación estratégica. Proceso de elaboración de los planes estratégicos.

Planteamiento sistémico. Planteamiento en el que se aplica la teoría de sistemas.

Plantilla cualitativa. Competencias que deben tener los empleados de la organización en función del puesto que ocupan en la misma.

Plantilla cuantitativa. Número de personas que necesita la organización, en cada momento y lugar, para poder alcanzar sus objetivos.

Política salarial. Conjunto de criterios que se siguen en la organización para definir los salarios de los empleados. También se denomina sistema de retribuciones.

Polivalencia. Capacidad de la persona para realizar actividades o tareas de una segunda profesión, a partir de la suya básica.

Principio de unidad de mando. Uno de los principios en que se apoya la burocracia y que postula que cada persona de la organización sólo debe depender jerárquicamente de un superior.

Prueba situacional. Técnica o ejercicio que permite simular total o parcialmente una situación, en la que los individuos tienen que poner de manifiesto las competencias que exige el desempeño eficaz de una actividad laboral concreta.

Puesto de trabajo. Conjunto de funciones, tareas y responsabilidades que deberá llevar a cabo y asumir la persona ocupante del mismo.

Puestos de referencia. Puestos de trabajo similares en contenido en las empresas de un sector, al utilizar las encuestas salariales.

Rapport. En selección de personal es la creación de un ambiente que facilite la comunicación entre entrevistador y entrevistado.

Rasgo. Característica relativamente constante, cualidad del carácter, propiedad de una persona (Dorsch, 1994).

Reclutamiento. Proceso por medio del cual se consiguen candidatos suficientes que, en principio, parecen reunir las competencias exigidas por el puesto a cubrir.

Reclutamiento externo. Se refiere a la captación fuera de la empresa, de candidatos interesados en incorporarse a la organización y que reúnan el nivel de cualificación exigidos por el puesto vacante que se desea cubrir.

Reclutamiento interno. Se refiere a la búsqueda dentro de la empresa, de trabajadores cualificados, que desean incorporarse al puesto vacante.

Retribución indirecta. Ver beneficios sociales.

Ritmo de trabajo. Velocidad con que se realizan las tareas incluidas en un puesto.

Rol. Término que se utiliza como sinónimo del de puesto de trabajo o como el conjunto de actividades que debe realizar una persona.

Rotación externa. Índice que indica el porcentaje de empleados que abandonan la empresa en un periodo de tiempo dado (habitualmente un año).

Salario. Recompensas cuantificables, monetarias y no monetarias, que recibe un empleado por su trabajo. También se puede denominar salario total.

Salario base. Es el salario fijo que recibe el empleado y que, fundamentalmente, se determina en función del puesto que ocupa en la organización. También se denomina salario del puesto.

Salario del puesto. Ver salario base.

Salario total. Ver salario.

Selección de personal. Proceso a través del cual se elige, de entre todos los candidatos reclutados, el más adecuado para ocupar el puesto vacante.

Sistema de retribución elitista. Sistema en el que se aplican distintos planes salariales a los empleados de la empresa, en función de determinadas variables, fundamentalmente el nivel que ocupa su puesto en la organización.

Sistema de retribución igualitario. Sistema en el que se aplica un mismo plan salarial a todos los empleados de la empresa.

Sistema de retribuciones. Ver política salarial.

Staff. Unidades asesoras y de apoyo de la organización.

Staff de apoyo. Unidades staff cuya misión es apoyar el funcionamiento del resto de la organización.

Tecnoestructura. Unidades staff encargadas de normalizar el trabajo de la organización.

Trabajo repetitivo. Trabajo en el que el empleado, para llevarlo a cabo, repite constantemente los mismos movimientos y en el mismo orden.

Transferibilidad de la formación. Aplicabilidad de las competencias adquiridas, desarrolladas, activadas y/o inhibidas, a través de acciones formativas, al trabajo diario de los formandos.

Validez. Indica el grado de exactitud con que una prueba mide la característica o comportamiento que debe o se propone medir.

Validez aparente. Validez que las pruebas o exámenes utilizados tienen para los sujetos que los realizan.

Valoración de puestos. Proceso seguido para determinar el valor relativo de cada puesto para la empresa.

World Wide Web (Web). Tiene dos acepciones. En un sentido muy amplio, la web denomina al conjunto de recursos a los que se puede acceder a través de Internet utilizando diferentes protocolos. En un sentido más estricto, define el universo de servidores de hipertexto (HTTP) en los que se hospedan las páginas web.

ÍNDICE DE AUTORES